U0937008

传播学百科文库

戴元光——主编

传播学遇见福柯

一种新的质询

李敬 著

中国大百科全书出版社

图书在版编目（CIP）数据

传播学遇见福柯：一种新的质询／李敬著．—北京：中国大百科全书出版社，2020.8

ISBN 978-7-5202-0319-7

Ⅰ.①传… Ⅱ.①李… Ⅲ.①传播学—研究 Ⅳ.①G206

中国版本图书馆 CIP 数据核字（2018）第 179734 号

出 版 人 刘国辉
策 划 人 曾 辉
责任编辑 张 岚
封面设计 乔智炜
版式设计 程 然
责任印制 常晓迪
出版发行 中国大百科全书出版社
地 址 北京市阜成门北大街 17 号 邮政编码 100037
电 话 010-88390635
网 址 http://www.ecph.com.cn
印 刷 北京君升印刷有限公司
开 本 787 毫米 ×1092 毫米 1/16
印 张 19.5
字 数 224 千字
印 次 2020 年 8 月第 1 版 2020 年 8 月第 1 次印刷
书 号 ISBN 978-7-5202-0319-7
定 价 58.00 元

丛书总序

《传播学百科文库》是为中国大百科全书出版社设计的、反映当代传播学理论研究前沿成果的高水平的理论研究丛书，作者主要是近年来活跃在传播学研究前沿的青年学人，也有年长的学者，以及名不见经传的新秀。入选丛书的专著主要标准是“新”；或是话题虽老，但观点“新”；或是话题新，观点也新；或是新人新作，或是研究空白点。

收入丛书的15本著作，主要为两个系列：传播思想史论系列主要是对国内外一些重要问题的最新研究专著，不乏新论，其中西方学人研究是对影响传播学发展的西方学人的系统研究。这些学者都是各自学术领域的佼佼者，又对传播学研究产生过重大影响；传播学前沿理论系列主要研究视野是当前的关注点，主要是对中国相关学科的研究。

传播学科可能是整个人文社会学科中最年轻的学科，西方的研究不过百年，中国的研究近40年，但传播学对当代社会的影响却是任何学科都无法与之相提并论的，包括人们对媒介的依赖，媒介对人的影响，媒介对社会发展的影响，媒介社会化和社会媒介化已是社会发展的现实。媒介对文化的解构与建构，媒介对社会的解构与建构，媒介对人的价值的解构与建构，也已经是现实，尽管不是所有人都能认识到。一个人的学术生命（研究生命）约35年，而我们之所以用三四年的时间来完成这样一套丛书，和传播学在中国的命运有关。

传播学从西洋传来近40年，把中国新闻传播学界引入了一个崭新的知识生态，指示了中国新闻传播的发展路径。但我们又不无遗憾地发现，中国传播学研究与社会发展的总体水平也有很大差距，与国际水平也有很大差距。我同意这样的观点：中国传播学研究整体上比西方落后，整体上处于介绍西方传播学理论和实践，探索中国传播学理论与实践的阶段。我也同意这样的观点：中国传媒在国际上的地位相当落后，以宣传代替新闻传播，公信力低；传媒政策及媒介经营理念滞后；媒介结构单一，制度供应不足；资源整合能力低，融资途径不足；非理性的娱乐化倾向膨胀；传媒呈现贵族化精英化趋势；面临国际国内多重冲击与压力，面对因社会发展、互联网技术进步所带来的负面影响——集体意识消解、社会信任危机、公共观念淡薄等新问题，我们需要进行新文化价值建构。

本丛书尊重学术研究规律，坚持学术自由的宗旨，力采争鸣与探索、批评与反批评的向度，因为探索、争鸣、批评是走向真理的桥梁。

在丛书出版时，我写了以上的文字，爰充为序，以求教于方家。

戴元光
2011 年初秋于上海

序

几年前，我对李敬选择米歇尔·福柯（Michel Foucault）作为研究对象，来完成她的博士论文还是一直放心不下，虽然我并不怀疑她的研究能力。福柯是当代人，他一辈子关注“话语”，潜心“话语权力”的研究，但他的学术著作多因艰涩使许多人却步。我看过一些研究福柯的文章，包括博士论文。我的功力不足，没有看懂他们究竟要拿福柯的理论去解决什么问题。李敬在论文中，从传播学研究的问题域去探索福柯的思想，并试图寻求福柯的话语理论在方法论层面的转换，突破传统语言学的窠臼，从社会实践的宏观视野来探究话语、文本、意义间的动态关系，发掘出更有操作性的分析程序，运用福柯的话语理论来解决传播学的问题；她还根据从康德到福柯的对“现代性”的探问和回答，去思考传播学研究在这个时代中的位置与责任。李敬的学术胃口不小。最终她做了有益探索，她的博士论文得到一致好评。

李敬研究学问的特点是自信和韧劲。她脑子里好像只装她研究的问题，见到老师还没有问候，就提出她的问题，管你有没有兴趣，她总滔滔不绝地讲下去；她也常把自己的研究与同行比较，指出各自研究的不同。为了研究顺利，她总在不同领域寻找帮助和启发，她为了搞清楚哲学领域的某些问题，就干脆到复旦哲学院听课，一听就是很多年。

她在毕业后的几年里，好像掉进了福柯的“迷宫”，摆在我面前的《传播学遇见福柯：一种新的质询》就是她的交代。

在本书引言中，李敬这样写道：“我们能认识什么？”“我们能做什么？”“我们能希望什么？”康德通过对知识之为可能的先天认知结构的批判来为理性划定界限，康德的三大问题要带出的是理性的自律与人的自由；在福柯看来，对理性的批判固然重要，但其最感兴趣的不是对理性的先天形式的批判，而是对理性生成条件作历史系谱的实践维度的批判。福柯在与康德互文的《何为启蒙》的文章中，把“批判”界定为是“不被如此治理的艺术”，康德那里的“先验的”和“普遍的”“人”，在福柯这里成为“经验的”、“具体的”、置身于“现时（present）”去探问历史的知识主体、权力主体和伦理主体；于是，福柯把康德“是什么”的问题转化为“为什么”，福柯追问的是：“人如何可能不是其所不是？”“人如何成为生命？”“人如何化作劳动？”“人如何成为语言的主体？”在本书最后一章中，李敬回答：传播学遇见福柯，带来的是什么？一种新的质询。一种全新的提问的可能。如果我们问福柯，什么是“传播”？福柯也许会这样回答：它是关于“讯息”的“撒播”，是复杂的、永恒运动的、裹挟了权力策略的、指向对象性“主体—个体”的话语运动的进程。“我们是谁？”当福柯的质询再一次在耳畔响起，传播学打开新的研究路径成为可能。因此“话语”是贯穿福柯思想的一条线索，“主体”才是福柯思想体系的核心：“主体”是“知识话语”与“权力”问题探究的最终目的。

在接受任务为该书写序的时候，我就在想，以我研究传播学 40

年的资格，如果有人问我，传播学是什么，我恐怕没有满意的回答。但我也一直在考虑传播学究竟是什么。

今天我认为，传播不仅是一种权利，更是一种话语权力；传播学不仅是一个学科，更是各个学科研究“主体”的一个平台（舞台）。

戴元光

2020 年夏月于泰晤士小镇

目录

第三章

福柯的质询：疯癫美学之光的陨落

第四章

传播学视域中的福柯

第五章

“现时代”中的传播学

引言

> “说话人的朦胧但执着的精神、生命的狂热激情和不懈努力、需求的潜在能量，所有这些都从表现的存在模式中挣脱出来……表现话语的统治和表现（它说明自身并以其语词的顺序说出沉睡于事物内部的秩序）的王朝也随之崩溃。”
>
> ——福柯：《词与物》

“我们能认识什么？”“我们能做什么？”“我们能希望什么？”康德通过对知识之为可能的先天认知结构的批判来为理性划定界限，康德的三大问题要带出的是理性的自律与人的自由。在福柯看来，对理性的批判固然重要，但福柯最感兴趣的不是对理性的先天形式的批判，而是对理性生成条件做历史系谱的实践维度的批判，福柯在与康德互文的《何为启蒙》的文章中，把“批判”界定为是“不被如此治理的艺术”，康德那里的“先验的”“普遍的”“人”，在福柯这里成为“经验的”“具体的”，置身于“现时（present）”去探问历史的知识主体、权力主体和伦理主体。于是，福柯把康德“是什么”的问题转化为“为什么”，福柯追问的是：“人如何可能不是其所不是？”“人如何成为生命？”“人如何化作劳动？”“人如何成为语言的主体？”——福柯的追问是对“我们自身是什么？”这个总问题的具体展开，它内置了对“我们的身份如何可能”的强烈质询，“我们”对自我之“边界”的反思意味着勇敢的“僭越”成为可能。

福柯是一座迷宫。“主体”被拉下形而上学的高台，成为在巨大历史空间中由静默的、却又在永恒涌动中的“话语（discourse）”的链条所裹挟、纠缠的对象，而主体的“秘密”又恰恰隐藏在最容易被遗忘的边缘：疯癫、疾病、犯罪和性话语的黑暗处。这样的福柯的确是一座迷宫，它幽暗、迂回又深邃，但这座迷宫并不会让人迷失方向；相反，它要把人带往“自由”。“自由”于福柯而言，不是康德在实践理性维度上的那个“道德的”自我，而是在对自我的大胆“越界”中成就自身的“自由”，它是批判的、激进的和积极的。

这样的福柯，被传播学研究所遇见，又是怎样的际遇？

从研究问题和研究方法上看，传播学与社会学、政治学、历史学等学科间的关系更为密切，与哲学的关联较为疏落的。但福柯这位哲学家的名字却在传播学研究中被不断提及。福柯有关权力、话语和规训等问题的相关论述在传播学研究中被广泛讨论和应用。其中原因并不难理解，福柯的话语理论和权力论与传播学研究有着天然的亲和性：“语言”，可谓传播学的关键词，而“语言”与“话语”之间有着千丝万缕的关联；传播学批判研究对权力问题的关注，也使得福柯的权力观具有强大的理论吸引力；另外，从研究方法上看，福柯不是纯思辨型的哲学家，他的问题总是在经验的、系谱的、实践的维度去展开。这种“亲和性”，使得传播学能“遇见”福柯，但这样的“遇见”，如何能给予传播学研究更多的意义？

在传播学已有的研究中，对福柯的讨论是碎片式的，“权力观”

几乎是所有关于福柯的论文都会谈论到的，但“权力”往往被从福柯的体系中割裂开来，并与“大众媒体”“媒介”“数据库”等直接挂钩。福柯的考古学的方法，也被普遍的误读误用，更有甚者，文献梳理和内容分析法被混用为是对福柯考古学方法的应用。在福柯那里，权力与知识、主体、话语间有着内在的有机关联，割裂后的“取用”显然是单薄的，不充分的理论应用甚至误读，都是对思想资源的巨大浪费。

传播学遇见福柯，带来的是什么？福柯并不关心也从不试图回答“我们应该是怎样的”，他要探问的是“今天的我们为什么是这样的”。如果在马克思那里，自我异化（self-alienation）的原因是来自于外部的劳动关系，那么在福柯这里，“我们”被“如此治理”根本上还是源自我们对于权力心甘情愿的“臣服”。因此，福柯要质询治理的技艺，即权力关系如何运作？臣服何以可能？同样，这样的质询也在传播学研究的上空回响：讯息之网中的我们是怎样的？媒介技术与权力运作的策略是怎样结盟的？福柯为传播学带来了全新的问题：我们必须思考“我们之为我们”与“媒介”的内在勾连，以及新的信息传播方式是否会把“我们”带入主体的困境？

全书一共分为五章。第一章“从传播学迈向福柯：话语理论与传播学研究”，是从福柯的话语理论切入，迈进福柯的思想宫殿。在福柯这里，“话语理论”与其说是一种“理论”，不如说是一个“视角”，福柯对权力机制和主体面貌的质询，是通过对永恒运动的“陈述（statement）”群所构筑的、不断变化着的话语链条的考察来完成的；同时，“话语”与“语言”的天然亲和性，使得“话语”成为传播学迈向福柯的最佳入口；事实上，在传播学关于福柯的研究中，话语理论已然是重地所在，福柯的话语方法也通过批评语言学被转化为更易操作的研究方法在传播学研究中得以应用，但在对话语方法的理解上仍有乱象，不同的话语方法之间的差异被混淆，由此也模糊了内置于福柯话语方法中的批判的向度。本章从语言哲学的源头处出发，厘清福柯与其他话语理论的内在差异，梳理和比较传播学研究中广泛应用的几种话语方法。

第二章“方法论的尝试：福柯话语理论的经验研究方法转化”，对癫狂话语的运作轨迹做深描，剖析福柯话语方法的具体展开和运动方式，接而从方法论的层面尝试对福柯的话语方法进行不同于批判语言学向度的方法转换。

第三章“福柯的质询：疯癫美学之光的陨落”，从福柯癫狂史的著作出发，对理性与非理性间的纠缠、压制和捕捉的进程一探究竟，当癫狂的美学之光逐渐陨落，并坠入彻底的黑暗，福柯告诉我们的远不只是从“道出真理的癫狂”到“精神疾病”的疯癫的史歌，而是每一个向“真理”臣服的现代人的“我们”的境遇。

第四章“传播学视域中的福柯”，打破当下传播学领域的福柯研究的碎片化现状，从话语理论出发寻找传播学与福柯思想的交汇点；在思想史的层面探析福柯的主体哲学与意识主体哲学之间的差异，把传播学热衷于讨论的福柯的“权力观”，置于福柯的“知识”“权力”和“主体”的思想体系中，去看福柯给传播学研究带来了怎样的新的问题。

第五章“‘现时代’中的传播学”，如果说前面的章节是从“内部”去看福柯思想对传播学的理论给养，那么第五章则是从“外部”去考察福柯哲学的内在精神对整个当代的传播学研究的意义。所谓“现时代”，内置了这样的提问：传播学发展至今，经历了从大众媒体到新媒体、从“受众”到“用户”的变迁，它是否意味着一种断裂？换言之，从“过去”进入到“现在”，是否有其内在连续性？这样的一个时代的内在规定性，对深嵌于这个时代的传播学学科来说，又提出了怎样的要求？对“现时代”的考察，追溯至“启蒙”。从康德到福柯，“启蒙”获得了一种超越了“事件”的“精神”的意义。尤其在福柯这里，“启蒙”和“现代性”之内在的、批判的质询勾连起来，福柯回答“何谓启蒙”，更是回答“今天的我们是谁”的提问，而福柯所赋予的“现时代”的独特的视角，促使传播学更好地反观自身，即不同研究路径的问题框架及其有限性。此外，在这一章中我们也把福柯放置于批判学派的理论脉络中去考察内在的差异和交集。

传播学遇见福柯，带来的是什么？一种新的质询。一种全新的提问的可能。如果我们问福柯，什么是“传播”？福柯也许会这样回答：它是关于“讯息”的“撒播”，是复杂的、永恒运动的、裹挟了权力策略的、指向对象性“主体—个体”的话语运动的进程。“我们是谁？”当福柯的质询再一次在耳畔响起，传播学打开新的研究路径成为可能。

第一章

从传播学迈向福柯：话语理论与传播学研究

"……这个已说过的东西并不简单的是一句说出来的话，一篇书写出来的文本，而是一个'从未说过的东西'，一个没有形体的话语，一个同喘气一样无声的东西，一篇只是自身痕迹窟窿的书写。"

——福柯：《知识考古学》

米歇尔·福柯（Michel Foucault，1926—1984），自20世纪以来，这个法国人的名字在各学科的文本中频频出现。福柯被《哲学大百科全书》(*Encyclopedia of Philosophy*)[①]和著名的《劳特里奇哲学百科全书》(*Routledge Encyclopedia of Philosophy*)[②]誉为20世纪最为重要的历史学家和哲学家，他对不同学科的影响皆可谓深远。从哲学到文学，从社会学到医学，从历史学到犯罪学，从政治学到传播学……这个名字携着它巨大的能量几乎影响到整个人文科学——福柯是谁?

福柯，这个伟大的法国人有太多的学术身份以至于无法勾勒出明晰的学科边界：哲学家、历史学家、思想史家——身为哲学

① D. Borchert (ed.). *Encyclopedia of Philosophy*. Volume 3, Detroit: Thomson Gale, 2006, pp.698-702.

② E. Craig (ed.). *Routledge Encyclopedia of Philosophy*. Volume 4, London: Routledge, 1998, pp.708-713.

家，在方法论上他超越了纯粹思辨的界限，甚至刻意掩盖哲学的技术性，他的作品体现出历史学家对具体实在的兴趣。[①]经验主义者的福柯从不盘桓于抽象的概念和定义系统，而是对现实的、具体的问题给予了最为充分的关注。首先，福柯将自己描述为问题化（problematization）的直言者（parrhesiast）；[②]身为历史学家，他无意于复原消逝之物的原貌，对历史的考古学分析始终是为了揭示当下之社会实践；身为思想史家，他抛弃了大写历史的线性书写范式，充斥了断裂、偶然和残酷厮杀的场景跃然纸上。福柯，身为“特殊的知识分子”，他告诉人们：理论本身就是一种实践。因此“道出沉默的真理”或“用理论去启发群众”的人根本就不是真正的知识分子，知识分子总是在具体的研究领域里把特定的、非普遍的真相从知识的面具后撕扯出来展示给人们，并与人们一起投入权力较量的实践战场中。福柯就是这样的知识分子。他深邃的哲学思考、对政治实践的关注，以及精辟独到的历史研究视角，始终是出于对“人”之命运的终极关怀——以不断逾越和颠覆边界来实现人们对自我的可能性超越。从这一点上，我们也许可以理解福柯何以受到各学科的推崇：福柯浩繁的研究主题涉及各学科领域，因为“对于福柯来说，真正的哲学思考，并不是仅仅局限于哲学本身，而是在

① 《友爱、哲学和政治：关于福柯的访谈》，汪民安与丹尼尔·德菲尔的访谈，柴梅译，转引自《读书》，2008年第一期。

② 福柯生前在加利福尼亚大学伯克利分校做了最后一次讲演，他宣称自己是大胆、自由的言说者，即直言者（parrhesiast），喜欢将问题化（problematization）视为一种创造行为。他说道，“这样一种创造，在某一情况下，你无法推断会产生这样的问题化。在某一问题化中，你只能知道为什么这种答案回答了这个世界某一非常具体的问题。在问题化的过程中存在着思想和现实的联系。”（引自乔姆斯基，福柯著：《乔姆斯基、福柯论辩录》，方斯·厄尔德斯编，刘玉红译，桂林：漓江出版社，第5页，注释①）作为一个经验主义者，福柯不仅与所有的经验主义者一样，反对普遍的唯理主义，更重要的是，他对复杂理论问题的探索始终源自于对现实问题的深切关怀。

同学相邻的各门学科中来回穿梭、而由不断返回哲学进行反思，使哲学真正成为永不停息的思考并在其自身的限定中不断试图超越自身”。[①]其次，福柯对“人”之命运的关怀之中渗透了对西方社会文化的批判精神，福柯的“反主体”哲学大胆挑战各种限制、规范和建构现代人的枷锁，他把一切束缚、扭曲“人”的力量归结为话语（discourse）问题。而福柯所说的“话语”超出了语言学的研究范畴，它作为一种政治实践意义上的“事件”（events），席卷了政治、文化、历史、经济、交往和技术等诸多学术领域。因此，我们可以把福柯式的话语研究理解为一个由多元的学术维度所共同构筑的复杂、细密的理论与实践体系。由此，政治学、文学、语言学、社会学、传播学、犯罪学等诸多学科都可以从自身的学科视角出发，对福柯的话语体系做出“话语—符号”“话语—社会”“话语—历史”“话语—政治”“话语—法律”“话语—传播”等不同角度的阐释与理论应用。

近年来，传播学掀起了“话语分析（discourse analysis）”的热潮，“话语分析”的方法被广泛应用于新闻报道、影像资料、电视访谈、历史文献和人际传播等诸多对象，作为一个普遍指称的“话语方法”却并没有一个确定的所指意义。“它可以指仅仅关注于在句子水平之上的语言学单位的一类研究，[②]或者是作为关注句子之间的结合与联结或谈话转承的一类研究的合理称谓，[③]以及涵盖所有源自结

① 冯俊等著：《后现代主义哲学讲演录》，北京：商务印书馆，2003 年，第 410 页。

② Stubbs，M. *Discourse Analysis*. Oxford：Blackwell，1983.

③ Tannen，D. *Coherence in Spoken and Written Discourse*. 1984，Norwood，N. J：Ablex；Van Dijk，T. A. and W. Kintsch. *Strategies of discourse comprehension*. New York：Academic，1983.

构主义和符号学的研究。[1]”[2] 因此,“话语分析”远非某种单一的研究方法，而是包含着各种具有差异性的一系列方法，多元的理论视角决定了话语分析所呈现的跨学科和多元形态。那么，盛行于传播学领域的“话语分析”所依赖的理论基石有哪些？具体而言，传播学研究中所使用的“话语分析”视角建立在哪些框架之上，即“话语”被定义为语言符号、书面文本，还是社会实践？

第一节 多元话语分析方法的源头：分析哲学与欧陆哲学

尽管作为一个研究领域的话语分析的历史还很短，但其内部错综复杂的多元的分析方法都有着深厚的理论土壤。我们可以依据不同的学科视角或研究范式，分别整理出不同的分类结构，诸如语言学家可以把话语研究分为语言文本向度和文本与社会分析相结合的向度，后者又可以依据社会指向性质的不同，分为批判性和非批判

① Michel Foucault. *Orders of Discourse*：*Social Science Information*. 1971，10（2），pp.7–30；Pecheux，M. *Semantics and Ideology*：*Stating the Obvious*. London：Macmillan，1982.

② ［英］乔纳森·波特，［英］玛格丽特·维斯雷尔著：《话语和社会心理学：超越态度与行为》，肖文明等译，北京：中国人民大学出版社，2006 年，前言，第 9 页。

性两种方法；[①]也可以分为内容分析、意识形态分析和阐释学分析三大类方法，分别诉诸文献的量化系统分析、深层的利益冲突，以及主观的解释程序；[②]总之，我们可以依据不同的理论框架和视角，对多种话语分析方法进行分类。在这里，我们无意于对话语分析方法本身进行细分整理，而是试图去看清传播学话语分析领域的研究现状究竟是怎样的？福柯话语理论作为话语分析重要的源头理论之一，在传播学领域是否得到了充分的、恰当的应用？

话语分析作为研究方法和理论框架，自20世纪80年代以来受到诸多人文学科的青睐。在传播学领域，自2003年，荷兰语言学家梵迪克（Van Dijk）和英国语言学家诺曼·费尔克拉夫（Norman Fairclough）的著作《作为话语的新闻》《话语与社会变迁》中译本出版以来，多学科理论融合的话语研究终于正式地迈进了传播学的学科大门。话语分析被应用于新闻文本、政治话语、日常语言等诸多文本层次。从研究向度上看，可以分为描述性与批判性研究两大类。描述性研究侧重于对作为话语产物的文本的分析，关注其内容与自身结构，社会实践意义上的话语被忽视了（即使研究注意到话语的生产与阐释过程或话语对自我的构建作用，也仅停留在狭义的层面，局限在文本结构范畴之内）。批判性话语研究则把话语从文本中解放出来，引向社会实践的维度，对其中的意识形态和权力关系进行考察。近年来，批判性研究成为话语分析的重点，学者们对社会问题广泛关注，诸如讨论新闻文本与群体身份构建关系、“全球化”语境中的中西方新闻话语的意识形态斗争等。批判性话语研究辨明

① ［英］诺曼·费尔克拉夫著：《话语与社会变迁》，殷晓蓉译，北京：华夏出版社，2003年。

② ［荷］冯·戴伊克著：《话语 心理 社会》，施旭，冯冰编译，北京：中华书局，1993年。

了传统的语言学向度与社会语言学向度之间的差异，它给予权力与意识形态充分的关注，尤其受到媒介话语分析的青睐——传媒话语与社会、文化、权力之间总是有着复杂的关联。在传播学领域中，对新闻报道等媒介话语形式进行文化和政治的意识形态的分析颇为多见，梵迪克和费尔克拉夫的批判性话语理论受到广泛的讨论和应用。

但容易被忽略的问题是，批判性话语理论内部并非铁板一块：从传播者、媒介话语到接受者，话语与主体间的关系是怎样的？意识形态是以可辨认的霸权主体的形式存在，还是以分散的无中心的方式浸润着人们的认知？媒介话语的书写者是谁？话语间的运动如何展开？不同的研究视角，所关注、回答的问题也自然不同。已有的关于话语分析脉络的梳理，重点落在话语理论的发展之“流”，“重流轻源”的思路导致同一流派的重要内在差异被忽略，从而限制了对话语研究的全面体认。我们有必要返回话语研究的“理论之源”去寻找答案。

追溯作为术语的“话语分析”的缘起，研究者们大多把美国结构主义语言学家哈里斯在 1952 年发表的一篇论文作为发端。哈里斯从语篇结构、文化语境与文本间的关系对一则广告进行了分析。20 世纪 60 年代以后，话语分析得到更广泛的、多学科视角的关注，学者们从语言学、社会学、符号学等不同角度为话语分析注入新的活力。同时，作为研究领域和方法的“话语分析”也日趋丰厚与庞杂。诸如描述性或语言学向度的话语分析，又分为语言结构、语言意义和话语结构三个层面，其中对语义问题的研究又分为语用学和修辞学两个维度，而语用学和修辞学又可细分为不同的阶段。

如此来勾勒话语研究的脉络，显得过于繁杂，为话语理论的理解和应用增加了难度。更有甚之，太过细碎的图谱反而会模糊一个关键问题：决定话语方法之差异的“根源”正是“语言”之哲学概念的不同意义。“话语分析”，无论是强调句子和语篇结构、修辞语用，还是文化语境中的文本关系，归根结蒂，都是对“语言”的分析。然而，从“语言”的哲学意义上看，“语言”并不仅指涉静态的文本结构。有研究者使用“从语言分析到话语分析转向”[①]这样的表述方式，来归纳语言从文本向度到社会文化向度的研究转变。但这种表述并不确切，只能视作对话语分析的学术统系差异的强调。因为“语言”概念本身就已包涵了“社会文化向度的话语研究”。我们不妨化繁为简，回顾那场哲学的哥白尼革命，它是影响话语分析的最为关键的事件。哲学的“语言学转向（linguistic turn）”对社会科学产生了深远影响。以此出发，我们将发现衍生出多元话语分析方法的两个清晰的理论源头，话语研究的轮廓将得到简洁和准确的勾勒。

20 世纪初，哲学发生了一次根本性的转向，语言取代认识论成为哲学研究的中心课题，这是哲学史上所谓的“语言学转向”。这是西方哲学发展中的第二次根本性变革。第一次变革是从“本体论”转向以笛卡尔为开端的“认识论”，问题由“世界的本源是什么”转变为“我能够知道什么”；“语言转向”则彻底摒弃了近代认识论之主客体对立的理论预设，语言成为问题的中心。因为传统认识论的内在困境在主客体对立的鸿沟面前暴露无遗，而“语言转向”则以

① 胡春阳博士在《传播研究的话语分析理论述评》,《西南民族大学学报（人文社科版）》2007 年第 5 期，以及其他的相关论文中有过如此表述。但笔者认为，与其说“语言分析向话语分析的一次转向”，不如说“话语分析是（哲学）语言学转向进程中更深入的发展阶段”。

哥白尼革命般的勇气大胆撇开主客体间纠缠不清的关系，把焦点转向在逻辑顺序上优先于认识和思维的语言——语言是思维得以表达的媒介，同时，语言也是思维的边界，思维不可能脱离词汇和句法结构，自己不分先后顺序、一股脑儿地涌现出来；另外，语言还是认识主体间相互交流的媒介。语言的问题由此成为哲学的中心。这场声势浩大的语言学转向运动是分两条线路展开的，即英美分析哲学（analytic philosophy）和欧陆语言哲学。他们都通过思考语言来进行哲学探索，但是两者的立场不同。

首先看分析哲学。“分析”概念的使用始于亚里士多德，它用来指称从一个前提推论至结论的过程，这个过程也正是“逻辑”概念的本质含义，换句话说，“分析”与“逻辑”本质关联。亚里士多德对语言表达的逻辑分析成为传统哲学理解语言的起点，即语言的逻辑形式是为对象服务的，它是再现事物本质和表达思想的工具。而现代逻辑为西方哲学提供了一种完全不同的思路，它扭转了逻辑的工具属性，现实世界是由于人类的逻辑形式才被人们所认知，逻辑被视为决定思维活动的形式系统。换言之，逻辑结构就是思想，只有在逻辑的体系内，思维活动才得以展开，也只有在逻辑表达式中，我们才能感知到思想，彼此的理解和交流才成为可能。而语言的问题正在于它不同于逻辑推理的数学与几何的“纯粹形式”，它没有精确、严格的使用规则，加上语义固有的模糊性，阻碍了人们对真理的认识。因此，对于分析哲学家而言，精确可靠的语言逻辑是科学认知的条件和工具，哲学的主要任务就是对语言意义的澄清，建立科学的、系统的形式语言，排除因语言表达式的混乱而产生的基本概念混乱，而研究的主要方法是对概念（语词）意义进行逻辑分析。分析哲学在客体与语言、逻辑之间建立了根本关联，由此把对世界的认识建立在语言逻辑的基础之上，不可见的意识被转化为可见的语言结构，从而消解了形而上学。但从根本上说，分析哲学并非真正超越认识论，他们只是暂且搁置形而上学，以迂回的方式通过对语言问题的研究来为认识（获得知识）提供可靠的保证。弗雷格、罗素、维特根斯坦等人成为分析哲学的开创者。①

而欧陆哲学则彻底地与认识论传统做了决裂。对于欧陆哲学家来说，他们把语言从作为观念表达之媒介工具的地位解放出来，语言不再只是人类认识的符号表征，它与人类的生存世界在本体论上密切相关。传统哲学把人规定为意识主体，对外在于人的世界进行反思和探寻，而对于存在主义哲学家海德格尔来说，世界不只是存在者的物质集合，而是向人类展现出来的意义整体，人类生命的起点是从被抛入这个世界的一瞬间开始的，因此人类的认识总是浸润在"已经存在于世界上"的原始经验，人总是在与他人、其他存在者的关系中，即在人已有的生活实践和生存样态中展开对事物的认知和体验，认知无法从世界中抽离出来，世界总是先于一切知识的展开。海德格尔就此翻开了西方哲学史崭新的一页，他"彻底结束了西方哲学中几乎没有争议的理论知识优先的取向，赋予人的生命实践以哲学的基础地位"。② 换言之，那些由世界（存在呈现给人类的整体意义）引发和相互牵引的认识方式才是更原本和更先在的，而那些以主客相对为前提或依赖现有认识渠道的认识方式则是次生和贫乏化的。③ 语言，在此意义上正是现在世界的一个元素，我们

① 江怡主编（叶秀山，王树人总主编）：《西方哲学史（学术版）》第八卷："现代英美分析哲学（上）"，南京：凤凰出版社，2005 年，第 1—5 页。

② 张汝伦著：《现代西方哲学十五讲》，北京：北京大学出版社，2004 年，第 234 页。

③ 谢地坤主编（叶秀山，王树人总主编）：《西方哲学史（学术版）》第七卷："现代欧洲大陆哲学（上）"，南京：凤凰出版社，2005 年，第 516 页。

的思维方式和生存状态只能内在于语言中。或者说，世界在语言中向我们展开，语言与其他存在者一起向我们展现出存在的整体意义。海德格尔形象地把语言比喻成为人类存在的家园，“语言是存在的家”，人类只有居住在家中才可能去理解家的意义，一旦走出家园，把家当作描述的客体对象，家园就失去了它生动的含义，沦为建筑物或住宅。在欧陆哲学家这里，语言完全摆脱了由主体“陈述”的被动角色，它甚至不仅仅是有形和有声的文本，也包括沉默和倾听。因而语言彻底走出了语义学的囹圄，它在语用学的意义上成为我们做事、生活的一种方式，语言的使用揭示出人类生存现状的意义的整体。

我们看到，欧陆哲学与分析哲学之间有着本质的断裂：分析哲学家认为形而上学的问题是由语言的误用所致，用严格的逻辑学规范了语言的使用，形而上学也就随之消解，成为伪问题；而欧陆哲学家认为西方形而上学自柏拉图始就试图确定真理——真理不是存在，它只围绕着人，只从属于人的理性认知，真理就是正确性。一句话，形而上学只是对存在者的探寻，它无法真正回答人的问题，对人的关怀必须走出形而上学——因为人，是有着不同于其他存在者的存在特性，“它的本质毋宁在于：它所包含的存在向来就是它有待去是的那个存在”，[①]也就是说，人的存在（“此在”）总是在世界中的存在，它不同于有明确边界和限定性的一把斧头和一张桌子，它总是超出自身不断地抛弃、生成、维系、再抛弃自身。因此，人的认识不是主体对客体的关照，而是人的存在的一种方式。因而，形而上学使用理性来设定一个本体论的主体，来限定、规范人的存在，

① ［德］海德格尔著：《存在与时间》，陈嘉映，王庆节译，北京：生活·读书·新知三联书店，2000年，第15页。

其本质上恰恰是遗忘了存在。在欧陆哲学家那里，语言挣脱了“事物——思维——语言——文字”的链条，它与沉默和倾听一起，成为大写的话语，我们总是凹陷在话语之中展开我们对自身生命和其他存在者的理解。我们看到，欧陆哲学彻底颠覆了把语法和逻辑置于其中的传统形而上学和分析哲学，把语言从工具价值中解放出来，关注语言对当下世界的阐释价值。海德格尔、尼采、后期的维特根斯坦、伽达默尔、福柯、利奥塔等哲学家是这一流派的重要成员。

这场声势浩大的哲学界哥白尼革命的能量是巨大的，它促使整个社会学的目光转向语言。我们看到，语言学科的诸多概念和术语从 20 世纪起扩散到社会学、历史学、文艺学、人类学等各学科领域。在对语言的思考中，学科疆域得到了拓展，新的对象被纳入研究视野，同时，语言学转向也对学科的理论构建产生了深远的影响。“话语分析”成为诸多学科领域共同的学术关键词，甚至它也成为一门新生学科。梵迪克指出：“话语分析是一门从语言学、文学理论、人类学、符号学、社会学、心理学以及言语传播学等人文科学和社会科学中发展起来的新的交叉学科……各学科中的话语分析发展开始互相影响、互相融合，其结果是产生了一门可以算得上独立的新学科——文本或话语研究。”[①]但不管是作为分析方法还是独立学科，话语分析作为一种（多元的）研究框架和视角，将从叙事文本到政治事件、从日常言谈到意识形态、从文本（群）到社会实践的一系列范畴都纳入其对象域，作为某种形式的“话语”进行分析。我们看到，传播学领域话语分析的对象囊括了口头对话、广告、新闻、社论、电视节目等多种话语形态，罗兰·巴特（Roland Barthes）、约

① ［荷］梵迪克著：《作为话语的新闻》，曾庆香译，北京：华夏出版社，2003 年，第 18 页。

翰・费斯克（John Fisk）、梵迪克、诺曼・费尔克拉夫等来自文学、社会学、语言学等各学科的学者都分别从不同的视角，对包括媒介文本形式在内的话语形态展开研究。值得注意的是，学者们所采用的研究框架是多元的，因为“媒介话语分析”从来就不是一套视角单一的研究方法，它是一块充满变数的研究领域。或者说，它是一块布满罅隙的自由领域，宽容地倾听不同的声音。

“话语”的定义是什么，自然决定了如何分析话语。也就是说，“话语”的概念决定了多元的研究视角和对象选择。前文谈到过，话语分析的源头可以追溯到哲学的语言学转向。具体来说，如今多元、异质的话语分析方法看上去枝繁叶茂，错综复杂，但它们都可以回溯到英美分析哲学和欧陆哲学这两大理论发源地。但自 20 世纪 70 年代起，英美哲学和欧陆哲学之间的对立形势已有了很大程度的改观，彼此间的对话和融合不断推进。因此，它们看上去不再像原先那样泾渭分明；另外，这两大哲学思潮散播至各学科领域，在此过程中又不断吸收、结合了其他学科的理论特点，这更为我们厘清某种话语分析方法的理论归属增添了难度。在话语分析方法错综繁杂的大家族中，我们可以从不同的角度整理出不同的系谱，但分析哲学与欧陆哲学是话语分析的两大根系。它们作为源头理论预设了话语分析方法最为基本的结构框架，从而决定（限定）了研究者的立足点、视域范围和提问方式。因此，我们有必要知晓传播学领域话语分析方法的概貌，从而明确现有研究尚不完备之处。

分析哲学是从语用学转向开始拉近与欧陆哲学的距离的。20 世纪前半期，弗雷格、维特根斯坦、卡尔纳普、艾耶尔等分析哲学家认为可以通过阐释语言表达式的内容来对思想进行哲学阐释，“分析思想的唯一途径是通过语言分析”，[①]而对表达式内容的把握又必然诉诸对语言意义的理解，即语义学分析。语义学本质上是对逻辑命题的指涉做真假值分析，前文谈到过，分析哲学认为逻辑是人类思想得以展开的形式，人们对世界的认知是在逻辑的框架内进行的。这种在逻辑形式中表达的思想就是命题（proposition），它是人类对世界的逻辑认知形态，也是人类所认知的世界的逻辑图景。诉诸语言的命题展现出词与词之间的联结关系，这种关系映射出世界中事物的关联方式。命题的意义就在于这两种关系之间的对应。以前期的维特根斯坦（Ludwig Wittgenstein）来说，他“判断命题有意义或无意义所依据的标准就是命题是否真正表达了事实，无论是现实中的还是可能世界中的事实。”[②]诸如传统形而上学命题所包含的“本体”“存在”“善恶”等符号名称，根本无法找到与之对应的现实逻辑结构，因而这些命题是假值，只是伪问题。语义学本质上就是对命题逻辑结构的分析，以此揭示思想的逻辑结构。然而，分析哲学家们发现语言的意义，即语言逻辑结构与现实结构的关系在语言的实际运用中并无作用，人们根本不关心语言所对应的逻辑系统，语言只是人们用来交流的工具，人们所关注的是一个句子或词语在特定使用环境中的具体用法。比如，“这足够了”在日常语言使用中，几乎没有人会在意这句话所对应的现实事态的逻辑结构是什么，人们思考的是这句话在这个语境中的使用方式：当 A 对 B 解释他约会迟到的种种理由时，B 打断 A，说“这足够了”；当 A 与 B 一起去

---

① ［英］达米特著：《分析哲学的起源》，王路译，上海：上海译文出版社，2005 年，第 135 页。

② 江怡主编（叶秀山，王树人总主编）：《西方哲学史（学术版）》第八卷：“现代英美分析哲学（上）”，南京：凤凰出版社，2005 年，第 167 页。

超市购物，B 对正在货架上选取商品的 A 说，“这足够了”……也就是说，抽象的逻辑命题的意义是不存在的，语言一旦脱离具体的使用情景，探讨它的意义就没有任何必要。维特根斯坦中后期把目光从哲学语言转向日常语言，用“用法”替代“意义”，为整个分析哲学的语用学转向拉开了序幕。分析哲学家开始从日常语言实践中寻找哲学研究的切入点，语言告别了纯粹的抽象逻辑表达式而融入日常生活，凸显它作为人们彼此理解和交流的重要的工具价值，同时语言也在使用的过程中体现出它的文化价值——语言构建了人类的文化。

塞尔（J. Searle）在维特根斯坦的日常语言学和他的老师奥斯汀（J. L. Austin）的理论基础上发展了言语行为理论（illocutionary acts）。该理论认为语言交流的基本单位并非句子和语词，而是一种已被完成的言语行为，即交流中的句子所强调的是其行为层面的意义，而不是把它拆解为多个符号指称。奥斯汀把言语行为主要分为三类：以言表意行为（locutionary act），即通过做出指称和断言来完成发音的基本行为；以言行事行为（illocutionary act），即赋予句子某种力量的行为，如一个承诺、疑问、祈使或请求等；以言取效行为（perlocutionary act），即对对方的行为或思想观念产生切实影响的行为。“在言语—行为理论中，真值和逻辑被认为不是主要的。重点是在说话者通过说出一个命题打算做出什么行动”，[①] 以言行事行为是整个言语行为理论的中心，奥斯汀指出：“要确定是什么样的以言行事行为在起作用，我们就必须确定我们是以什么样的方法在使用

① ［美］斯蒂文·小约翰著：《传播理论》，陈德民，叶晓辉译，北京：中国社会科学出版社，1999 年，第 152 页。

这种说话方式。”[①]塞尔继而发展了这一思想，他区分了以言行事的两种重要规则，即规定性规则和建构性规则。规定性规则规范了先在的行为。在行为发生之前，已知的规则已经约束了言语行为可能的互动方式。诸如，疑问句或祈使句的句式已经提前规定了人与人的互动可能以何种方式展开（回答提问，或不回答；同意要求，或拒绝），但人们之间的交往关系是独立于句式规范而存在的。建构性规则不同，它通过建构一系列规则而创造出某种行为方式。诸如，（中国）象棋的游戏规则创造出象棋这种游戏行为，象棋对弈若离开了游戏规则就不成为象棋了，它只剩下三十二个圆形的物体可以指涉。塞尔尤其看重建构性规则，在他看来，“大多数哲学家拥有的规则模式或范例就是规定性规则，如果某人在语义学中寻求纯粹的规定性规则，那么‘他就不可能发现从逻辑分析的观点来看任何有趣的东西’。”[②]

当分析哲学从语义学对严谨的逻辑形式的关注中走出来，把目光转向语言的使用者以及使用者所处的交流情境时，语用学为分析哲学打开了一片更宽阔的疆域。语言与数学的逻辑表达式区分来开，获得了其社会性。20世纪后期的分析哲学的语用学转向愈来愈显露出它的价值：语用学对社会学、语言学等诸多学科产生了重要的影响，经过它们的吸收、转化、理论创新，又进而引入到传播学领域。

① 江怡主编（叶秀山，王树人总主编）：《西方哲学史（学术版）》第八卷：“现代英美分析哲学（下）”，南京：凤凰出版社，2005年，第615页，注释①。

② 王庆丰著：《辩证法理论的语言学转向》，《社会科学研究》，2010年第五期，第110页。

第二节
梵迪克与费尔克拉夫之话语分析方法的比较

我们看到，分析哲学与欧陆哲学的分流或对话，都交汇于两者对“语言”的哲学态度：“语言”始终在分析哲学的外部。无论是弗雷格和罗素对“人工语言”之完美逻辑的追求，还是由后期的维特根斯坦、奥斯汀打开的新视野，即带有人本主义色彩的对“语言行为”的关注，语言都始终被置于主体的外部，对语言之逻辑、真伪、结构和意义考察是理解意识的途径。从这种意义上说，分析哲学是一种语言分析的方法论，这种方法论与不同的哲学思考结合成不同的分析哲学流派（人工语言学派、日常语言学派等），但对于分析哲学来说，语言的外在经验性始终是第一位的。与之相反，欧陆哲学强调的恰恰是语言的内在体验性，语言是人的行为的内在意义的体现，能指与所指的链条被抛弃了，文本的意义在“此在（dasein）”“历史”的“视域（horisont）”中流变。

我们知道，“批判性”（critical）话语分析与“非批判性”间的差异在于，它“揭示了话语如何由权力与意识形态的关系所构成，揭示了话语对于社会身份、社会关系以及知识和信仰体系的建构性作用”。[①] 总而言之，“批判性”研究是对语言进行社会学层面的言语行为的考察，这种宏观视野决定了批判性话语分析的特点：它不可能仅仅诉诸微观语义学，必然涉及语用学、意识形态和政治文化等

① ［英］诺曼·费尔克拉夫著：《话语与社会变迁》，殷晓蓉译，北京：华夏出版社，2003 年，第 12 页。

不同层面的综合考察，而对“语言”所进行的考察，既可以从“外部”进行，也可以从“内部”展开。也就是说，我们既可以把语言放置在“被说出”的层面，来考察诸如新闻、谈话等文本形式的内在结构逻辑，以及这种逻辑所映射的、再生产的意识形态性和社会文化性；也可以把语言“内嵌于”社会文化本身，思考文本（text）、文本间性（intertextuality）与意识形态构成的关系。在这种视角下，对意识形态和社会文化的剖析永远无法在“语言”的结构中找到答案。“人的行为”与“语言之网”彼此重叠，“主题（theme）”与“事实（fact）”的社会生成正是话语自身运动的结果。

总而言之，我们一旦回到话语分析的理论源头，就很清楚地发现，内置于分析哲学和欧陆哲学的不同的“语言观”决定了批判性话语研究的内在分野，而这种内在差异却一直被忽略。在传播学领域，梵迪克和费尔克拉夫的话语方法受到广泛讨论和应用，但批判性话语分析总是被视作一个整体，鲜有学者去发现、思考两者间的内在差异。然而，对这种差异的认知很有必要，它提醒研究者必须明确研究问题本身，因为他选择采用的某种理论工具必然有其明确的内在指向性——它能够回答的哪些问题？用什么方法来回答？

梵迪克首次明确地为媒介话语研究提供了一套成体系的理论框架和研究方法，他在传播学话语研究中的地位可以说是首屈一指。梵迪克的话语研究理论在很大程度上受到分析哲学的影响，他的命题理论就直接受到言语行为理论的启发，即分析规定性规则和建构性规则在文本中的具体运作方式，在新闻文本中表现为新闻报道所设置的语义宏观结构对新闻主旨、受众理解和认知的影响。梵迪克使用语义学的方法，把新闻报道分解为 N 个命题（proposition），命题之间构成多层次结构的 N 个命题群，其中低层次命题群直接或间接地置于高层次命题群之下，最高层次的一个或几个命题群才是新闻报道的主题（theme topic），对新闻文本主题的研究就是对命题宏观结构（semantic macrostructures）的分析。但很重要的一点是，新闻的生产与使用的社会学决定了对新闻文本的研究必须超越静态的语义学分析，因此，必须研究新闻被受众理解、认知的社会过程。命题理论之所以超越了传统的内容分析法和其他语义层面的微观研究，就在于它始终聚焦于受众对主题的认知理解，而不只是新闻文本表现其主题的逻辑结构方式，语用学的言语行为规则理论为梵迪克的命题理论奠定了基础：新闻报道以删除规则（deletion）、概括规则（generalization）和建构规则（construction）这三种宏观规则（macrorules）来规范命题群之间的相关关联，削弱、突出或暗示人们对命题意义的理解和认知，主观性由此隐形于客观新闻报道的背后。

在梵迪克这里，我们可以清楚地看到分析哲学在语用学转向之后，所出现的与欧陆哲学的重要交汇点：语言的文化性。语用学对言语行为之内在规则的思考打开了语言的文化价值维度，即人为的、为语言结构所规范的规则，反过来也构建了语言的文化价值。语言因而不再只是交流的媒介，也是一种文化，它影响了人们的认知与行为。对语言文化性的关注大大缩减了分析哲学与欧陆哲学的分歧，“把语言理解成文化意味着分析哲学家们也开始从人类的存在本身来考虑语言，分析和理解语言的意义”。[①] 但是我们应该清楚的是，尽管分析哲学的语用学转向使得语言溢出了单纯的媒介功能，获得了文化性，使得欧陆哲学与分析哲学在理论和方法上的对话成为可能

① 江怡：《分析哲学与诠释学的共同话题》，《山东大学学报（哲学社会科学版）》，2007年第1期，第23页。

（分析哲学家开始关注语言的文化价值；欧陆哲学家则把对语言的语义学和语用学分析纳入其思考存在的重要维度），但这种文化性与欧陆哲学的存在观之间仍有着根本的差异：对于分析哲学来说，语言是在其使用的过程中产生文化意义的，语言的文化功能在逻辑上位于媒介功能之后，在“主体—认知—语言—文化”的链条上，主体占据首要的环节，文化是语言——体现出主体对世界的认知结构（即主体的“思想”）——在使用过程中产生的次要功能。而在欧陆哲学家那里，语言是人类存在的家园，“能被理解的存在就是语言”，[①]语言的文化性是立足于本体论意义上的。在“语言（文化）—认知—主体”的链条上，语言占据了分析哲学中主体的位置。在欧陆哲学中，主体——世界依赖于“人”逻辑认知而展开——沦陷了，它失去了“说出”客观真理的特权，成为语言凹陷处的填充物。

对于这两者间的差别，我们可以回到梵迪克这里来一探究竟。前面谈到过，梵迪克对新闻的话语分析方法超越了静态的文本研究，新闻必须立足于“理解、认知”才有可能发挥其效力，梵迪克使用语用学框架把重点落在语言意义的生产过程中（意义通过命题间的逻辑结构被“说出”），即语言的意义不只是文本的所指，更重要的是受众的解读。梵迪克话语理论之所以倍受传播学的青睐，还在于他不仅关注新闻文本的使用过程（新闻—受众），也注重文本的生产过程（记者—编辑—新闻），这使得他的话语理论在“文本”和“实践”的双重维度下具有内容分析和民族志等方法难以匹敌的完整性。另外，相对于意识形态的宏观批判理论而言，梵迪克认为，他的方法更有说服力，因为“光凭直觉去分析新闻文本、新闻价值体系、

① ［德］伽达默尔著：《真理与方法（下卷）》，洪汉鼎译，上海：上海译文出版社，1999年，第606页。

意识形态和新闻的相互作用的特征是不够的。我们应该突破表象，深入研究这些新闻阐释过程中所发生的真实情形”。[①]

梵迪克是怎么分析新闻文本的生产过程呢？梵迪克认为，新闻的生产可以具体落实到记者对事件的认知上。记者作为社会成员、专业机构和社会团体的成员，他们对源文件（新闻发布会、新闻发言人、访谈者、专家意见等）的新闻改写方式，以及对新闻事件的报道所体现出的认知结构具有社会实践的意义——记者的认知由专业机构所享有、并可能影响到其他机构和社会团体；记者对源文件的选择和阐释反过来又强化了某种认知模式的社会效用。总而言之，梵迪克对生产实践维度的考察立足于记者的认知结构。如果使用“记者认知—新闻文本—受众—新闻意义”这条线索来概括梵迪克的话语分析框架，我们就会发现，梵迪克对新闻话语的批判研究是建立在分析哲学的基础之上：新闻文本的生产制作被还原到记者那里，记者就是那个分析哲学家眼中“说话”的主体。诚然，梵迪克的话语分析框架有其卓越之处，他所使用的严谨、科学的语言学方法令人信服，并超越了微观社会学研究难以把握社会实践整体维度的缺陷。但遗憾的是，梵迪克话语理论并不能回答诸如此类的问题：新闻记者的价值偏见源于何处？主题与看似不直接相关的新闻文本之间是否有内在关联？不同时期对同一主题的报道为何存在惊人的差异？……如果我们对一个宏大的新闻话语网络发问（把共时的新闻文本汇聚起来、把历时的新闻文本串联起来，新闻文本被视作一个宏大的话语网络），问题一旦逾越了梵迪克所设置的“主体—记者”的原点，梵迪克的话语分析理论自然就无力回答了，因为对

① ［荷］梵迪克著：《作为话语的新闻》，曾庆香译，北京：华夏出版社，2003 年，第 101 页。

语言文化的本体论的思考并不符合分析哲学的内在逻辑。由此我们也认识到，话语分析方法之间的差异，不仅在于具体的对象、理论框架、操纵步骤，更为重要的是，不同话语方法的研究视角是不一样的，这决定了它们有着各自感兴趣的研究对象和提问方式。

尽管梵迪克著作中的分析哲学的视角“含而不露”，我们仍可发现其踪迹：

梵迪克的话语分析方法承接了分析哲学对清晰性的要求。他谈道：“话语分析的主要目的是对我们称为话语的这种语言运用单位进行清晰的、系统的描写。这种描写有两个主要的视角……文本视角和语境视角。”[①]我们还需要注意的是，梵氏所谈的“文本视角”，不是对文本意义的强调，而是对文本结构的强调。“文本视角是对各个层次上的话语结构进行描述。”[②]意义是建立在结构之上的，这是依赖于分析哲学的认知语言学的基本观点。另外，梵氏所谈的“语境视角”，不是从文化本体论的层面来分析语言，而强调的是语言结构与认知实践之间的影响。再者，在梵氏对新闻语篇的话语分析方法中，他的贡献在于将决定意义的话语结构的新闻图式展示给我们。我们很清楚地看到，结构永远高于意义，因为结构是理解文本意义的认知形成的基础。[③]

我们知道，梵氏所使用的基本分析框架是认知心理学。它不仅体现在梵氏对新闻生产的分析，也应用于人们对新闻的理解。但很重要的是，梵氏谈的对新闻的“理解”，并不是存在主义立场上的“理解”的解释学。他的“理解”，是建立在社会认知理论基础

① ［荷］梵迪克著：《作为话语的新闻》，曾庆香译，北京：华夏出版社，2003 年，第 26 页。
② 同上，第 26 页。
③ 同上，第 105 页。

上的。[①]总而言之，梵氏所使用的认知心理学是建立在对乔姆斯基（Chomsky）转换生成语法认同的基础之上的、深受英美分析哲学影响的一代认知科学。尽管他认为，乔姆斯基的理论忽视了语言社会性。他指出："乔姆斯基的转换生成语法……几乎完全忽略了语言使用中的社会因素…这种认知方法和倾向忽略了该学科本来的社会学背景。"[②]由此拓展了认知心理学的社会性维度。但是很清楚的是，认知语言学是基于英美分析哲学和先验哲学的基础之上的，它接受了分析哲学的形式主义学派和日常语言学的大部分观点，客观主义是它的哲学基础。[③]

梵迪克的语言学领域的同仁，英国语言学家诺曼·费尔克拉夫也给予了话语分析充分的关注。他与梵迪克一样，也把话语分析理论应用于大众媒介文本（不只是新闻文本，也包括电视访谈、纪录片等其他对话文本形式），由此在传播学领域引起了不可小觑的反响。但人们似乎并未曾注意到他的话语理论与梵迪克之间的差异，人们更关注的是两者间的相似之处：身为语言学家，他们的文本分析方法持重、严谨，具有很强说服力；同时，他们的话语分析理论同属批判性话语研究（CDA：Critical Discourse Analysis），这意味着他们不囿于静态的文本分析，对话语生产和社会流通的动态过程给予了高度的重视。但是，我们更应该思考他们在理论层面的根本差异，从而勾勒出传播学话语分析方法的概貌。

从理论框架来看，费氏话语方法最重要的理论支持来自福柯的

① ［荷］梵迪克著：《作为话语的新闻》，曾庆香译，北京：华夏出版社，2003 年，第 144 页。
② 同上，第 104—105 页。
③ 王寅：《认知语言学与两代认知科学》，《外语学刊》，2002 年第一期（总第 108 期），第 10 页。

话语思想。在费尔克拉夫的译作的序言中，殷晓蓉教授谈道："福柯对于社会科学和人文科学产生了巨大的影响……话语分析作为一种方法的流行，可以部分地归功于这种影响。"[①] 费氏在方法论上的贡献在于，他使福柯的视野在以文本为方向的话语分析中发挥了作用，即文本向度的话语研究。[②] 我们知道，福柯是欧陆人本主义哲学脉络的代表性人物，他对语言的存在论立场与海德格尔一脉相承，如福柯自己所言："我对于海德格尔的解读决定了我整个哲学思想的发展。"[③]存在主义对语言的思考，始终探问的是"人是如何在语言中存在的"，因此，分析哲学所持有的主客二元论在福柯这里消解了，"主体"失去了它尊贵地位，成为被话语所构建的客体化的身份。我们看到，这一点直接体现在费氏话语理论中——费氏毅然决然地与主流语言学和社会语言学背道而驰，他反对对社会主体所持有的前社会（pre-social）的观点，即认为人们总是带着预先形成的社会身份进入社会并互相作用，先有身份影响着人们的实践行为，但几乎不被包括语言使用行为在内的实践行为所影响。费氏采取了福柯的立场，"把话语实践对于社会身份的影响问题置于以文本为方向的话语分析的中心地位，无论在理论上还是方法论上都是如此"。[④]

费尔克拉夫不仅关注文本的生产和使用过程，他把理论的触角伸向更广阔的社会实践领域——话语实践与非话语实践的互动、非

① ［英］诺曼·费尔克拉夫著：《话语与社会变迁》，殷晓蓉译，北京：华夏出版社，2003 年，第 36 页。

② 同上，第 37 页。

③ ［英］詹姆斯. D. 马歇尔著：《米歇尔·福柯：个人自主与教育》，于伟，李珊珊等译，北京：北京师范大学出版社，第 20 页。

④ ［英］诺曼·费尔克拉夫著：《话语与社会变迁》，殷晓蓉译，北京：华夏出版社，2003 年，第 43 页。

实体的话语要素间的合谋、话语仪式的生产策略，等等。由此，费尔克拉夫显现出他与梵迪克的根本差异，他对文本所做的词汇学、语义学和语用学层面的所有分析都始终是为了揭示社会实践维度中的话语对主体的构建策略，而那个“说出”话语的主持人、记者、访谈者、医生……的主动性地位被故意忽略了。更确切地说，“说话者”也受到了关注，但那是将他们置于动态的话语关系之中，即在“记者—读者”“主持人—接受采访者”“医生—患者”……的关系情境中，对“说话者”“如何说”的分析还是为了探究具体的主体构建策略，以及话语实践中的权力对抗与抵制过程。另外，费氏的话语分析理论之“话语”概念与福柯完全吻合。福柯把话语视作一张巨大的网络，其中的单子是陈述（statements），它们彼此参照、排斥、限定、补充，生产出具有真理地位的知识话语。费氏对福柯的推崇是显而易见的，他把福柯所强调的陈述间的实践运动转化为具体文本层面的“互文性（intertextuality）”来发展自己的理论，获得了宽度和深度的话语理论自然博得了话语实践性的维度。应该说，费尔克拉夫对福柯思想原貌的尊重是令人叹服的，同时，他又极富创新性地把宏大、抽象、深邃、难以把握的福柯理论转化为一套以文本为向度的研究理论，并充实了语言学的诸多方法，这使得费氏话语分析方法的应用性与理论性兼备。这一点是很难得的，因为很多批判语言学家都很难把宏大社会视野与微观语言学分析平衡地融入话语分析框架，要么不经阐释和讨论地使用社会理论，要么只以非常狭窄的语义学术语来对待语言分析。[①]但必须承认的是，当福柯之极富厚度和深度的“话语”体系被转化为日常的、具体的文本时，费

① ［英］诺曼·费尔克拉夫著：《话语与社会变迁》，殷晓蓉译，北京：华夏出版社，2003 年，导言，第 2 页。

尔克拉夫的话语分析理论就不可避免地显得“沉重”和“繁琐”——要把宏观的话语实践的动态过程落实到文本的层面，对之进行三个向度（文本层面、话语实践层面和社会实践层面）的分析，所使用的一整套成体系的语言学方法（词汇学、语义学，以及以韩礼德系统功能语法为主的语用学方法）显得“精致而繁复”。尽管费尔克拉夫的话语分析理论颇得“见微知著”之妙，但从微观语言学切入的分析方法还是难免让人产生“长篇累牍”之感。[①]那么，福柯的话语理论在方法论层面的实际应用是否可能超越语言学的高度？这是我们下一章需要解决的问题。

① 在文本分析中，即使研究对象只是一篇数百字的新闻报道，但如果较严谨的采用费尔克拉夫的话语分析方法，那么展开分析所需的篇幅常常是超出万字的。从这种意义上说，“精致而繁复”的后果似乎是难以避免的。

第二章

方法论的尝试：福柯话语理论的经验研究方法转化

“书不单单是一个人掌握的对象，它不可能保存于包容它的小小的平行六面体之内：它的统一体是变化和相对的。一旦有人探寻这个统一体，它便失去它的自明性；只有在话语的复杂领域的基础上，它才能指示自身和建构自身。”

——福柯：《知识考古学》

福柯的著作因艰涩而使很多人却步，跨学科的阅读更是增加了难度。在传播学研究中，也许我们可以理解福柯话语理论的概貌，但很难从方法论上效仿福柯，对考古学和系谱学方法现实应用的文献寥寥无几。即使做零星的、局部的应用，如何对经验材料做准确的处理仍是对研究者的重大考验。在本章中，我们要在方法论的层面做操作性转换的尝试，即突破传统语言学的窠臼，跳开对文本的符号意义或修辞的追究，从社会实践的宏观视野探究话语、文本、意义之间的动态关系，把福柯的话语方法转化为一套具有一定可操作性的研究步骤。

从《疯癫与非理性：古典时期的疯癫史》(简称《疯癫史》)、《词与物》到《知识考古学》，早期的福柯强调的是自律的话语，话语的一次次运动轨迹的背后有着某种先验的推动力。这种先验性在癫狂史中尚不明确，疯癫被捕捉的历史伴随了鲜活的搏斗与挣扎，权力关系是癫狂史的主题；但在《词与物》和《知识考古学》中，“人之死”的背后是“知识型”的先验结构式的推动，知识考古学在陈述的网格中书写历史，社会实践抽身而退，话语与权力渐行渐远。后期的福柯不满意这样的话语自律，于是系谱学替代了考古学，但它们之间并非断裂，系谱学是在考古学方法的基础上加入了对“权力”的观照。也许，我们可以概括性地称之为从“话语”到“权力”的理论转向，但如果我们不是具体区分话语的自主运动和话语社会实践的差别，而是把“话语”看作一种独特的视角，那么福柯对“话语”的关注则贯穿始末：即以话语的视角去看待事件和文本，研究对象不再是分散的、孤立的、静止的，而是互相关联起来，并在彼此的联结中成就自身。“事件”从而成为这场话语运动的一个结果。

《疯癫史》是考古学时期的代表作，“权力”还没有作为“关键词”明确地出现在文本中，但权力已然是隐形的主题，它裹挟着巨大的力量道出何谓“真理”。换句话说，在理性对非理性的话语实践的深处，权力的波涛早已暗自涌动；后期的系谱学可以说是向癫狂史的一种回归，以更明确、更直白的方式去挑开权力技术的策略。我们在这里选取《疯癫史》一书为研究对象，通过对癫狂话语考古学方法的深入分析，探索话语、文本、社会实践之间的关联，尝试构建可操作的话语研究分析程序。

福柯，这位伟大的哲学家给我们留下了一座“迷宫”。德莱弗斯（Hubert L. Dreyfus）和拉比诺（Paul Rabinow）引用的普林斯顿高级研究所教授德格尔茨在 1978 年的《纽约书评》上发表的一段对福柯的评论，非常贴切地概括了福柯“迷”一样的面貌。“六十年代初，一部《癫狂的历史》（即《疯癫史》）使福柯在知识界名声大振。《癫狂的历史》是一部非传统式但尚可辨认的西方癫狂史。以后的几年，福柯变成了令人无从捉摸的人物：一个非历史的历史学家、一个反人文主义的人文科学家、一个反结构主义的结构主义者。如果加上他的简洁紧凑的写作风格——这种风格做到了显得既具有权威又充满怀疑——再加上以稀奇古怪的细节为其总括结论辩护的方式，他的作品就酷似埃舍尔的绘画——楼梯升向低于楼梯的平台，朝里开的门朝外开……"[①]福柯的著作和他的身份一样多变，从考古学到系谱学，福柯毅然地否定自身并转向对新问题的探索，他的理论体系正与他独特的个人经历一样，"不断地实现对边界的超越"。福柯在著作中狡黠地为自己辩护："敬请你们不要问我是谁，更不要希求我保持不变，从一而终。"[②]

但是，话语，这个抽象宏大的概念却是横贯福柯"非连续"著作的一条经线。尽管在系谱学转向之后，福柯在著作中已不再经常提及话语，他把目光转向了权力，话语在考古学时期或多或少具有的本体论意味消失了。但这只是字面上的消减，话语，与其说是一个研究对象，毋宁说是福柯独特的不变的视角——福柯正是从话语的视角去研究历史，才能把历史从哲学的附庸中解放出来：福柯对历史的探索始终是为了研究当下的现实问题，他自己说道"……写一部关于现在的历史，那才是我的兴趣所在"。然而，历史究竟是什么？谢里登一言以蔽之："历史意味着一个由机构（institution）、学科，归根结蒂由理性本身认可的信念。"[③]我们所看到的历史是一张巨大的由无数真理编织而成的网络，真理之"真"的力量引导历史

① ［美］H. 德莱弗斯，［美］P. 拉比诺著：《超越结构主义与解释学》，张建超，张静译，北京：光明日报出版社，1992 年，导论，第 2 页。

② ［法］福柯著：《知识考古学》，谢强，马月译，北京：生活 · 读书 · 新知三联书店，2007 年，第 19 页。

③ ［英］阿兰 · 谢里登著：《求真意志：密歇尔 · 福柯的心路历程》，尚志英，许林译，上海：上海人民出版社，1997 年，第 17 页。

完成今天的形态。“但福柯的著作就是摧毁机构、学科和理性的统治”，[①]福柯把历史置于话语的视域中，对话语进行的考古学、系谱学研究使得真理连续、神圣、完整的幻想破灭了，历史不情愿地呈现出它不规则、脆弱、偶然、非连续的无数断层和罅隙。历史的切面就是话语。只是在考古学时期，福柯关注的是话语的运作方式本身，而系谱学研究则聚焦于话语与权力的耦合轨迹。作为一种视角的话语，也暗示了福柯从考古学走向系谱学的逻辑可能。换言之，从关注话语到关注“主体”（针对系谱学的研究，福柯澄清了自己的工作目的，它不仅对权力现象感兴趣，而且还探究人是如何被塑造成“主体”的[②]），话语的视角显示了它们的内在关联。概括地说，“主体”就是福柯对“我们是什么？”这个问题的不断探问——把历史掰开，我们将能看到话语像断裂的纤维那样震颤，而人类就是被这丝丝缕缕的话语所包裹。历史只能是人类的历史，而人类的历史却只是在话语凹陷处的褶皱，话语限定了我们之所是、限定了我们之所思。由此福柯把历史从哲学的役使中解放出来，因为“哲学的问题也是有关我们自己是什么的问题……当代哲学完全是政治性的，也完全是历史性的。它是内在于历史的政治，是政治不可或缺的历史”。[③]

---

① ［英］阿兰·谢里登著：《求真意志：密歇尔·福柯的心路历程》，尚志英，许林译，上海：上海人民出版社，1997 年，第 17 页。

② ［法］福柯著：《主体和权力》，转引自汪民安主编：《福柯读本》，北京：北京大学出版社，2010 年，第 280—281 页。

③ 包亚明主编：《福柯访谈录：权力的眼睛》，严锋译，上海：上海人民出版社，1997 年，第 45 页。

第一节
精神病话语的背后：理性与癫狂的历史

“精神分析学过去、现在和将来都无法听到无理性的声音，也无法根据自己的术语解释癫狂者的症状。”

——福柯：《疯癫与非理性：古典时期的疯癫史》

《疯癫与非理性：古典时期的疯癫史》完稿于 1960 年，首版于 1961 年普隆出版社。这是荣膺全法国哲学学科最优秀博士论文的著作，也是数年之后把福柯推向学术顶峰的第一本著作（这不是福柯的处女作，他的第一本专著为《精神病学与人格》），它极具颠覆性的视野和令人叹为观止的博学获得了莫里斯・布朗肖、罗兰・巴尔特、加斯东・巴士拉尔、费尔南・布劳戴尔等人的称赞。《疯癫与文明》是重要的缩略本（删节由福柯亲自完成），普隆出版社于 1964 年出版，它为福柯赢得了更多的读者，并成为学术畅销书，1965 年和 1967 年分别付梓于美国和英国。

癫狂在现代人的看来，“理所当然”的属于精神疾病，它作为绝对的“他者”被置于“正常的”“我们”的对面，“我们”与“他们”之间的鸿沟是伟大医学的划界。这一切看起来似乎是“天然的”、无须过多追问的，因此，无论文学、历史还是哲学，都几乎不约而同地选择“忽略”这个话题。

而福柯却偏偏将一直以来被“遗忘”的癫狂奉为主角，写出厚厚的一部癫狂史来。由他说出的癫狂震惊了整个学术界，“以往每一部有关现代精神病学起源的历史都完了，都要被一种不合时宜的幻想所糟蹋了，这种幻想认为癫狂是原已赋予人类的东西……”[①]被康吉兰称作“颠覆了现代医学史的幻想”的癫狂到底是怎样的？——一切的“理所当然”都被福柯粉碎并嘲弄，癫狂在广袤历史空间的最深处发出有力的尖啸，它的面目是如此的捉摸不定，魔幻般的不断变更着它的模样。

癫狂的表征几乎从来都是晦暗不清的，它是那么一团冰冷潮湿又模糊的东西，理性之光只照耀在正常人的脸上，澄明与晦暗是永恒的两极。由澄明的理性主体来“俯瞰”晦暗的癫狂，癫狂当然是“垂头丧气、不见头脸的”；而福柯却抛弃了“理性主体”的宝座，让癫狂恢复了它的本相，由它自己来讲述自己的历史：如何从放肆的尖啸到被理性紧紧卡住喉咙的静默无声的过程。问题是，癫狂如何可能讲述自身？

癫狂的自我讲述，是通过“考古学”来完成的。福柯在《疯癫与文明》的序言中谈道：“我的目的不是撰写精神病学语言的历史，而是论述那种沉默的考古学……我们所进入的领域既不是认识史，又不是历史本身；既不受真理目的论的支配，也不遵循理性的因果逻辑，因为只有在这种区分之外因果才有价值和意义。”[②]沉默的“考古学”，“考”的是在今天有着“理所当然”地位的“知识话语”的“古”。“知识话语”是贯穿福柯毕生著作的重要线索，尽管福柯说

① ［美］詹姆斯·米勒著：《福柯的生死爱欲》，高毅译，上海：上海人民出版社，2003 年，第 140 页，注释 42。

② ［法］福柯著：《疯癫与文明》，刘北成，杨远婴译，北京：生活·读书·新知三联书店，2007 年，第 3 页。

“不要问我是谁，更不要希求我保持不变，从一而终”，[①]但“话语”的暗河却“从一而终”的滋生出福柯所给出的一切对象：癫狂、临床医学、犯罪与惩罚、知识秩序、性意识……这些对象已然被现代科学“盖棺定论”，有着毋庸置疑地成为“共识”的“清晰的面目”。但福柯却对之不屑一顾，执拗地潜入“清晰面貌”的背后，去还原对象曾有的“多面相”，追问这些对象是如何被“话语之网”捕捉和建构的？在话语的自身运动中，形成了对象的自我边界，而这样的“自我运动”，又总是与“权力”深深纠缠。如沙特莱所言，“‘权力如同运作，知识如同法则’……权力与知识间的本质差异并不妨碍它们的相互预设与掳获，两者间具有一种交互的内在性”，[②]“考”知识话语之“古”的“考古学”，正是“话语”之流最为集中的地方，“在考古学这里，一切都以话语为中心来对待，所有批判的出发点都围绕话语而展开……考古学对于传统分析模式的批判，全部是在话语这个研究领域中展开的”。[③]

福柯对癫狂的“考古”，是对“癫狂”之如何可能“是其所是”的拷问，“癫狂”在人类历史的不同时期，以截然不同的面目成为其自身。癫狂的边界，癫狂的模样，癫狂的面目的每一次变形，都是在“话语”的滋生下完成的。而这是一个何其复杂的运动轨迹！这是在人类巨大历史空间中的运动！在福柯这里，空间的意义超越了时间，时间是线性的，而空间中却刻画了生动复杂的运动轨迹：无数分散的话语原子一次次聚集、成型、消散、重新聚集、给出新的

① ［法］福柯著：《知识考古学》，谢强，马月译，北京：生活·读书·新知三联书店，2007年，第19页。

② ［法］吉尔·德勒兹著：《德勒兹论福柯》，杨凯麟译，南京：江苏教育出版社，2006年，第77页。

③ 汪民安著：《福柯的界限》，南京：南京大学出版社，2008年，第145页。

形态、再消散、再聚集……这样的聚集与消散的更替，不是“同一循环”，而是权力的你死我活的斗争，“话语”，滋生了对象，滋生了“理所应当”，也滋生了人们冷漠的“遗忘”。

疯癫话语的对面正是理性的话语，福柯对理性的态度在这部著作中和盘托出。福柯的研究在总体上是围绕着“何谓理性？理性的形式是什么”的问题展开的，莫伟民教授将之概括为两大轴心研究，即编码的规定和真假的表达。前者是指在何种意义上合理性形式拥有了一组规则、方法，以及为了某个目的的诸多手段；后者是指在何种意义上合理性形式确定了一个真理的对象域，并对这些对象做出或真或假的命题表述。[①]

福柯对疯癫、监禁、临床医学、性意识史等所有看似边缘问题的研究都是为了揭示：在科学理性话语的生产进程中，作为主体的个体（subject–individual），是如何在以符号分类为重要权力运作策略的生产机制中沦为真理的对象（objectification）、被生产的同时也生产出自身的边界？这是福柯给出的提问，但对“主体对象化”理论质询绝不仅限于福柯：从马克思到卢卡奇、韦伯、霍克海默、阿多诺、福柯、葛兰西、哈贝马斯等整个西方批判理论就以各自不同的视角和理论焦点对现代社会（modern society）中的个体如何安放自身进行了强烈的质询。如果说，哈贝马斯代表的是正面建设的向度，与否定批判的向度之间有着不可避免的内在张力，由此就拉开福柯等批判理论家与哈贝马斯之间的距离，这样说显然是草率的。福柯曾经在访谈中提过，如果能早一点了解法兰克福学派，也

① 莫伟民著：《莫伟民讲福柯》，北京：北京大学出版社，2005 年，第 65 页。

就可以少走一些弯路。[①] 哈贝马斯之所以给出正面向度的建设，是因为在二战结束的时代背景下，当法西斯主义的历史坐实了“新野蛮主义（new barbarism）”[②] 的理论判定（judgement），当现代国家所凭靠的理性根据已经从理论的根基上岌岌可危，而现代国家的合理性又必须要得以安放，于是，重新收拾起生活热情的战后知识分子不得不寻求对理性的重建。我们看到，以哈贝马斯为代表的正面版本的规范理论，是建立在对“公共领域的结构转型”历史的清晰指认的基础上去探求新的理性之路，他很清楚地看到理想范式的公共领域在历史中的灵光一现及其必然衰落，而理性重构之路只能诉诸市民社会（civil society），哈贝马斯的规范性理论背后，是对批判理论的坦诚面对与彻底承认。跃过肯定与否定表面的张力，我们看到的是，从马克思那里的“对象化（objectification）”，到卢卡奇的“异化（alienation）”，再到霍克海默和阿多诺那里的“齐一化（unification）”，直至福柯的“主体客体化”，否定与肯定向度之间的内在勾连远比张力更为关键。

福柯的质询既与批判理论一脉相承，同时又以其独特性拉开与总体化理论的距离：福柯的目光总是绕开明朗的事物，而把“明白之物”视作一个复杂的、历史的、经验的、运动的结果。他总是在最幽深和晦暗处逗留，把那些沉默已久的偶然与碎片重新纳入话语

① 《结构主义与后结构主义》，福柯与 G. 罗莱（G. Raulet）的谈话，于 1983 年发表，转引自杜小真编选：《福柯集》，上海：上海远东出版社，1998 年，第 494 页。

② Max Horkheimer，Theodor W. Adorno. *Dialectic of Enlightenment*：*Philosophical Fragment*. Trans. Edmund Jephcott. Stanford：Stanford University Press，2002，Preface（1944 and 1947），p.v. “新野蛮主义”是霍克海默和阿多诺在批判理论的经典代表作《启蒙辩证法》中给出的判定。它是对法西斯主义深刻的反思，强调的是理性的内在缺陷最终带出的是文明的倒退，理性失去了对权力的限定作用从而彻底沦为权力的工具，理性的自我毁灭（self-destruction）是法西斯主义的根源。

运动的轨道，让它们复苏原有的生命力，也再现一幅幅被戕杀、噤声、涂抹与禁锢的历史画面。福柯带给我们的是历史空间中活生生的理性化（rationalization）运作的图景，是权力关系中力与力的较量与纠缠。这是福柯式的批判，他从来“不是用另一个社会主义的、解放的和启蒙的高级和理性概念去推翻一个作为工具的、技术的、资本主义的合理性概念，而是分析理性（尤其是权力关系）如何被理性化”。[①] 因此，顺着福柯的指引，我们一方面会与冷静[②]（soberity）的韦伯相遇，作为一个结果的合理化系统的确是现代人身处的命运；另一方面，福柯从不认为人们会闷死在一个密不透风的“铁笼（iron cage）”中，因为在具体事件的边缘和局部，不停跃动着权力的斗争与挑战，合理性形式本身就是多元和不断分叉的；再者，尽管福柯试图更多地认同哈贝马斯重建的努力，但福柯所描绘的权力图景使得哈贝马斯的交往理论不可避免蒙上“乌托邦”的色彩，从不间断的权力的斗争渗透在真理话语运作的每个细节中，所谓理想的交往形式只能是乌托邦的想象。[③]

理解福柯，从问题出发，也即福柯式的提问是怎样的？他总

① 莫伟民著：《莫伟民讲福柯》，北京：北京大学出版社，2005 年，第 69 页。

② 韦伯在《以学术为业》等文中，多次强调，“去魅（disenchantment）”是现代人的命运，已经不再有终极意义支撑着现代人的生命，对此应该有清明的头脑。在对现代社会的判定上，韦伯无疑是冷静的。他做出了“去魅”和“重返诸神之争”（war of gods）的两大断定。而韦伯在《新教伦理与资本主义精神》中对现代社会的合理化系统（system）使用的是尼采“铁笼（iron cage）”的隐喻，难免有悲观的色彩。但韦伯的隐喻更多是对合理化系统之强力的强调，对现代社会系统吞噬个体的批判，韦伯并未忽略局部的抵抗，并积极呼唤社会生活要守住不同领域之不同原则的区分。因此，相对于“悲观主义”来说，“冷静”是对韦伯更恰当的判断。韦伯与福柯都关注合理化系统对现代个体的加工与强制，但福柯更看重的是揭示权力运作的策略和轨迹，从而为经验生活中的个体的自我解放在实践上提供支撑。

③ Michel Foucault. *Ethics*：*Subjectivity and Truth*. New York，1977，p.298.

是在质询真理何以可能，在探问真理游戏的那个真相。从传播学的视域理解福柯，不是从思想宝库中切取零零碎碎的片段去拼凑出某种理论解释的图谱，而是同样要从问题出发：即福柯式的提问是否能启发传播学研究提出新的问题？这是很重要的开端，因为问题本身就已经内置了研究者对“传播”的理解和立场，如凯瑞（James Cary）所言，“学术上的事往往起点决定终点，对传播的基本立足点很大程度上决定了随之而来的分析路径”。福柯式的质询为传播学贡献了一个崭新的问题：媒介是如何参与进合理性形式的实践体系的？福柯式的提问内置了这样的“传播观”：“传播”绝不是可以被割裂出来的某个单一的现象，它一定与个体的自我规范 / 自我设定，以及整个社会构型之间有着内在的有机关联。换句话说，“如此这般”的社会与个体生命总是在“如此这般”的“传播（communication）”中得以生成的。这是一个宏观的大问题，它可以从信息接受者（用户）、传播符号编码、媒介运作机制、媒介与社会关系等不同角度和层面切入并细化问题，做更进一步的分解。

在这章中，我们从具体的文本《疯癫与文明》出发，就是要去理解福柯的质询，厘清福柯提出问题、回答问题的基本脉络，看福柯是如何质询“作为一个理所当然的结果”的“精神病学”？如何以非历史主义的历史方法来讲述“如此这般”的“癫狂”的运动轨迹？在话语理论的视野中，我们还需要关注它是怎样在方法论的层面上被具体安放和操作的？这种方法是否可以转换为较易操作的经验的研究步骤，从而为传播学研究带来完全不同于内容分析和文本向度的话语分析的新的研究方法？

一、文艺复兴时期的癫狂

福柯对疯癫的叙事是从麻风病在中世纪末的消逝开始的。麻风病人被隔离，在封闭的高墙内，麻风病人其实并未被视作单纯的“病人”，它更是一个神秘的符号——麻风病是上帝的密语，是上帝存在的证实。由此，隔离麻风病人有着更为深远的意义：这些既不幸又有幸的人是被上帝选中的施愤的对象，他们因自身的罪恶受到惩罚，成为“上帝愤怒与恩宠的一个表征”。[①]对他们的社会排斥不是为了制止疾病的扩散，而是先赋予其一种神圣的意味，再将之圈定在反面的宣传中。麻风病人不需要医生，不需要怜悯，遗弃、排斥和隔离就是对他们最好的救赎。福柯眼中的癫狂是如此之独特，消解了一切既定的规则，“癫狂”作为一种精神疾病的“理所当然”的符号指称彻底破碎了，“癫狂”从来不是一个现有的、外延明确、内涵清晰的概念，看似与癫狂毫无关联的麻风病成为福柯捕捉的起点。福柯用历史材料[②]讲述了人们对待麻风病与癫狂之手段的结构性相似：“麻风病消失了……这些结构却保留了下来，两三个世纪之后……人们将会使用惊人相似的排斥方法。贫苦流民、罪犯和‘精神错乱者’将接替麻风病人的角色。”[③]“愚人船”成为文艺复兴时期癫狂的表征，愚人船承载着被从城市中驱逐出去的精神错乱的乘客，疯人在无边无际的大海中流浪。

---

① ［法］福柯著：《疯癫与文明》，刘北成，杨远婴译，北京：生活·读书·新知三联书店，2007 年，第 4 页。

② 福柯所提供的历史材料表明，随着麻风病的消逝，欧洲的很多国家将原来剩下的专项救济款项改用于穷人和绝症医院，麻风病院也重新被绝症患者和精神病人所充斥。

③ ［法］福柯著：《疯癫与文明》，刘北成，杨远婴译，北京：生活·读书·新知三联书店，2007 年，第 4—5 页。

福柯用非线性的材料证明了愚人船的真实存在，但它还是为福柯招来历史学界的很多批评，尽管愚人船的存在也许经受不住严苛历史学的推敲，但这对于福柯根本不重要；相反，它正宣示了福柯的历史研究方法对传统史学研究的颠覆，他的考古学和系谱学埋葬了传统的历史学，福柯的话语视角正是为了挑战和批判西方文化对真理和客观性的“求真意志”。[①] 愚人船的绘画和文学表征是癫狂在文艺复兴时期重要的话语原子，这样的船本身是否真实存在过，都完全不影响话语对其对象的滋养，它滋生、勾勒出癫狂曾有的面相：愚人被放逐的大海，与“水域”紧密关联。混沌、无序、晦暗的水的意向正是对癫狂的描绘。但这个面相仍然不够清晰，水的意向意味着什么？癫狂的模样究竟是怎样的？于是福柯继续追问，癫狂话语（愚人船的画面和诗文、愚人与水域相结合的陈述）的来龙去脉。

福柯把 15 世纪疯癫话语的物质文本分为两类文献，故事、寓言、绘画、学术作品，以及文学、哲学和道德反思作品。它们“说出”的事物有所差异，但同样都指明了疯癫的终极性。在第一类文本中，对疯癫的批判就是对愚蠢的批判。人类的错误源于严重的愚蠢，人们在疯人的身上看见的是人类深邃的秘密，当理性的人们因为愚蠢而茫然无知之时，只有疯人才能道出他们错误的根源，非理性比理性更接近真理。因此，疯癫总是大声地说出真理，戏剧中的疯癫者成为重要的角色。愚蠢的语言道出真理的秘密，理性与非理性在这个时代毫无间隙的彼此相容。而 15 世纪后半叶开始，关于癫狂的陈述开始与死亡缠绕，并逐渐取代了死亡。

从死亡到癫狂，并非断裂，而是意味着忧虑的内在转向：生活

① ［法］福柯著：《疯癫与文明》，刘北成，杨远婴译，北京：生活·读书·新知三联书店，2007 年，第 274 页。

在那个时代的人们经常受到疾病和战争的威胁，死亡自然成为人们思考的对象，对死亡的忧虑伴随着深刻的恐惧。但15世纪后期，这种恐惧开始从必须要面对的生命的边界转向生命的内部；活着的时候，死亡就已经现身，就在那些疯癫者的身上。他们带着死神的气息，却又成功地嘲讽了死亡，死亡不再只是终极的那一刻，而是被分散在日常生活的琐碎之中。疯癫即是在场的死亡。无论是说出了错误的真相，还是揭示死亡的秘密，疯癫都被代表着一种深刻的终极性，疯癫意味着一切的秘密之源与世界的尽头。这种终极性也体现在道德能指的断裂中：博斯的《愚人船》的绘画中似乎以图解的方式再现了布兰特的诗作《愚人船》相同的主题，对“酒鬼和饕餮之徒”的讥讽以图画的方式表现出来，对道德的谴责一目了然。

但这只是次生性的解释学方法，福柯以更宽阔的视野跳出了“符号—意义”的解释边界。福柯指出：“我们不应被这些题材表面上一脉相承所迷惑，也不应去想象超出历史本身所揭示的东西……我们必须承认，它（福柯指的是图画与文字）已不再表达这同一事物……形象和语言依然在解说着同一个道德世界里的同一个愚人语言，但二者的方向已经大相径庭。”[①] 在15世纪，疯癫所表征的道德主题不再意味着说教，而是承载着一种迷惑人心的力量，它展现为狂徒浅薄的快乐，也表现为荒诞却富有魔力的动物形象。疯癫比理性更清楚地看到真相，只有疯癫者才能接近上帝的秘密，掌握终极的、完整无缺的知识，疯癫由此让人迷恋。

大量的、异质的文本繁衍出无穷的意义，话语分析从不尝试潜入意义的底层，不停地对隐藏在下一层的意义发问。话语分析恰恰

---

① ［法］福柯著：《疯癫与文明》，刘北成，杨远婴译，北京：生活·读书·新知三联书店，2007年，第14页。

只关注文本表层的声音，话语总是说出了全部，“意义不再能被直觉所解读，形象不再表明自身”，从不存在一个有能力掌握全局的说话的主体，因为话语的原子总是缠绕在一起，让话语对象“背负起越来越多的属性、标志和隐喻，以致最终丧失了自身的形式”。[①]

在第二类文本中，疯癫说出的东西有所不同，它没有道出世界的终极秘密，却说出了人的弱点。疯癫不只是愚蠢，更是人类所有问题的温床——是疯癫滋生了自恋、谄媚、健忘、倦怠、愚蠢与懒惰。在这里，疯癫的终极性以另一种方式体现出来，即它作为人类问题的发端。人的弱点造就了人对知识虚假的追逐，知识成为人类轻浮炫耀的工具，大量盲目和无用的争论把知识的故纸堆愈积愈厚，疯癫，正是对人类自以为是的无用知识的惩罚。布兰特《愚人船》的诗作，拉丁文版本的插图，或伊拉斯谟对愚人之舞的描述，都把知识的主体——学者——置入了疯癫者的阵列。在这些文献中，疯癫不再因其深谙世界的秘密而靠近完整的知识，它反过来开始嘲讽人类虚假知识的无用与荒谬。作为理性之“他者”的疯癫在15世纪是不存在的，疯癫是每个人身上的秘密，每个人都可以通过疯癫这面镜子看见自己的可笑。疯癫，以它独特的方式揭示了人类与世界的真理。

癫狂话语的原子四处分散着，承载着看似不同的主题，却因共同的内核聚拢在一起，描绘出彼时癫狂的模样：癫狂与终极性相关，它是人类与其自身的关系。“这个世界有多少种性格、野心和必然产生的幻觉，不可穷尽的疯癫就有多少面孔。甚至在其序列的尽头，也有最轻微的疯癫症状。这就是每个人在自己心中所维护的与自己

① ［法］福柯著：《疯癫与文明》，刘北成，杨远婴译，北京：生活·读书·新知三联书店，2007年，第15页。

的想象关系。”[①]它是理性与非理性浑然一体的最原初的状态：15世纪的人们对疯癫的体认是对人类自身缺陷的悲剧体验。在文学作品里，李尔王、麦克白夫人和堂吉诃德的人物形象是对癫狂最好的表征，癫狂是死亡“鲜活的”在场，在这一点，癫狂战胜了死亡。

但话语总是不断聚拢又消散的，再在重新聚拢中改变对象的边界。癫狂的终极性地位在17世纪发生了变化：癫狂不再有资格充当通向彼岸的桥梁，它的存在只意味着惩罚和痛苦。福柯发现，这个时期是癫狂话语重新调整的重要阶段，疯癫的终极性地位发生动摇，但它尚未成为之后古典时期的彻底的错误，但其幻象特征被推至巅峰：在幻觉的错误中，癫狂讲述自己的罪行，最终还是说出了真理。尽管这是依托幻觉道出的真相，但它毕竟还是抵达了真理。然而，失去了终极性地位的癫狂开始沦为真理的仆从。癫狂之巨大的悲剧体验被转变为在幻象中对真理的探求与摸索，非理性的存在只是为了对理性的臣服。癫狂的话语原子消散了：没有愚人船了；癫狂的话语原子又更新了：疯人院出现了。自由漂流的癫狂不再，被禁闭的病人登场。癫狂的脸孔开始发生变化，这样的变动不居是在空间中完成的，“空间”是对象不断形成和解体，出现和消失的场所，[②]只有在“空间”中才能发现对象运动的轨迹，而连续的时间只能诱导人们把它看成一种个体意识的内部生成。[③]

行文至此，我们可以理解福柯话语分析视角的独特性所在，也

① ［法］福柯著：《疯癫与文明》，刘北成，杨远婴译，北京：生活·读书·新知三联书店，2007年，第25页。

② ［法］福柯著：《知识考古学》，谢强，马月译，北京：生活·读书·新知三联书店，2007年，第52页。

③ 包亚明主编：《福柯访谈录：权力的眼睛》，严锋译，上海：上海人民出版社，1997年，第205页。

是福柯理论在具体的应用中必须注意的关键点，即研究对象从不是某个既定的明确的点，而是一个有丰富时间性与空间性的集合域。时间不是历时的线性序列，而是空间中运动的轨迹：是其内部处处充盈着力的较量的巨大空间。替代了“时间”的“空间”是福柯的所有陈述得以展开的重要依托，它颠覆了传统历史学的研究。福柯在一次为地理学杂志 *Herodote* 所做的专访中谈道：

> 人们常指责我迷恋于这些空间的概念，我确实对它们很迷恋。但是，我认为通过这些概念我确实找到了我们所追寻的东西：权力与知识之间的关系。一旦知识能够用地区、领域、移植、移位、换位这样的术语来描述，我们就能够把握知识作为权力的一种形式和播撒权力的效应的过程。存在着对知识的管理，知识的政治，权力的关系，它们是穿越知识的途径，当人们对它们进行再现的时候，能够指引人们通过区域、地区和领土这样的概念来思考支配的形式……如果我们仅仅从时间连续性的角度来对话语进行分析的话，我们就会把它看成是一种个体意识的内部的生成。①

这段访谈发表于 1976 年，虽然福柯当时的研究兴趣已从考古学转向系谱学，权力替代话语成为聚焦点，但福柯的作为一种研究视角的话语方法自始至终都与空间观缠绕在一起：考古学时期，福柯要探明的是话语在历史空间中的沉积、裂缝与巨大豁口，话语本身

① 包亚明主编：《福柯访谈录：权力的眼睛》，严锋译，上海：上海人民出版社，1997 年，第 205 页。

是福柯考察的对象；系谱学时期，话语形态背后的权力关系成为聚焦所在。

但无论如何，福柯对话语形态以及话语运作、生成过程的探究始终是从空间寻求切入口。离开了“空间”，今天被医学捕获的作为疾病的癫狂必将在19世纪之前失去踪迹，时间只能被硬生生地割裂。只有在19世纪，这种精神疾病才横空出世。而福柯却让空间中癫狂自我发声，它在“麻风病——愚人船——愚蠢——死亡——幻象”的沉积中道出自身的终极性及其完结，消解了今天看起来“理所当然”的作为精神病之癫狂的权威性，它根本没什么特别，而只是话语借以形成它的十分分散的对象的那种方式。① 话语所滋生的“癫狂”对象，促使人们必须“彻底放弃‘事物’，使它们‘非现在化’，避开它们丰富的、沉重的和立即的完整性”。②

明确话语对象，是话语分析最为关键的步骤之一。与内容分析法做比较有助于我们的理解：比如我们要研究“中国环保话语的生成”，我们实质要做的是要厘清环境保护是如何在经济、政治和日常生活中通过媒介得以传播的；“环境保护”作为一项政策、目标或要求的形式是如何得以出现的？我们不能把“环保”作为一个既有的、完整的概念，只满足于以《环境保护报》或第一条环保新闻诞生的那一天作为起点，然后在研究所限定的某个或数个媒介领域中（报刊、电视或杂志等）寻找关涉“环保”主题或字眼的文献作为研究资料。内容分析法如此，但话语分析则迥异。话语分析视角中的话语并非主体意识的产物，它始终是一种社会实践形式，“环保”是话

① ［法］福柯著：《知识考古学》，谢强，马月译，北京：生活·读书·新知三联书店，2007年，第46—48页。

② 同上，第52页。

语运动的实践结果，换言之，它是话语在实践运作中所形成的对象。因此，话语分析要做的是探究“环保”是如何在话语实践的场域中形成的？它所在的可能的话语场有哪些？“环保”，即“环境保护”。它可以分解为“环境的外延是什么？为什么要保护环境？如何保护环境？”这三个基本问题，我们初步推测，这些问题可能出现的场域有经济场、自然科学场、政治场和日常生活场等。那么我们可以依据研究经费和时间的允许条件，在媒介陈述中选择可以重点考察的场域，比如有关环境保护的相关政策法规、科学生产措施，人们对于环境问题的日常理解和实践行为方式等。在这些看似差异的场域中发现“一以贯之”的某个主题以及主题与主题的变迁，这也是与内容分析方法的根本区别。“词汇的内容分析并不把话语的实践作为这样的场所，即多种多样相互交错的，又是空白的——对象形成和解题，出现和消失的场所。”①

二、古典时期的癫狂

如果说，作为对象的癫狂在中世纪与麻风病联系在一起，那么癫狂在古典时期则与穷人、囚犯和流浪者同病相怜。福柯把1656年作为疯癫话语的显著转折点。法国国王颁布了建立巴黎总医院的敕令。这不是我们所想象的精神病院，它不是医疗机构，而是一个独立的行政机构和半司法机构，中世纪麻风病院的遗址被重新利用，关押禁闭流落在巴黎街头的穷苦人、囚犯和疯癫者。在20年后，国

① ［法］福柯著：《知识考古学》，谢强，马月译，北京：生活·读书·新知三联书店，2007年，第52页。

王下令要使这样的总医院遍及法国的每个城市，直到法国大革命前夕，三分之二的城市都建立了总医院。这是整个欧洲普遍性的现象，德国、英国、意大利、西班牙……皆雷同。也许习惯于历史断代的人们会很快做出回答——法国大革命前的政治黑暗决定了这一切。福柯断然否定，从话语的角度来看疯癫，福柯思考的是话语所渗透的人们对疯癫之情感的变化。促成古典时期大禁闭行为的背后一定有某种连续的原则在支撑着，这是一种在今天看来模糊不清，"对于古典时期的人来说则是一种清晰表达的感受。我们应该研究的正是这种感受，这样才能揭示在我们习惯上所说的理性支配的时代中人们对待疯癫的情感"。[①]

福柯通过回溯大医院创立和发展的历史揭开了古典时期人们对疯癫的情感之谜：总医院是王室机构，具有独立司法裁决权，巴黎最高法院提出了有关总医院的建构方案。在这之前，巴黎最高法院的任务则是消灭作为混乱之根源的乞讨与游手好闲，他们曾用强制性手段搜捕流浪者并强迫他们劳动，或鞭笞并驱逐乞丐，禁止贫民入城……终于，总医院建立了，以禁闭的方式替代了对流浪者的消极排斥。得到供养的被禁闭的人构成一个不加区分的群体，共同的属性掩盖了内在的差异，即无论是孩童、孕妇、男性乞丐、窃贼还是伤残者，他们都是一群不劳动的人，是"国家的骚扰者"。[②] 总医院的禁闭行为获得了经济意义，对流浪者的禁闭无疑起到了一定的社会控制作用。大多的研究者便到此止步，但福柯的视角显然卓尔

① ［法］福柯著：《疯癫与文明》，刘北成，杨远婴译，北京：生活・读书・新知三联书店，2007 年，第 42 页。

② 福柯所引用的文献资料，1662 年《为穷人悲鸣》的小册子。见［法］福柯著：《疯癫与文明》，刘北成，杨远婴译，北京：生活・读书・新知三联书店，2007 年，第 45 页。

不群，他向我们表明了禁闭行为所获得另一种隐蔽但极为重要的意义——它不仅囚禁这些不劳动的人，还强制他们在禁闭所进行劳作。这改变了总医院成立之初的单纯的禁闭的目的，劳动意味着什么？

强制性劳动并非像人们所以为的那样，能够促进社会生产的发展，恰恰与此相反，劳动所带来的经济效用根本无法与禁闭本身所耗费的成本相提并论，同时，强制性劳动对市场造成的冲击还带来了新的失业危机。我们注意到，福柯对古典时期的劳动话语进行了“考古”，话语的场域在这里再一次彼此相交——疯癫话语与劳动话语两个在今天看来关系不大的话语场，在古典时期却出现了交集。这就是话语分析方法的独特性，有着凝固形态的研究对象在这里是不存在的，有的只是对对象之生成过程的不断探问。福柯挑选了古典时期具有代表性的关于劳动的宗教阐述，劳动显示了它的意义——道德。劳动是人类赎罪的苦修，它之所以可以消除贫困，并非由于它的生产效能，而是人类的劳动行为所获得的上帝的恩泽。相反，游手好闲和不劳动所致的贫穷则意味着对上帝仁慈的强求，这是对上帝的反叛，是人类最不可饶恕的罪恶。当劳动在古典时期与道德捆绑在一起，大禁闭所获得的另一种意义自然一目了然，道德的意义，即对被禁闭的“懒惰者”的改造只能在强制性劳动中进行。

疯癫者是“懒惰者”的一员，他同样因“游手好闲”的极大罪恶而必须服从劳动的规章。古典时期人们对待疯癫的情感与文艺复习时期发生了断裂，话语的断裂就是情感体认方式的断裂——人们把疯癫置于道德谴责中，文艺复兴时期的完整的、神秘、终极性的疯癫话语消散了，它沦为理性的“他者”，疯癫话语被罩上了道德的紧箍咒。总医院取代了愚人船，强制劳动取代了放逐四海。值得注意的是，疯癫的管理者也在古典时期获得了新的身份，他们是理性的代理人，他们有权利对疯癫者实施强制性劳动，以及采取任何粗暴的肉刑来确保劳动的顺利进行。所有的残酷手段在古典时期都是合法的，因为它是理性对非理性理所当然的矫正与镇压，体罚是为了对疯癫心灵的道德驯化。

古典时期是一个理性的时代，“在这里，理性通过一次预先为它安排好的对狂暴的疯癫的胜利，实行着绝对的统治。这样，疯癫就被从想象的自由王国中强行拖出……不久前，它还在光天化日之下——在《李尔王》和《堂吉诃德》中——踉跄挣扎。但是，还不到半个世纪，它就被关押起来，在紧闭城堡中听命于理性、受制于道德戒律，在慢慢黑夜中度日”。[①]

福柯的话语方法浸透着无以言表的巨大力量，他把游离不定的、裂变的对象置于话语的襁褓中：对象是话语的婴儿，它是在鲜活的话语实践中被生成的、不断改变的对象。话语实践是福柯话语理论的基本点之一，也即话语始终是实践中的话语，它绝非静态的、由主体意愿所生产的文本，话语本身就是社会实践运动的一种形态。对话语实践的坚持使得福柯的研究即使从考古学转向系谱学，内部的断裂也并未发生，因为话语的实践观意味着福柯始终置身于话语运动的漩涡之中，来发现话语与合理化主体、习以为常的概念、确定无疑的客体之间的秘密关联。这使得福柯顺其自然地提出了系谱学的问题：“这些话语是如何被应用的呢？它们在社会中起什么作

① ［法］福柯著：《疯癫与文明》，刘北成，杨远婴译，北京：生活·读书·新知三联书店，2007 年，第 57—58 页。

用？”[①]同时这也意味着福柯的理论注定是批判向度的，对现实社会实践的关怀是福柯学术研究的根本目的。

福柯的话语视角构成了对传统科学研究的挑战，在与之对立的另一种思路中，“科学的对象必须先于科学本身，因为对象在它最终被实证科学了解之前，首先得被朦胧地认识。这种伴随着过去（作为一种前科学的边缘地带而在我们之后延伸），来目睹我们站立于未来新科学入口处的进化论和目的论的科学观是福柯终身反对的科学观”。[②]福柯的话语方法为效仿者带来了颇高的难度，对对象所相关话语的准确把握不是仅凭谨小慎微的文献梳理就可以做到的，它对研究者的反思能力提出要求。也就是说，使用福柯话语思路的研究者必须在深切反思的基础上，在每一步的资料搜寻之前，提出准确到位的研究问题，才可能找到话语场域的交集。福柯正是“把最完善的哲学反思与经验主义的审慎、注重细节结构起来”。[③]例如，福柯对古典时期疯癫话语的研究，是建立在提出“禁闭的意义？”“为何要实施强制性劳动？”“古典时期劳动的意义？”“疯癫者与流浪者的共性？”这些潜在问题的基础上，这些反思性的研究问题保障了福柯对疯癫所可能出现的不同话语场域的推断，继而需求这些场域的重要交集，如疯癫话语场与劳动话语场的交集域、疯癫话语场与理性话语场的交集域。

回到古典时期的疯癫话语。在大禁闭中，疯癫与其他的非理性

① ［美］H. 德莱弗斯，［美］P. 拉比诺著：《超越结构主义与解释学》，张建超，张静译，北京：光明日报出版社，1992 年，导论，第 10 页。

② ［英］阿兰·谢里登著：《求真意志：密歇尔·福柯的心路历程》，尚志英，许林译，上海：上海人民出版社，1997 年，第 34—35 页。

③ ［美］H. 德莱弗斯，［美］P. 拉比诺著：《超越结构主义与解释学》，张建超，张静译，北京：光明日报出版社，1992 年，导论，第 12 页。

形式共处一室，不劳动的非道德者是他们共同的标签。但人们对疯癫仍然另眼相待——非理性代表了与非人性的罪恶相关的丑闻，它们必须在禁闭中被遗忘。只有疯癫例外，疯癫者被当作杂耍表演公开展示，它成为理性的嘲笑与消遣。在这个独特现象的节点上，疯癫话语与野兽话语相遇了：在文艺复兴时期，疯癫与动物形象遭遇的符号中，动物表征了疯癫的终极性，它由此逃避了人类符号和价值的驯化，获得了自由，反过来向人展示人自身所不可见的真理。然后在古典时期，疯癫与狂暴的野兽形象重叠在一起，人类的理性已消失殆尽，只剩下纯粹的兽性发作，“动物的变形形象不再是地狱权力的显性标志，也不再是某种旁门左道的炼丹术的产物。人身上的兽性不再具有作为另一个世界标志的价值……这种以疯癫形式发泄出来的兽性使人失去其特有的人性”。[①] 人性即是理性，兽性则是完全的非人性，疯癫者从而以野兽的愚钝和耐性消解了人的脆弱与疾病。因此，古典时期的疯癫者不是病人，疯癫的真相是理性的缺失，是非理性的大获全胜。福柯继续提问，疯癫何以受到不同于其他非理性的对待？疯癫所表征的非理性何以可能成为堂而皇之的丑闻？福柯在宗教领域中找到了最好的回答：文艺复兴时期的疯癫能够超越理性所能接近的真理的界限，到达世界和人类的真相的伟大的非理性。到了古典时期，疯癫遗失了它独立的价值，被原本与其融为一体的理性割裂、驱逐出去，疯癫于是沦为理性的脚注。疯癫被理解为被钉在十字架上和从十字架上抬下来之前上帝人形的最终形态，这是上帝把自身幻化为疯癫从而来体验人类所有不幸与痛苦的方式。于是疯癫在古典时期的宗教话语中获得它的意义——上帝

① ［法］福柯著：《疯癫与文明》，刘北成，杨远婴译，北京：生活·读书·新知三联书店，2007年，第67页。

的肉身也体验过疯癫的历程（耶和华经历了从贫困到死亡的受难历程，疯癫是受难的一种形式），并将其定格为人之边界的终极形态，疯癫因而也成为一个受到尊敬和同情的对象。但如此尊敬与同情只意味着理性的大获全胜，因为上帝是理性最完美的表征，只有理性的宽恕与救赎才能拯救疯癫。

古典时期的疯癫说出了人的最远边界，在疯癫的界限上，人的形态被废除了。疯癫被划入非理性的范围，并只能依托于非理性才可能被理解；同时，疯癫又超越了其他的非理性形式，它是最极端的彻底的堕落。疯癫不是“非理性”行为的原因所在，而是“非理性”最完美的经验形式。疯癫既与非理性共处一室又“卓尔不群”，它因而受到独特地对待，不仅被展示，还被研究。疯癫在古典时期的监禁体系内受到观察与治疗，人们想弄清作为野性危害的疯癫是如何产生的，它似乎走向了 19 世纪“精神病学”的“前科学”阶段。但是真的如此吗？古典时期对疯癫的认识与治疗真的可以被看作精神病连续历史的一个开端吗？福柯给我们展示了很多熟悉的疾病名称，诸如“忧郁症”“狂躁症”“歇斯底里症”和“疑病症”，在古典时期，“精神病学”似乎出现了。作为一门学科的“精神病学”的概念在传统的历史研究中被回溯到这条连续线段的顶端，17 世纪末和 18 世纪的疯癫医学和治疗方法成为诉说这段历史的起点。而福柯根本不想论述 17 和 18 世纪精神病学的各种观念的演变史，他宣称他所做的只是展示古典主义思想认识疯癫的具体形态。① 正是在这样平淡的看似单纯的描述中，话语分析的利刃刨碎了“精神病学”“概念”平滑的表层，福柯无意于探究概念在问题、方法或态度

① ［法］福柯著：《疯癫与文明》，刘北成，杨远婴译，北京：生活・读书・新知三联书店，2007 年，第 110 页。

中的某种连续性，以及支撑这种连续性的内在稳定结构是什么，这种对概念演绎结构历史的关注根本不是话语方法的研究路径，而是要描述概念出现和流动于其中的陈述方式，即陈述间的联系、陈述被确定或排斥的机制，而这种决定陈述分布和性质的内在规律则是“策略”，策略是导致某些概念如何被组织、对象如何显现的内在动力。在古典时期的疯癫话语病症的分析中，让我们看看“概念”与“策略”是如何运作的。

三、走入精神病话语的疯癫

“忧郁症”“狂躁症”“歇斯底里症”和“疑病症”的名称出现在 17 世纪末和 18 世纪的医学文献中，它们的出现是否意味着疯癫已被置于精神病学的对象范畴，成为 19 世纪精神病学的雏形。上文谈到过，话语方法所做的是考察涉及概念的陈述范围的组织，疯癫的病症在古典时期是被置于对疯癫的根源和其基本结构的思考中的；也就是说，有关这些问题的陈述群构成了病症概念出没其中的话语范畴。古典时期，人们把疯癫的根源确定为“激情”。激情被认为是灵魂与肉体得以统合和交流的汇聚点，激情既冲击肉体也冲击灵魂，而灵魂冲击所引起的情绪激动，或肉体冲击所造成的神经纤维震颤，都是疯癫发生的条件。因此激情不论是在肉体或精神上，都成为疯癫的基础，换言之，疯癫从一开始就是肉体和灵魂的疾病。然而，疯癫并不只是激情的后果，疯癫本身是一个巨大的矛盾，激情所带来的灵魂与肉体的统一造就了疯癫，而疯癫的生成却反过来破坏了这个统一体，使得激情戛然而止。肉体与灵魂的分裂并不是指它们成为不相干的单轨，而是肉体的外部运动和思想的活动被分割为不同的部分，灵魂虽未脱离肉体，却受到肉体的强烈冲击，以至于无法完整的思考，疯癫于是成为肌肉与神经的运动。

疯癫表现为很多症状，诸如肉体暴烈运动，思想碎片般源源不断的“狂躁症”，或身体迟钝平静，心灵专注于某一个被夸大的持久想象的“忧郁症”。激情是疯癫的发端，却又在疯癫产生后被湮没，那么支撑疯癫形成的又是什么？谵妄话语。这是福柯给出的回答。福柯穿过疯癫不合理想象的表层，继续询问古典时期有关疯癫之“想象”的陈述范畴。他在 17 世纪末和 18 世纪的医学领域中找到了有关疯癫与想象之关系的陈述群：想象被认为是疯癫的表象，但想象本身是无辜的，疯癫根植于想象却发生在想象之外，疯癫的关键在于对想象所涉及的心象的真伪做出了不恰当的判断。这种判断本身是一种逻辑推理行为，推理的过程是理性的，而推理的内容却是像梦境一样浑浑噩噩的心象，理性与非理性的奇特组合则意味着虚无，这正是疯癫的内在结构，即把疯癫推向虚无的谵妄话语。谵妄话语为疯癫戴上了理性的枷锁，因为它表明理性成为疯癫的条件，疯癫的深层结构无法脱离理性而独立存在。“虽然疯癫是无意义的混乱，但是当我们考察它时，它所显示的是完全有序的分类，灵魂和肉体的严格机制，遵循的是某种明显逻辑而表达出来的语言。虽然疯癫本身是对理性的否定，但是它能自行表述出来的一切仅仅是一种理性……虽然疯癫是无理性，但是对疯癫的理性把握永远是可能的和必要的。”[①] 正是疯癫结构的内在矛盾促成了疯癫的“非理性”，即虚无。疯癫与理性相关联却无法通过理性得到任何东西。理性所

① ［法］福柯著：《疯癫与文明》，刘北成，杨远婴译，北京：生活·读书·新知三联书店，2007 年，第 97 页。

发掘的谵妄话语说出了疯癫的真理。

通过疯癫话语，福柯把古典时期的理性观呈现给我们：理性是如此的泾渭分明，非黑即白。谵妄话语把疯癫推向了虚无，对于疯癫秘密的解释权自然落入理性的手中。换言之，作为非存在的疯癫什么也说不出，什么也不是，只有理性才能辨识它、解释它、把握它、治愈它。于是，理性作为组织陈述群分布规律的总体性“策略”登场了，“策略”是话语分析的关键词之一，福柯把它解释为“规定对象、陈述模式、概念、理论选择等的形成规律”。[①]

在 17、18 世纪的医学资料中，福柯发现了人们对疯癫具体形态的理解，一些为今天的我们所熟悉的概念出现了。首先是“忧郁症”和“狂躁症”。早在亚里士多德时期就出现了“忧郁症”的概念，一直到 17 世纪早期，“忧郁症”是与体液医学理论（认为人体是由多种体液组成的，体液的运动状况决定了身体的平衡、系统紊乱或死亡）联系在一起的，认为某种体液（忧郁液）的激增是导致忧郁症的原因，使得患者抱怨、小心谨慎，或聪慧超群，[②]这些症状被称作“忧郁症”。但到了 18 世纪，作为一种物质的体液（忧郁液）已不再被视作病因，而是物质的性质被提取了出来，即忧郁汁的阴冷黯淡、迟滞梗阻的性质无须经过任何媒介就直接从肉体传递到灵魂，忧虑和恐惧的病人产生了。此时，体液生理学已经让位给了关于某种观念的病理学。换言之，经验观察不再重要，取而代之的是人们对于症状与原因的某种感知，它是一种外在的理解方式，一种解释

---

① ［法］福柯著：《知识考古学》，谢强，马月译，北京：生活·读书·新知三联书店，2007 年，第 69 页。

② ［法］福柯著：《疯癫与文明》，刘北成，杨远婴译，北京：生活·读书·新知三联书店，2007 年，第 111 页。

机制。忧郁症“与其说是思想、（医学）理论的产物，不如说是感觉的产物……正是这种研究，而不是忠实的观察，重新编排了忧郁症的症状和表象模式”，①忧郁症被打上了古典时期的烙印，这是理性的烙印。理性作为一种根本性的话语策略，排斥了16世纪的经验观察陈述，继续出现于17世纪末、18世纪的医学陈述中，同时允许、鼓励解释模式的陈述大量出现。理性的策略是如此重要，它决定了整个古典时期疯癫话语的构型，“因此，一个话语的形成不能完全占据它的对象、陈述、概念等诸种序列有权利提供的那个的一切可能的空间，它基本上是空白的，而这个空白是由话语的策略选择的形成序列所造成的”。②“狂躁症”与“忧郁症”完全一样，是理性对症状进行认知整合的结果。

“歇斯底里症”和“疑病症”则更清楚地说明了理性对疯癫的组织和构建：在古典时期末，这两种疾病并未被视作精神病，疑病症被归为体能衰弱而导致幻觉的疾病，歇斯底里则属于生理机能的痉挛疾病，它们分属两种不同的疾病种类，但到了18世纪中期，它们则被化为同一疾病即“精神方面的疾病”的两种不同形式，这时的“精神病”不同于今天所说的“神经病”，它是指精神纤维的疾病，精神纤维是流体医学和元气医学理论中有重要功能的物质，它保障了人体不同器官间的交流可能。因此精神病本质上是相连肉体的疾病，精神纤维的迟钝或过于敏感都影响到人的情绪。然而，精神病却逐渐改变了它原有的医学含义和病理基础，逐渐转向了与疯

① ［法］福柯著：《疯癫与文明》，刘北成，杨远婴译，北京：生活·读书·新知三联书店，2007年，第116页。

② ［法］福柯著：《知识考古学》，谢强，马月译，北京：生活·读书·新知三联书店，2007年，第72页。

癫相关的精神疾病领域，“歇斯底里症”和“疑病症”开始成为与“忧郁症”和“狂躁症”相提并论的疯癫类型。是什么促成了这种概念的断裂和转变？与前两种疾病不同，医生很难从中找到某种适用于疯癫的“性质”来为病症做出解释，于是，福柯发现道德的主题逐渐取代了生理学的位置。如果肉体空间被想象为一个坚实的、紧密相连的整体，那么歇斯底里和疑病症的无序运动只能出自于一种极其稀薄而且流动不止的成分对这个空间的渗透。肉体愈强壮，空间密度愈强，就愈难被渗透，而肉体空间的密度却被赋予了一种道德的意义，心灵的松懈造就的疏落的肉体空间，坚定的意志促生了紧密的肉体空间，因此歇斯底里症或疑病症更普遍地出现在女人身上。在古典时期，身体的意义发生了变化，它不再是呆板目光所能及的客观肉体，而是一个由想象所译解从而赋予其道德价值含义的场所。[①] 福柯向我们表明，古典时期对疯癫类型所进行的疾病分类是理性策略性地组织的结果。非理性的真相正是理性的构建。古典时期末的疯癫话语已行至现代时期的转弯处，它将经历的再一次断裂隐约可见——谵妄话语所标识的疯癫的真理，即谬误与梦幻般的浑浑噩噩，已逐渐远去。疯癫不只是一种错误，更是一种道德的惩罚；非理性不只是无意识的荒谬，更是自身的罪孽与过失。福柯告诉我们，古典时期的疯癫话语渐行渐远，19 世纪的精神病科学指日可待了。

① ［法］福柯著：《疯癫与文明》，刘北成，杨远婴译，北京：生活·读书·新知三联书店，2007 年，第 139 页。

四、话语分析的关键词："概念"与"策略"

在这一部分，我们要了解的是话语研究对"概念"和"策略"所做的分析。首先，"概念"的形成要围绕"前概念"来展开。"前概念"不是编年史意义上的起点，也不是主体有意识的创造行为，它是支配和决定陈述群以某一模式得以确立、陈述的某些循环成分得以重复出现，分解，组合，并在新的结构内得以重新使用的规律总体。在古典时期的疯癫病症中，"忧郁症""狂躁症""歇斯底里症"和"疑病症"是作为四种疯癫表征模式出现的，它们把疯癫置入了理性的牢牢掌控之中，并把罪孽与道德惩罚套上了非理性的绳索。这四种疾病不只是简单的病症描述，而是一种古典时期特有的认知模式，它们决定了"精神病"概念在古典时期末出现。不同于19世纪后的精神疾病，这四种疾病是灵魂与肉体的双重疾病，不可分割。"性质论"与"道德论"分别是这四种疾病被划入精神病范畴的驱动力，它们发挥了"前概念"的功能，是组建精神病话语的陈述关系网络的内在规则："性质论"把"物质说"排斥在外，物质与性质原本一体的状态被分解了；"道德论"生产出伦理学的命题表述，替换了原来的生理医学命题。这就是"前概念"的规则，规则把概念置于其中的陈述群组织起来，"精神病"概念才得以把自由的疯癫捕获。

从方法论的角度来看，"前概念"不是文献资料明确呈现给研究者的可见的关键词或相关主题，它只有经过研究者深度反思和敏锐观察才能被把握，"前概念"作为组织概念出现于其中的陈述群的总体性规则，是话语研究者准确把握作为"概念"的研究对象的重要切入点。我们需要注意的是，"前概念"的功能揭示出"概念"的不连续性，而不连续性正是福柯话语视角的根本核心。在前文也谈到过“研究对象”在话语视域中所呈现出的不连续特质，在此，对“概念”的分析再一次加强了我们对话语分析“不连续性”的认识：“编年史派强调长时期的连续性或缓慢的过度——‘被传统历史以厚厚的事件覆盖了的庞大、沉默而静止的底部’，福柯则……持截然相反的观点。他的论断是在知识发展史上有极明确的不连续性。”①可以说，“不连续性”是转化福柯抽象的话语方法的重要原则，对研究对象和其所涉及的相关概念，不能以“先在”的方式事先确定，而是要把握“客体是如何在话语中构成自身的”，因为“任何被选中的思想体系都将为我们限定一些种类的‘客体’，它们只能进入一些种类的‘法则’，只能落在一些种类的‘种类’之下。关于这些种类，我们不可能为之命名”。②

话语的思维方式要求我们放开对文本意义的不停阐释与孜孜不倦的深度挖掘。因此，转化福柯的话语方法的要点之一是必须抛弃诸如内容分析法和传统的文献综述等的研究思路，即通过把对象作为既定的、一成不变的概念来确定相关文献的方法是行不通的。在这些实证研究中，研究对象和概念是“先在的”，比如面对“中产阶级”这样的研究对象，传统的方法是根据当下关于中产阶级的某个确定性的内涵，回过头来整理出相关的“中产阶级”的文献材料。而在话语研究的视野下，只有作为“结果”的那个“中产阶级”，研究的目的就是对这个“结果”的探问，即“中产阶级”是如何被挑选、圈定、划分和冠名的。因此，研究者无法先行划定“中产阶级”

① ［美］伊安·哈金著：《福柯的考古学》，迟庆立译，转引自汪民安等编：《福柯的面孔》，北京：文化艺术出版社，2001 年，第 108 页。

② ［美］伊安·哈金著：《米歇尔·福柯的不成熟的科学》，孙长智译，转引自汪民安等编：《福柯的面孔》，北京：文化艺术出版社，2001 年，第 82 页。

的内涵，并由此在历史资料中回溯、勾勒出它的一条连贯的脉络；与之不同的是，话语研究者要对构建该话语的陈述群发问：它们可能分别属于哪些话语领域，经济类陈述、政治类陈述还是私人领域的家庭关系陈述等？再分别在不同的领域中找到有代表性的资料，或通过主要档案材料以“顺藤摸瓜”的方式充实相关领域的陈述资料。对材料使用话语分析方法，主要任务就是要去发掘其背后的“主题”，“主题”会生成关于概念的表述，于是，有些概念可能在一段时间内会大量出现，接而又减少或消退，也有些概念可能彼此呼应、冲突，或转化成新的概念并被重复使用……总之，话语研究要处理的是不断变化、互文、重组、消逝和断裂的话语网络，它要探问的是嬗变中的话语网的内在驱动力是什么。虽然话语分析与内容分析等非介入研究方法都诉诸文本符号，但它们的差异是根本性的：内容分析所聚焦的是被主体“说出”的符号；换言之，主体的意识形态决定了符号的分布，对符号所做的分析最终是为了探究文本背后的主体的意愿；而话语分析则消解了主体的特权，主体只是恰好占据了符号网络所组建的空间而已。德勒兹精准地概括了福柯与传统文本研究的不同，即后者诉诸“我说”，福柯则诉诸“它（语言）说”和“世界说”。[①] 福柯为了强调这关键的一点，特别使用了“陈述”这一考古学专用的术语来区分与“符号文本”，“主体是句子或辩证的，它具有使言说开始的第一人称特征，然而陈述却是匿名的原初功能，并使主体只有以第三人称及作为衍生功能存在”。[②]

古典时期的疯癫话语被套上非理性的枷锁，文艺复兴时期自由

① ［法］吉尔·德勒兹著：《德勒兹论福柯》，杨凯麟译，南京：江苏教育出版社，2006年，第57—58页。

② 同上，第16—17页。

的终极性烟消云散，并在18世纪末步入精神疾病的范畴，这些作为古典时期特有的对象和概念是如何占据疯癫话语的空间的？福柯认为是话语策略选择机制的结果。这种策略，不是某个主体意愿施为的行动过程——作为理性时代的古典时期，理性把疯癫逐向禁闭院，又驱赶至疾病的领域。被宣判为精神疾病的人与妓女、浪子、乞丐、声名狼藉者同处一室，这在今天的人们看来是多么的荒谬与蒙昧，我们会把它解释为前科学的低级水平所带来的对病症的误读。然而福柯却揭示出这种观点本身就是一种错误，它没能看见在这些与19世纪疯癫话语迥异的古典时期，有一种多么清晰的力量规范了人类的行为与认知，即对理性力量的绝对信仰。[①] 无论是颁布禁令的国王还是禁闭所的医生，都不是制造古典时期疯癫话语的意识主体，福柯果断地切断了非话语实践与话语实践之间的因果关系。尽管疯癫话语与禁闭和医院等实践活动看上去密切关联，但“它是为了揭示…… 直接关系，而不是那种通过说话主体的意识而发生联系的因果关系。它希望阐明的不是政治活动如何决定医学话语的意义和形式，而是前者怎样和以何种形式参与后者的产生、介入和运作的条件”。[②]

从福柯的话语视角出发，我们必须搁置很多习以为常的研究思路。研究者必须不断地寻找话语场的交集域所在，分阶段和层级搜集资料，对于出现又转而消失的或大量出现的概念进行集中分析。回到一开始举过的例子，比如在对“环保话语”的分析中，当“动物保护”概念忽然频繁出现之际，我们就要寻找“动物保护”在经

---

① ［英］阿兰·谢里登著：《求真意志：密歇尔·福柯的心路历程》，尚志英，许林译，上海：上海人民出版社，1997年，第38页。

② 同上，第141页。

济话语场、文化话语场的档案踪迹，分析“动物”与“环境”陈述群之间的关系。总而言之，我们必须在话语场域的内部探求话语衍变的驱动力，决定话语构型的内在规律，而不是将经济发展模式与环境保护政策之间直接建立关联。

在话语研究的视野中，仅凭话语外观的相似根本不能让研究者做出它们属于同一话语类型的设想或结论。对疯癫的心理治疗追溯至何时？对疯癫的治疗在整个古典时期都在持续发展，以我们今天的知识结构来看，我们可以把治疗分为身体治疗和心理治疗两大类：前者包括给病人服用铁屑、烧灼皮肤、吞服肥皂、浸泡醋液、水疗法、骑马或航海颠簸、用机器快速旋转病人等；后者包括给病人听音乐、告诫和劝服病人、用烙铁烙至露出骨头的惊醒法、戏剧表演法、回到乡村的自然生活中的返璞归真法。但是这样的划分只是我们的想象，话语方法的根本原则在于回到话语自身的网络结构中，通过构成话语的陈述群之间的关系判断话语的性质。

在古典时期对疯癫看似千奇百怪、不可思议的治疗方法中，内在的治疗原则是异常清晰的，即道德主题。福柯认为疯癫的治疗围绕道德分成两类并行不悖的技术系统：其一，是针对作为激情的疯癫的本质，所展开的品质特性疗法，用清洗、加固、浸泡等方法来加强神经纤维，排除有害物质，从而达到减少灵魂被剧烈冲撞的效果；其二，是针对作为疯癫结构的谵妄话语，通过理性的强制性介入来唤醒、打破病人的谵妄语言结构，唤醒法、戏剧表演法、返璞归真法等当属其中。而这两类疗法在整个古典时期是相互渗透、不分彼此的，因为它们的目的都是对疯癫进行道德的治疗与惩罚。前文分析过，古典时期的疯癫话语既被打上了道德缺失的烙印，又被视作是一种罪过。激情的不可控与肉体和灵魂的脆弱不可分割，疯癫是道德的惩罚；谵妄话语的虚空又说出疯癫的真相，它是彻底的谬误和非存在，而对立于存在的非存在本身就是一种罪恶。在这样的疯癫话语结构中，疯癫者必然意味着理性主体的缺失，因此所有的疗法都有其象征意义，无论是加固所表征的坚实，浸泡所代表的纯净，颠簸所意味的自然节律，戏剧表演和惊醒法所诉诸的对自身谬误的认知，返璞归真所希望的大自然约束欲望和幻觉的疗效，都是为了让疯癫者回到现实的存在和坚实的真理中来。

福柯在古典时期疯癫医学话语的内部穿梭，他找到了话语纽带——联系外观分散、差异甚大的医学陈述群的规则，因此古典心理学的幻象被消解了，“纯粹的心理学因素似乎已经在医疗方法中占据了一席之地…… 但是，这种治疗疯癫的方法……不是心理疗法。语言（笔者注：此处指医生对病人的告诫和规劝）作为真理或道德的表述，与肉体有直接关系……在古典时期，想要区分生理疗法和心理疗法是徒劳无益的，原因很简单：当时没有心理学……让病人服苦药，并不只是生理治疗，因为心灵和肉体都需要清洗……让忧郁症患者过一种劳动者的简朴生活……也不是一种心理干预，因为这里主要考虑的是神经中的元气运动，体液的浓度”。[①] 只有当疯癫演变为一种纯粹的道德缺失，当古典时期对疯癫做出“谵妄话语”的破译沉寂之时——谵妄话语道出了疯癫的本质结构，疯癫看到的虽然是虚无，但疯癫的真相是可以被理性理解并把握的，也就是说，疯癫的真理是非理性。

但在 18 世纪末，疯癫话语已悄然发生再度变形，疯癫已摆脱了它的非理性真理，即根本没有任何关于疯癫的真理，疯癫仅仅是

① ［法］福柯著：《疯癫与文明》，刘北成，杨远婴译，北京：生活 · 读书 · 新知三联书店，2007 年，第 168—181 页。

一种疾病，它作为一种现象没有任何真理价值——心理学才能诞生。福柯再一次把“进步”和“发展”之类的字眼从“科学”的头上摘去，在话语研究的方法论中，只有研究者对静默陈述本身的探问，只有话语自身的述说。对疯癫的大禁闭和今天看来残酷蒙昧的医治让位于心理医生的诊断，疯癫被封闭于病理学中，这看上去的确显得人道与积极，“但是，从历史角度来看，应该恢复其本来面貌；这种转变实际上是把古典主义的非理性体验完全变成关于疯癫的道德观念。这种观念悄悄地成为19世纪被说成是科学的、实证的和经验的各种观念的核心”。[①] 当现代心理学的大门敞开之际，疯癫成为一个彻底的幻影，它根本不值得理性去探索，更没有资格与理性对话。古典时期对疯癫的告诫与劝慰在心理学看来是徒劳的，心理学只诉诸对疯癫者进行道德的惩罚，在对痛苦的拨动中，让疯癫体悟到自己的罪。福柯把弗洛伊德的精神分析法划归于心理学之外，因为他在其中听见了理性与非理性隐约的低语声。

疯癫，作为话语对象的疯癫从11世纪至19世纪经历了何种变迁？它从“世界阴暗的真理”到“非理性”，再到“精神病”，同样的指称，完全不同的对象。这是话语分析的关键，即话语的对象绝对不能混淆于用作指称功能的语言符号。话语不是对象的符号，对象是在话语中形成的。换言之，话语“不是一种语言，也不是讲这种语言的主体。它是一种具有本身的连贯和连续形式的实践”，[②]“话语实践”是更为贴切的表述，它强调了话语并非一个名词，而是一

---

① ［法］福柯著：《疯癫与文明》，刘北成，杨远婴译，北京：生活·读书·新知三联书店，2007年，第180页。

② ［美］伊安·哈金著：《福柯的考古学》，迟庆立译，转引自汪民安等编：《福柯的面孔》，北京：文化艺术出版社，2001年，第188页。

种有规律的运动形式。话语分析就是对这种运动的分析，而不是一种诉诸寓意的阐释性方法，去寻找话语底层的另一种话语。在话语研究中，除了前面所谈到的对话语内在要素，即概念和策略的分析之外，还要注意的是话语出现的外层，也就是说话语所赖以出现的社会和文化场域。文艺复兴时期疯癫话语出现的表层是文学作品和放逐无边水域的行舟，古典时期出现的表层是禁闭院和有关液体说和元气说的医学，19 世纪精神病理学出现的表层则是家庭、社会机构、工作场所与宗教团体，这些表层本身并非什么新鲜事物，但它们的特殊构成方式决定了疯癫话语获得了不同于之前的形式。这些地方都是对偏差非常敏感的场所，它们为标准化设置了边界，边界之外的就是被排斥的疯癫。精神病院对疯癫的监禁成为一种需要，对疯癫进行解释的义务（即使不是医治的责任）则要交给了医学。同时，还出现了一些新的表层，诸如“不道德”的疯癫的外延创造并收编了所谓的同性恋与非正常性行为者；疯癫与犯罪行为缠绕在一起，不再只是疯癫可以导致犯罪行为，而是很多犯罪行为本身就有疯癫倾向……谢里登把这概括为：“与公认的规范大相径庭的性欲第一次成了医学观察和医学分析的对象，而根据惩罚，到那时为止与癫狂迥然有别的犯罪行为却被视为与癫狂多少有点关系的异常形式。”①

疯癫话语的形态总是依据表层的性状而变化，或者说，这些表层的出现界定了话语的可能形式。把握这一点对于转化福柯话语分析方法来说是至关重要的。研究者对话语场的交集域进行分层搜索后，在每一层级即每一研究阶段都必须对话语所出现的场域（即福

① ［英］阿兰·谢里登著：《求真意志：密歇尔·福柯的心路历程》，尚志英，许林译，上海：上海人民出版社，1997 年，第 128 页。

柯所说的话语表层）进行考察，分析所出现的这些场域有何共性、场域之间的关联如何。场域之间的关系就是话语所在陈述群的关系。举例来说，环保话语在不同时期所出现的场域是不同的，20 世纪 70 年代只在以节约为主题的经济场中的出现，80 年代后期则出现了新的话语场，即人们的生活方式。日常生活场与经济场的重叠与关联改变了环保话语的形态，环保与普通社会成员的距离拉近了，它趋向于从宏大的国家行为转变为细腻的个人价值。研究者要做的是具体分析关涉到日常话语场与经济场的环保陈述方式，在这个过程中，诸如机构、经济、社会等非话语实践之间的关系并未出现于作为话语的环保对象之中，构成环保话语的只有话语实践本身。也就是说，对于话语研究方法而言，文本不是社会实践的反映和历史记载，它是话语的载体，是记录话语运动的“档案”（福柯以此指涉作为事件的陈述所构成的系统）。因此，研究者不需要对资料进行深度阐释，不需要诉诸语言学和符号学的方法来挖掘话语背后的可能存在的深意。

在福柯的考古学阶段，话语似乎获得了本体论的意味，虽然福柯在后期把目光转向话语与权力间的胶着关系，但这并不意味着福柯转而承认话语与非话语实践之间存在着某种因果联系。话语无论是获得了某种类似于“自在之物（things in themselves）”的氛围，还是作为与权力纠缠在一起、互相作用的实践体系，都是统一了整个社会实践系统的巨网，把各种社会的、政治的、经济的、技术的、教育的因素整合起来，使之以连贯的方式运作，[①]从而把人置于人不得不处于的位置。在这种意义上，人成为“主体”，“人不能在任何

① ［美］H. 德莱弗斯，［美］P. 拉比诺著：《超越结构主义与解释学》，张建超，张静译，北京：光明日报出版社，1992 年，导论，第 82 页。

时候谈论任何事物，谈论某些新鲜事物并非轻而易举，张开我们的双眼也非游刃有余”。[①]

因此，话语分析要求研究者必须深入到话语系统的内部，走出“媒介反映论”的思路。对于传播学研究来说，媒介文本不再是静态的对象，而是社会实践的要素之一，它是构成行动的“陈述”，或者说，从根本上就是“行动本身”，而非行动的某种表征。语义学上共同的指涉对象组成一套陈述，它们可能跨越不同的层面和领域，诸如关于对象“癫狂”，它的陈述来自医学、管理学、文学等不同的语义层次。但福柯要强调的是，我们决不能就此认为指向同一个对象的这些陈述间有什么固定的、描述性的关系，或者各自为阵，因为“对象”根本就不在陈述间的关系之中，“它毋宁说是由那些陈述的表述活动建构起来的”；[②]研究者要去处理的那个“对象”，就是作为实践的陈述活动本身，诸如在心理疾病中寻找精神病学的话语是错误的做法，任何试图去探寻某种本质的做法，即寻找和搜集在不同阶段被当作心理疾病而谈论的对象，也都是错误的做法。反之，心理疾病是在陈述集合的表述机制中被建构起来的，陈述命名、划定、描述、阐释了疾病的轮廓和样态。[③]

仍然以环保话语为例，环境保护的媒介陈述绝不是“反映出”某种情境下的关于环境问题的观念的文本材料，它是陈述，是运动的，时刻在群簇中发生碰撞和变形的，彼此相互支撑，或消解、排除，并在陈述群集的运动的规则之上支撑起的关于“人—环境”的

① ［美］阿兰·谢里登著：《求真意志：密歇尔·福柯的心路历程》，尚志英，许林译，上海：上海人民出版社，1997 年，第 129 页。

② ［法］福柯著：《论科学的考古学》，转引自汪民安主编：《福柯读本》，北京：北京大学出版社，2010 年，第 60 页。

③ 同上。

话语。在陈述群集中，不只是媒介陈述，还有“社会—话语实践”，诸如炼钢厂的废水处理池和废气处理系统（企业生产技术指标）、药店里随处可见的防雾霾口罩（口罩的类型）、T 恤上个性的文字或涂鸦（服装）、行为艺术等。陈述在我们的社会生活中实实在在地运动着、发生着，它不是一个“单位”，它是一个“功能”，政府文件、新闻报道、网络评论，与企业管理、服饰文化、消费品类型等组成一个庞大的、复杂关联的陈述栅格，它们在相互的支撑、抵消、压制或改写中发挥出自己在这个话语空间中的“功能”——成就或消解话语的链条。在福柯这里，“话语”总是与“话语实践”纠缠在一起，作为一种视角的“话语”意味着福柯彻底走出了意识主体哲学的范式，因为“非话语实践”从根本上说是意识层面的。因此，在福柯的考古学中，陈述被赋予“至上”的地位，“非话语实践”被置于一个完全属于某一陈述场的空间。[①] 当然，福柯并未将话语实践与非话语实践归结为某种因果关系，他明确承认非话语实践（诸如制度）有自己的自律性规则。在之后的系谱学中，福柯不再做这样的区分，对权力关系的引进，摘掉了批评者给福柯戴上的“结构主义”的帽子。福柯不再直接讲述“话语”，但“话语”作为一种真正超越了意识层面的视角，在权力的带动下，更鲜明、更有力地运动起来。

话语的内在结构与同时期的非话语实践之间具有意识同质性，并非后者决定了前者，而是前者作为实践形式的一种，自然与其他的实践形式间呈现出构成规律上的相似。18 世纪末，当疯癫话语在医学领域中构建了“忧郁症”“狂躁症”“歇斯底里症”和“疑病症”的概念，当疯癫与 17 世纪相伴随行的非理性渐行渐远，仅成为道

① ［法］吉尔·德勒兹著：《沉淀，或历史的形成：可见物与可陈述物（知识）》，转引自杜小真编选：《福柯集》，上海：上海远东出版社，1998 年，第 563—564 页。

德缺失的惩罚表征时，疯癫话语显出了它的外在性特征。与之同时，18 世纪中后期的一场欧洲的大恐慌开始了，人们想象空气中散播着某种可怕的传染病菌，玷污整个身体和灵魂，而它的污染源就来自大禁闭所在之处。这意味着疯癫开始了它外在化的历程，它与人的本质将不再有任何关联。人们开始力求探索造成疯癫的社会原因，把宗教狂热、财富欲望、嗜书癖等各种影响视作滋长疯癫的“非正常环境”。

直至 18 世纪末，疯癫的外在性使之沦陷于精神疾病的囹圄，它既代表着道德惩罚的后果，同时也具有惩罚其他非理性的功能。因此，疯癫者与罪犯、流浪者、妓女等其他越轨者的同笼监禁的现象被视作一种专制淫威的表现。话语分析再一次显示出它精辟独到的视角，18 世纪要求解禁疯癫的呼声与其被视作对待病人的人道主义，毋宁理解为一种政治批判态度。“它不是沿着解放病人的方向，也不是让人们对精神错乱者投入更多的仁爱或医学关注。相反，它使疯癫比以前更紧密地与禁闭联在一起。”[①] 疯癫的“外在化”使得疯癫“卓尔不群”，于是人们开始关注曾与疯癫混为一谈的其他非理性形式，贫穷本身和贫穷的人口随之被抹去了道德缺失的烙印——重农经济学派[②] 从贫穷与财富的关系中看到了穷人的价值。如此一来，禁闭院只剩下两类“理所应得”被监禁的人，即罪犯与疯癫者。而前

① ［法］福柯著:《疯癫与文明》，刘北成，杨远婴译，北京：生活 · 读书 · 新知三联书店，2007 年，第 211 页。

② 欧洲先后出现了重商主义和重农主义两大经济学派，前者把黄金、白银视作国家财富的象征，只有个体的生产和消费才能保证商品的流通，从而带来财富。而穷人既不是生产者也不是消费者，对于财富积累毫无用处，所以应该被禁闭起来。后者把人口而非个人看作财富的源泉，人们的行为方式具有自然现象一般的客观规律，在把握、尊重规律的基础上进行调节才能够带来财富的增长。作为“穷人”的人口为生产提供了廉价劳动力，从而降低成本，提高了商业竞争优势。

者在政治批判的呼声中挣脱了与疯癫同一条锁链的命运，禁闭院只剩下了孤零零的疯癫。疯癫直到19世纪才从禁闭院走向精神病院，但福柯不认为这是法国大革命带来的“进步”。在话语分析给我们展示的图景中，我们看到早在18世纪末疯癫就已经从非理性群体中分离了出来，只是当时人们的“意识结构尽管已经开始发生变化，但仍然没有彻底转变，因此还不允许他们找到这个办法”；[①]同时，疯癫与监禁的本质关联预示着走入精神病院的疯癫不可能获得任何“人道主义”的解放，它只是在医学表象下的新的监禁形式，而且更为彻底地切断疯癫与理性的任何对话可能。

精神病医学的话语从图克和皮内尔精神病院的设立之日起正式拉开帷幕，现代医学的仁爱与进步在这片“博爱”的盛誉中被勾勒出不容置疑的历史轮廓。但福柯在话语的视角中看到的却是一系列静默而有效的运作方式，它们组织起了疯癫话语新的经验方式。图克模式与皮内尔模式截然相反，前者认为精神病人的收容院应该成为道德和宗教隔离的工具，通过宗教内在的强大的理性精神把疯癫者置于道德反思的境地中，病人不断感知到自身的越轨和罪责，从而在正确的自我认知中被治愈；皮内尔模式则提倡一种不同于图客模式的隔离方式，即让病人身处远离任何宗教的纯粹的道德领域，宗教所可能带来的狂热情绪被视作疯癫重要的诱因，疯癫应该在纯粹的社会道德的浸润中与自己对话，道德是疯癫的真相也是疯癫的良药，在坚实的社会美德面前疯癫者发现自身的差异与罪孽，自我谴责将治愈疾病。精神病院中的疯癫话语撇开表面的差异，显示出支撑它们的相同的内在的规律，它体现在病人与医生的关系之

① 吴猛，和新风著：《文化权利的终结——与福柯对话》，成都：四川人民出版社，2003年，第86页。

中——19 世纪收容院的医生与其说是拥有专业知识的医生，不如说是坚定的道德卫士，他们是理性的代言人，是罪孽深重的疯人的父亲与法官，是疯癫必须承认的权威。从话语的结构上说，19 世纪的精神病治疗实践仍然遵守的是古典时期末诉诸道德策略的话语规律，但收容院的“医患关系”却随着实证主义推行的科学客观性的神话，道德实践的秩序内容被逐渐遗忘，只留下一个具体的“医生——病人”的结构形式，医生在这种结构中获得了知识主体的神圣地位。

第二节
内置于话语方法的研究立场：批判性的质疑

福柯对疯癫话语的考古目的何在？更确切地说，福柯何以要“考”知识话语的“古”？考古学，这个有着浓厚历史研究气息的术语究竟意味着什么？考古学与福柯在 20 世纪 70 年代转向的系谱学之间有何关联？总而言之，作为一种方法和视角的话语分析，它所预设的理论框架决定了我们提问的方式。如同我们在选择某种经验研究方法的同时，也就确定了我们的研究立场、目的，以及提问方式。因此，我们首先要明确的是内置于福柯话语方法的研究立场。

起源，起源是什么？这是考古学和系谱学一以贯之的核心态度。福柯在这个问题上明确无误地表达了对尼采的赞赏与认同。尼采拒绝研究形而上学意义上的起源（ursprung），这样的起源是对“已然是的东西”的寻找，是对事物连续性之高贵源头的探求，是对历史同一性的设定，是对理性无可动摇的推崇。在这样的起源中，所有的计谋、暴力、策略、较量和反抗都被当作偶然的碎片不置可否。[①] 与之相反，尼采所感兴趣的恰恰是这些被视作“偶然”和“不重要的”生成出“真理”的过程，简单地说，就是起源之“源”如何“得以发生”的动态的实践过程。“源”摆脱了人们对形而上学的幻想，它不再是那个静态的、生成合理的、连续性的历史的源头，它是一种特殊事件的“涌现”，它甚至不只是过去的历史，它是得以把当下和当下的我们构建成“我们之所是”的那股藏匿于我们自身的、却始终不被我们发觉的事件。换言之，福柯和尼采所要挖掘的历史，是当下的我们的边界——我们以精神疾病的形式来理解疯癫，以及我们对自身理性的认知。认知的边界构筑了人的边界，知识的形式勾勒出主体的样态——是如何形成的？这是一种反对连续性和合理性的另类解释。福柯如此表述：

> 人们所能重复的不同出现，并非同一意义的连续体现：而是取代、替换、转移、乔装的征服和系统回归的结果。如果说解释是要逐渐揭示起源中隐匿的意义，那么只有形而上学才能解释人性的生成变化。但如果解释是借助暴力和欺瞒对自身并无本质意义的规则系统的占有，是将它置于一定方向，使它屈从于的意愿、进入新的游戏、服从二级规则，那么人性的生成变化就是一系列解释。那么，谱系学就是解释史：作为不同解释出现的道德、观念、形而

① ［法］福柯著：《尼采、谱系学、历史》，转引自杜小真编选：《福柯集》，上海：上海远东出版社，1998 年，第 148 页。

上学概念的历史，自由观念和禁欲生活的历史。要把它们作为程序舞台上的事件显现出来。①

系谱学就是这样一种“反历史主义的历史研究”，它吹散了道德和理性的迷雾，返回时空的深处去倾听最真切、最原始的争斗声。因而，历史研究必然与政治相关联，对过去事件的研究始终是为了现实的当下，这才是意义之所在。考古学和系谱学在这一点上是完全一致的，研究目的都是出于对当下政治实践的关注，对人之现状的质疑和反思。福柯概括了知识考古学的三大研究目标：其一，揭示历史上所发生的政治实践如何渗入人的自我意识之中，以至于我们成为当下的样态；其二，这样的样态是如何影响我们在当下的相关领域中的实践行为方式的；其三，非话语实践体系如何引导、参与此运作进程，即政治社会实践与这些隐蔽力量之间的联系。② 福柯在 20 世纪 70 年代之前一直将考古学视作唯一有效的历史研究方法，考古学穿越了历史表象的深处是对“人之所是”背后的“不是其所不是”的追问与探寻，因此考古学研究的本质是诉诸进一步解放可能的批判性的反思，是对当下行为实践的理论关怀。福柯在 20 世纪 70 年代后期放弃了“考古学”这个表述，转向“系谱学”，但这两种方法是内在相通的，“将‘任何被认为是人所具有的不朽的东西’均置于一个发展的过程中，这是谱系学与考古学的交汇点”。③ 它们的区别在于考古学聚焦于话语实践的本体论层次，它获得了一

① ［法］福柯著：《尼采、谱系学、历史》，转引自杜小真编选：《福柯集》，上海：上海远东出版社，1998 年，第 155 页。

② 高宣扬著：《福柯的生存美学》，北京：中国人民大学出版社，2010 年，第 104 页。

③ ［美］伊安·哈金著：《福柯，谱系学，伦理学》，迟庆立译，转引自汪民安等编：《福柯的面孔》，北京：文化艺术出版社，2001 年，第 210 页。

种特许的独立；而系谱学却对之不以为然，它所在意的是与话语实践相关联的权力关系与运作方式。对此福柯在法兰西就职演说《话语的秩序》中做了明确说明：

> 批判的（笔者注：此处为版本翻译差异，它指涉的就是考古学）和系谱学的描述轮流交替，彼此提供支持，互相完善。分析的批判方面（笔者注：同上，指考古学）研究系统的外围话语，试图突出话语的排序原则，排除原则和精选原则。如果搬弄一下辞藻，我们可以说分析的批判方面习惯于一种顽固的分离态度。分析的系谱学方面，与此相反，研究一系列的有效的话语构成方式，它试图把它控制在其肯定权力之内……组成客体域的权力，据此人们可以证实或否定真或假的命题。[①]

显然，这两种方法在根本立足点上的共性胜于聚焦点的不同，因而将福柯的方法论分为前考古学、后考古学，或前系谱学、后系谱学都是不确切的，系谱学也不因为其拓宽了分析的范畴而替代考古学。对于福柯来说，它们属于同一研究领域的不同轴线，“对于不同的实践形式而言，其相对重要性并不总是相同的”。[②] 对权力的分析无论多么透彻，也不能完全解释知识构型的产生，诸如非理性

---

① ［法］福柯著：《话语的秩序》（1970 年法兰西就职演说），转引自［美］H. 德莱弗斯，［美］P. 拉比诺著：《超越结构主义与解释学》，张建超，张静译，北京：光明日报出版社，1992 年，第 139 页。

② Paul Rabinow（ed.）. *The Foucault Reader*，New York：Pantheon，1984，p.337，转引自［美］伊安・哈金著：《福柯，谱系学，伦理学》，迟庆立译，转引自汪民安等编：《福柯的面孔》，北京：文化艺术出版社，2001 年，第 212 页。

和理性的较量与获胜并不能作为古典时期的医学话语与近代精神病话语的全部理由，我们只能在知识构型的内部分析权力的运作，也就是说，权力分析不能简单与话语实践构成因果关系，但话语实践是权力分析的平台。因此，从方法论上来说，知识考古学发挥着系谱学工具的功能，系谱学在考古学的支撑下展开。这两种方法都对行为、观念和“意识形态”了无兴趣，“而是分析人得以成为能够和必须被思考的对象的‘各种质疑’，以及形成这些质疑的‘各类实践’。这一分析的考古学方向使分析各种形式的质疑得以可能，而它的谱系学方向则使分析各种质疑形式从实践及其变化中如何形成自己得以可能。”① 但无论是哪种方法，话语——知识话语——都是福柯始终不变的研究对象。前文在分析疯癫话语时，时常谈到“陈述（statement）”这个福柯在考古学中使用的术语，但未展开阐述。在这里，我们可以把“陈述”作为理解“话语”的切入口，在整体上对话语方法做进一层的理解。

陈述不是语音，不是语言行为，不是逻辑命题。尤其在语言行为这一点上，福柯与语言学家约翰·塞尔产生了很大分歧，福柯在知识考古学中对言语行为不是陈述的见解引起了塞尔的质疑，塞尔认为陈述无论被在何种层面上使用和看待，它本身必然具有文字符号最基本的表意功能，而言语行为之符号意义也是其不可或缺的要素，因而陈述不可能不是语言行为。福柯后来在与塞尔的通信中承认自己说错了，“关于言语行为分析，我完全同意你的说法。说陈述不是言语行为，是我错了，但是我这么做旨在强调我与你看言语行

① ［法］福柯著：《性经验史（第二卷）：快感的享用》，佘碧平译，上海：上海人民出版社，2005 年，第 113 页。

为的角度不同”。[1]的确如此，正是福柯与语用学家看待语言的立场之根本差异，使得福柯省略了陈述与言语行为间本有的交集。

塞尔对言语行为的理解是在作为交往的日常语言的范畴中展开的，或者说，日常语言的使用是塞尔的兴趣所在，然而福柯却根本不关注日常语言，福柯所思考的是获得了真理地位的、具有科学之盛誉的知识话语，或获得信服力的语言形式，总之，在这样的语言背后，是真理不断生产、复制自身、遭遇抵抗、变形、播撒……的活生生的话语实践过程。在这样的思维结构中，陈述作为这种不同于日常语言的话语形式得以构成并运作实践的基本功能和最小原子登场了。陈述是已然说出的东西，换言之，说出的语言就是陈述的全部，不要总试图掀起语言厚重的帷幕去瞧瞧那些被藏起来的东西，对于陈述而言，帷幕的背后空荡荡的，一无所有。简单点说，如果我们把陈述想象成被权力压抑、消解、改头换面和藏匿不见的东西，那就错了。陈述从来都是空间中已然存在的语言，它也只能借助语言这样的物质材料才能行使其功能。没有什么被理性压制的听不见的疯癫真相，疯癫的陈述从来都是莎士比亚作品中的呐喊、禁闭院留下的治疗记录、医学书对疯癫病症的描述，或（图克和皮内尔）收容院的把病人置于“被凝视”和“道德忏悔”状态中的行为规范管理条例，等等。疯癫在文艺复兴、古典时期和现代时期的话语构型都是这些“已说出的”的原子的聚焦、运动、交错和发展的结果，吉尔·德勒兹做出了最为精辟的解读，“每个时代都根据其陈述条件说出所有它所能说的……慈善家将疯子从锁链中解放出来，且毫不

① 福柯于1979年5月15日给约翰·塞尔的信，转引自［美］H. 德莱弗斯，［美］P. 拉比诺著：《超越结构主义与解释学》，张建超，张静译，北京：光明日报出版社，1992年，第99页。

掩饰地为他们备制了更有效的另一条锁链关系。在每个时代中，所有事物总是都已被说出，这可能是福柯最重要的历史原则”。[①]

陈述是一张语言组成的大网，主体在其中的位置是被它事先决定好的，因此德勒兹强调了福柯的观点，“必须忽略语言所具有的指称、命名、显示、显现以及作为意义或真理所在的权力，而且反过来，驻留与决定其独特与限定存在的片刻（此一片刻将瞬即被凝聚，瞬即被抓进能指与所指游戏之中）”。[②]在福柯的话语体系中彻头彻尾就不存在传统主体的地位，说话的主体在考古学中是消逝的，权力的主体在系谱学中也是匿名的，权力参与进话语生产的进程并不等同于权力的主体就具有生产、控制话语的能力。福柯认为权力是动态的、在力量较量场域中的关系形式，它是“意向的和非主观的……权力关系完完全全被算计充斥，没有一系列的目的与目标，就没有实施的权力”。[③]这表明福柯把权力从统治、压抑或镇压的形态中解放出来，它们被置于技术策略的实践之中。这种实践活动中并没有某个或某群策略家，只有朝向战略目标的进攻行为，却没有吹起号角的指导者。每一次呈现出的权力形态都是策略进攻、遭遇障碍、改变和调整的历史记录，其中并没有企图和意识形态的明确操控，正如没有人可以“发明”精神病医学一样，现代精神病话语虽然浸透着权力运作的痕迹，但它的形成并非主体意识的成果。图克和皮内尔只是话语实践的推动者与参与者，他们远不是幕后策划人，这样的策划者是不存在的。

---

① ［法］吉尔·德勒兹著:《德勒兹论福柯》，杨凯麟译，南京：江苏教育出版社，2006年，第56页。

② 同上，第58页。

③ ［美］H. 德莱弗斯，［美］P. 拉比诺著:《超越结构主义与解释学》，张建超，张静译，北京：光明日报出版社，1992年，第243页。

再以对人口的信息管理为例，“每一种新的分类方法、分类方法中的每一种新的计算方法，都是由某个人或某个机构设计的。当时这个人或机构心中的目标其实很直接，范围也有限。之后，人口自己就在这个或那个技术官僚提出的种种规定下被分类、重组和管理得越来越细，尽管每一项规定的提出者都不知道它尚有如此作用”。[①]在这种无权力主体和话语主体的方法中，话语分析者永远只能分析权力是如何在复杂的关系运作中将其目标推向它的历史方向的，这是动态的、深入实践内部的研究，但并无任何稳定的逻辑形式可以从这种实证研究中抽象出来，并作为理论推演到其他的权力运作区域中。这就是福柯不愿将之称作“话语理论”的原因所在，同时也是话语分析之魅力所在。

话语分析是对在话语在历史空间中不同样态的探究，它必须深入到话语实践的内部进行——即进入陈述彼此交错所建构的空间结构中，因为“没有一般的陈述，也没有自由、中性和独立的陈述；但始终存在着构成某个序列或总体的一部分……没有一个陈述不是以其他陈述为前提的；没有一个陈述的周围没有一个共在的范围、序列和连续的效果、功能和作用的分配”。[②]陈述的空间性质包括陈述的垂直组合关系，以及陈述的规则两方面。陈述所构成的“垂直系统”的分布状态，话语分析是把话语视作各不相关的、分布在各个领域的次级话语的有秩序的汇总，因此“话语仿佛扦棒一样垂直

① ［美］伊安·哈金著：《福柯的考古学》，迟庆立译，转引自汪民安等编：《福柯的面孔》，北京：文化艺术出版社，2001 年，第 11 页。

② ［法］福柯著：《知识考古学》，谢强，马月译，北京：生活·读书·新知三联书店，2007 年，第 108 页 .

贯穿个别历史”。[①] 垂直分布的系统意味着话语的广度和话语内在规律所具有的模式效用，陈述彼此缠绕，扩散到各个相关领域，陈述间的张力几乎是不可控的，它从医学蔓延到艺术，从治安蔓延到家庭关系……同时，这种撒播又服从话语内在的强大规律，这才使得话语自治性和无主体性变得能够理解。如果我们把“媒介陈述”作为“次级话语”的一类，以管窥豹，我们不妨尝试对环保话语的媒介陈述做个简单的分析，来看看话语实践运动场域的内部景象。

陈述的历史是斗争的历史。在媒介陈述的空间中，媒介议题所指涉的“对象”总是一个充满裂痕、间隙、交错和差异的领域，以“环境保护”来看，作为“研究对象”的环境的外延、为什么要保护环境以及如何保护环境经历了一系列断裂性的转变。在《人民日报》《解放日报》和《文汇报》等媒介陈述档案中，关涉“人与环境”内容的新闻报道最早出现在20世纪70年代，1970年的相关报道很少，1973年后有所增加。报道内容围绕提高自然原材料使用率展开，诸如报道提高木材利用率的新闻“三岔子林业局建成浆柏厂（《人民日报》1970年12月13日第二版）”、报道关于森林保护有利于农业生产的新闻“森林与农业生产（《人民日报》1973年12月14日第三版）”、报道利用工业三废做化肥的新闻“利用工业三废生产化肥（《人民日报》1973年12月16日第二版）”，值得注意的是，在《人民日报》1976年7月3日第三版的新闻“冶炼烟气制酸干法净化新工艺试验成功”中明确提到“搞好环境保护”，这样的表述之前鲜有提及。但我们知道，陈述的功能在于其空间位置而非所指意义，从句子在新闻内部的位置来看，治理废气对环境保护的意义是居第二

① ［德］曼弗雷·德弗兰克著:《论福柯的话语概念》，陈永国译，转引自汪民安等编:《福柯的面孔》，北京：文化艺术出版社，2001年，第96页。

位的，而废气回收对制酸工业的发展才是第一位的；从该新闻在整个陈述群中的位置来说，它并置于其他节约生产类的新闻，对宏观的环境议题不具有特别价值。

而环境话语到 1978 年似乎出现了轻微的震动，同样以《人民日报》为例，1978 年 7 月 11 日第二版的三则新闻《环境保护要引起高度重视》《把环境保护作为学大庆的重要内容来抓》和《鸭儿湖恢复青春》组成专版，整版面的环境新闻报道、把“环境保护”写入大标题在此之前很少见；另外，尽管环境治理的目的仍然与原油节约和鲜鱼捕捞量紧密关联，但新闻明确指出生产施工同时就必须防范环境污染的隐患，并援引了相关宪法条文。我们并非是从这专版新闻的内在文本意义读出了话语的震颤，而是陈述所占据空间位置显露出话语的罅隙：1978 年至 20 世纪 80 年代初期的很多新闻陈述都为“环境的外延、环境保护的目的和意义、环境保护的措施”增加了新的内容，如林业发展、原始森林、自然保护区、水资源、地下水、濒危珍贵动物等新的对象扩大了“环境”的外延，城市绿化、植树造林、退耕还林等新的人类活动扩展了“保护环境的措施”的概念；更重要的是，生态平衡、人的健康等措辞已逐渐进入“环境保护的目的与意义”的范畴，尽管之前的“节约”话语仍然占据主要地位，但“环境保护”的对象域与主题融入了很多新的元素，话语的裂缝出现了。

自 20 世纪 80 年代中后期开始，“生态渔业”“持续发展”“新能源”“海洋资源”“职业健康保障”“生活方式”“大气污染”“清洁发电”等表述愈加密集地进入“环境保护”的对象域，仅从静态的符号来看，它与 20 世纪 70 年代的“环境保护”议题似乎是完全一致的，但其“主题”与“对象域”实际上已发生了重要转变。20 世纪 90 年代开始，“环境保护”被明确地浓缩为“环保”的简称时，话语的内部又一次发出清脆的断裂声，“环保”这个符号意味着对主题和对象的规范性指称，它与70年代“环境保护”背后的“节约主题”渐行渐远。“环保”，这个具有专名意味的能指的诞生加快了对象域的扩展，它与其说是一个指称名词，毋宁说是一个具有动词功能的专名，一套具体的实践范式被引入个人的日常生活，并在实践过程中不断扩散、变形、强化。

媒介陈述就是这样参与了作为一种知识话语（“环保”话语）的构建，这也是媒介参与构建“真相”的策略：在知识（认知）的层面，“环保”成为“真理”；在实践的层面，“环保”成为“应当”。媒介陈述网络限制了“环保主体”的边界，70年代的“环境保护的主体”与今天的“环保主体”是完全异质的：通过媒介陈述的“区分实践”，70年代，节约的人与浪费的人彼此区分；今天，有素质的环保者与无环保意识的人拉开距离；在认知层面，70年代，环境只是外在于人类的被动客体；今天，它与人类一起构成彼此依赖、相互影响的生态体系，保护环境直接关涉人类的自身利益，外在性的实践规范转变为主体的内在需求，比如尾气排放对大气环境的破坏转变为有毒化合物对人体的伤害，人类污染对河流生态的破坏转变为污染水源和食物可能导致的铅中毒，对生物的滥杀转变为生物链断裂对人类生活的潜在威胁……我们看到，主体是通过意识和对自我的认识而依附于自己身份，[①]它在话语实践的真相游戏中形成：人成为环保知识的主体，也成为环保知识的对象。[②]

① 莫伟民著：《莫伟民讲福柯》，北京：北京大学出版社，2005年，第219页。

② 李敬著：《福柯的视角：媒介陈述与主体的生产》，《中国传媒报告》，2011年第四期，第105—106页。

作为视角、工具与研究对象的话语，为研究者开启了新的提问方式，即打破连贯性历史的理论预设，走出回溯历史原点的套路，把历史研究与当下实践毫无缝隙地对接起来——它意味着对"人之所是"的反思，与对"不是其所不是"的超越。福柯这样说："我认为，人并没有被锁定在历史的框架中；我所做的全部努力主要想告诉人们，历史是塑造出来的，它充满了人为的技巧和动机的关系，因而是可动摇的和可改变的。但前提是，担负这一使命的人须具备改变事物的政治勇气。"①以"环保"为例，话语揭示给我们的是：我们无力去思考话语构型之外的事物，反之，我们只能在话语实践的内部形成对对象的认知与实践行为标准。而大众媒介，是推动话语构型，以及设置认识系统和行为实践边界的非常重要的因素，媒介陈述也因此是不可忽略的陈述类型。

我们要质询的是，环保话语的构型失败，是哪些话语力量角斗的结果？大众媒介陈述的内部有怎样的分歧和断裂，这些断裂点又是如何与社会实践相互作用的？环保话语的形成，是哪些主题域交叉、复杂碰撞的结果？环保话语不单纯是"环境"主题域，而是与"经济""政治""生活方式"等其他主题域的陈述间不断交织的过程，在这个进程中，不停滋生出新的陈述群的同时，也有既有的陈述群退场……这是内容分析所无法看到的景观，研究者不能进行先定的"关键词"设定，更不能只圈定单一的环境话语作为研究对象。

话语像一个巨大的陈述的缠绕团，陈述是有"体积"的"物质"：它总是在空间中的陈述，它像一个"占据"了一定空间的"物"一样"摆放"在那里，但陈述的意义在静态文本的内部是找不

① 费尔滕·舍费尔著：《政治与权力》，转引自［德］马文·克拉达等编：《福柯的迷宫》，朱毅译，北京：商务印书馆，2005年，第15页。

到的，它不从属于某个给出陈述的主体，陈述不是单位，它是功能，是由这个巨大空间中“物”与“物”之间的、变动不羁的联系构成了意义。陈述散落在空间，它们在外部的关联中构筑了话语的链条；陈述可以是电影戏剧、小说诗歌、音乐绘画、新闻报道、曲线图表、法律法规、政策文件，也可以是建筑物、玩具、服装或雕塑。在陈述中，媒介陈述尤为重要：在新媒介陈述和大众媒介陈述的生产、复制、扩散和延伸的进程中，媒介陈述很容易越过自己占据的“空间”，发起对现有结构样态的挑动，带动对其他陈述类型的生成、调整、修改或颠覆。从新闻到小说，再到电影、音乐、服装，甚至是建筑物、法规政策，话语链条的形成或断裂就在外部陈述间的运动进程中展开。

话语分析的视角，是对话语构型空间的复杂的、不断变化的运动图景的“俯瞰”，话语运动的横轴是不同主题域的陈述群，纵轴是不同的陈述类型，话语运动的轨迹在不同主题域和陈述类型的碰撞、交错、变形和延伸中完成。我们看到，话语分析与内容分析有着全然不同的逻辑：内容分析中“说出”文本的那个意识主体，在话语分析中全无踪影；反过来，在话语分析中，主体是由话语所构筑的结果，主体的界限是由话语所决定的。媒介陈述对于主体的影响尤其重要，当系谱学阶段的福柯把目光锁定在“权力”，“权力”与“媒介陈述”内在勾连的问题为传播学研究打开新的思路，传播学要质询的是：权力如何争夺媒介陈述的领地？媒介陈述与作为“真理”的知识生产之间存在何种关系？它为传播学研究提供了新的可能：即使面对“舆情研究”这样的主题，在研究方法上也可以打破“唯实证量化是从”的局面。当研究者把“舆情资料”视作“陈述”，那么可以去提问的是：网络陈述与大众媒体的陈述之间如何互动？看似完全不同的主题域之间怎样发生联系？从媒介陈述到社会实践行动（也是一种陈述类型）之间是陈述的扩散，那么社会实践行动就意味着“话语”链条的构成吗？断裂、生成还是修改、颠覆，总是要在复杂的关系中考量，而不能将“实践”视作一个静态的结果。

第三节
方法论的创新

尝试把福柯话语理论转化为不同于语言学范式的、可操作的一套分析程序，是本章的目的。我们需要解决一些关键问题：话语方法适用于哪些研究议题？如何确定研究对象所需要的资料？具体的、可操作的分析步骤是什么？

一、超越了工具性的研究方法：提问的预设和起点

根据研究问题来确定适当的研究方法，是研究工作的第一步。研究方法不仅是工具，也与研究立场和提问方式构成一个关联的整体。比如我们面对“媒介与社会性别关系”的选题，我们的提问如果是“媒介如何构建和表征女性气质”，那么在研究方法的选用上，文本分析和符号学方法可能是必要的。但方法并不只是工具，我们

若要使用内容分析法，就意味着对几点理论预设的认同和接受：其一，媒介文本所表征的女性气质和社会现实之间是对应关系，“反映论”的立场隐含于其中。其二，它预设了静态的、历时的视角。使用内容分析法来处理社会性别的问题，意味着我们的提问是在历时的层面进行的。也就是说，我们如果是在时间的“平面”上去考察社会性别气质的变迁，就可能会关注某种特定的女性性别气质的概念在N年间所经历的变化、是否有新的气质类型形成以及媒介文本对女性形象的具体表征方式等。但这些提问是在线性的时间中展开的，目光所见是历时维度的静态的研究对象。所谓“静态”，在于它作为一个概念已然被先行确定，它是明晰的，边界是固定的；而与之相反，“动态”则意味着概念无法“先在”，它只能在复杂的相互作用中被生成并不断发生着变化。

我们如果使用批判性话语研究方法，那么在提出问题的基本预设上就与内容分析法拉开了距离：性别气质，不是一个静态孤立的研究对象，媒介文本并非社会性别实践的符号映射，它不是作为一个整体与“实践”之间发生机械的互动关系，而是作为一类重要的“陈述”类型永恒参与进性别话语实践的概念生成之中。概念不是静止的，没有什么“先在的”对社会性别的定界，它总是在复杂、多元的话语群的相互角力中被生成的。看上去“相距甚远”的关于城镇化进程、消费文化、家庭结构的主题都可能在某个历史空间中与社会性别的陈述群发生交织，生成某个环节，再延展开来或变形断裂……这也是批判性话语方法所依托、聚焦的“空间结构”，它跳出平滑整齐的线性时间，转而在空间的深处探寻一团团复杂交织而成的话语团块的内在构成。在那里，“社会性别”是与经济发展、现代化过程、家庭教育、生产生活等不同主题域发生碰撞之后的一个

"结果"，它恰恰是处在"先在的"反面。

因此，研究方法并不是单纯的、可被随意调用的工具，它与研究者的提问方式和问题所依赖的预设框架密切相关，对于福柯的话语方法来说，研究对象的动态性、空间性和去先验性，是研究者在使用该方法之前就应该明确的提问预设与起点。

二、研究步骤

在前文中，我们对于福柯如何使用话语分析的方法去处理作为研究对象的"癫狂"，做了很具体的分析，找到癫狂被生成、滋长、变形的那个话语场域是研究的主要任务。福柯分别在社会安全、文学艺术、道德规范、肉体疾病、精神疾病等不同话语场域中找到了癫狂的踪迹。疯癫从"终极真理"走向"理性的他者"，再到"纯粹的病态"，疯癫概念不是先在的，它是诸多陈述群发生交织后的、不断变化的"结果"，因此，我们只有确定可能会发生交集的主题域，才能搜集有效资料。在这里，福柯的话语方法给我们提出了一个难题，因为要具备哲学家那样敏锐的洞察力和深刻的反思能力，对研究者而言绝非易事，想要一步到位地找到这些主题域几乎是不可能的，因此研究要做的是分解工作，即对研究对象在历史空间中所涉及的几个主要交际域进行分步骤的考察。譬如说，我们要问的是中国的"环境保护"话语在历史空间中分别与哪些主题域发生过较重要的碰撞与交错，而正是这些交集域揭示出环保话语所经历的不同的运动形态，"环保"概念的生成和变迁也正是在话语链条的延展和罅隙之中。

首先我们要做的是确定研究对象的空间范围。有些研究有确定的考察时间段，比如“民国时期”“改革开放以来”等，而有些研究则需要根据对象的特点来确定研究最适合的起点。确定最恰当的研究时段是工作的第一步，在此我们仍以“环境保护”话语为例：

第一步：如何确定研究时段

如果我们要以“环境保护”话语为研究对象，那么，研究的起点如何确定？在各种实际情况的限定下（研究能力和研究条件），我们很难效仿福柯对癫狂史的考察所跨越的浩瀚时空，进入历史最幽暗的深处去倾听话语的声音。我们如果对当代的环保历史做考察，那么是以中华人民共和国成立还是以改革开放作为起点呢？我们比较熟悉的方法是对历史做线性的追溯，即在连续性的发展链条上回溯至环环相扣的第一个或某个确定的“环节”。比如，1974 年国务院成立了环境保护办公室，1979 年颁布了《中华人民共和国环境保护法（试行）》（简称《环保法》），1984 年成立了国家环境保护委员会并把环境保护定为基本国策，1998 年设立了国家环境保护总局，《中国环境报》创刊以及有关环境议题的新闻报道较集中出现等，它们似乎都有作为“开端”和研究起点的理由。但我们无论把上述的哪一环设定为起点，都意味着做出了一个理论预设，即环境保护的历史叙事是一根完整的、连续的链条，研究工作是考察链条上的“同质”环节演变的过程。

而话语方法恰恰打破了对“同质性”的预设：没有什么是真正“连续性”的东西，《环保法》的颁布并不就此代表了环境保护实践的某个节点，同样，在新闻报道中最早出现的环保议题，也不意味着与今天的环保话题是一脉相承的。“同质”的背后是作为单纯表征的“顺滑的”静态符号，是能指与所指的对应关系；无论是新闻报道，还是法规颁布，或者机构设置，都是现实的某种“映像”，反映论隐藏于其间。而对“同质性”的彻底摒弃，则宣告了对单纯的符号的终结。没有“表意”的符号，只有“实践”的“句法”，话语就是实践，也只能是实践本身，从来没有“映射”出实践的静态文本。因此，环保话语的历史不是关于文本的，而是要去问今天这样一种环保概念何以可能，它被生成的历史过程是怎样的。因此，我们不能仅依据某个常规性的时间节点，而是要先对一段时间内的“陈述”做一个总体性的把握，它可以是“粗糙的”、预研究层次的，但这是一个必不可少的阶段。比如我们要确定当代环保话语的研究起点，不能以检索关键词的方式筛选材料，而必须对关涉“环境”问题的相关主题陈述都做一个初步的整理，诸如在生产劳动中对自然资源的态度、使用方式方法、对动植物与人类关系所采取的立场和情感、对城市发展的理念规划等陈述主题，看它们在哪一段实践内有较大的重复性或相似性，而之后又出现较明显的变化轨迹，那么就可以在变迁发生的附近时段选择研究的起点。比如说，“环境保护”话语在 20 世纪 60 年代到 70 年代早期，都具有极大的相似性（文本密度极低、内容单一、态度雷同），直到 1973 年前后，在报道主题和数量上才隐约呈现出增多的迹象，那么我们可以把研究起点设为 1973 年。而在对资料做这样的整体性话语观照之前，我们可能仅取用改革开放的自然时间节点 1978 年为研究起点，现在则往前推了五年。

第二步：话语片断与话语“主题”

确定了研究的时间起点，接下来就是探究研究对象分别与哪些话语领域交织在一起，又如何逐渐松动并游离进其他的话语领域中。

这些领域彼此交织所形成的交集域就是话语的片断，话语片断在历史空间中构成了一幅动态的话语图景，断裂、延续和罅隙就发生在话语片断与片断之间的空白或连接交错之处。话语片断的核心是话语的主题，在古典时期的疯癫体验中，疯癫话语与经济、社会安全、政治、医学等很多话语领域相互交织，构成了古典时期的话语片断，它的背后则是“道德主题”的支撑，或者说，是“道德主题”把疯癫与不同的话语领域联系在一起。在经济话语中的疯癫被打上了“非劳动者”的烙印，它被套上了“道德”的枷锁；社会安全话语中的疯癫与所有的非理性形式共处一室，成为社会排斥的对象，它的身后是对“懒惰”强烈的道德谴责；医学话语的疯癫暴露出它脆弱不堪的肉体结构，肉体的深处则是灵魂的软弱，疯癫是所有“道德缺席者”不得不面对的惩罚……如果说话语研究的基本结构是对不同话语构型的揭示，那么话语片断所包裹的“主题”则是话语构型的“地心引力”，而发现“主题”成为话语研究者的中心任务。

完成这一步的工作总体上说可以分两步走。首先必须确定话语交集域，这需要从材料中来找寻话语发展的轨迹。作为话语物质载体的“档案”有很多分类，如文学艺术作品、学术类文本、专业书籍、新闻报刊等媒介文本，甚至还包括服饰、建筑、仪式、风俗等文化行为实践内容。其中，媒介陈述是非常重要的一块话语场域。一方面来说，媒介陈述和其他陈述一样，是陈述类别之一；另外，它又是其他诸多陈述类型汇聚集中的地方，或者说，我们通过对媒介陈述的分析整理能更快捷、更有指向性地找出其他相关陈述的踪迹。比如说通过对某一段时间的有关“社会道德”主题的媒介陈述的考察，我们会发现它与法律陈述、哲学陈述之间的交叉关联，比如对《中华人民共和国婚姻法》的两次修正，其中调整的一处是允许夫妻感情破裂成为离婚的理由。另外在 20 世纪 70 年代、80 年代和 90 年代后期，中国学术圈对于西方马克思主义的意识形态界定是有变化的，甚至出现了断裂点。这些陈述超出了媒介陈述的类型、但在敏锐的话语视角的观照下，媒介陈述可以成为“按图索骥”的理想入口，在以媒介陈述为主要考察范围之外，我们还可以确定并参照有效的、重要的其他陈述类型，让研究对象所经历的话语运动得到更加清晰、深度的揭示。具体步骤如下。

（1）界定概念，初步确定研究材料。当我们使用话语分析方法来处理研究问题，我们很难一步到位地确定研究材料。比如，我们要分析当代环境保护话语实践的问题，我们应该是把《中国环境报》《人民日报》，还是把环保法律法规的相关文件等作为主要材料？再比如，我们要探究中国社会道德话语内在结构的变迁，那面对“社会道德”这样一个抽象概念，我们该选用什么研究材料？面对这些问题，我们首先需要做的是界定概念。这又似乎与我们在前文中谈到的有些矛盾，即概念并非“先在的”，它总是在生成变化之中；在这里需要说明的是，我们给概念做界定，并不是先行确定研究对象的“是其所是”（相反，它正是我们要揭示的目标），而是要对抽象的概念做具体的分解和落实，明确在研究中将要关涉的实践内容范围。比如，我们需要对“环境保护话语”的概念做界定，明确它不是作为意识形态、法规或政策的“环境保护”，而是“人与外部自然关系的一种理解、立场和态度”。这就是我们对“环境保护”概念的界定；我们明确了这一点，就可以从主流媒体的报道入手，去摸索这种“关系”的生成和变迁史，并在对主流媒体的资料分析中“牵引”出其他陈述类型（这个后文再讨论）后再做资料补充。再比如，对于“社会道德”这个看上去很抽象的概念，我们要先做概念界定，它可以被理解为“道德行为（action）之施动者的主体（agent）的行为实践”；我们再进一步做概念落实：“道德行为主体”又总是被安放在具体社会关系中的具体的人，而支撑道德行为变迁的正是这样的行为主体。因此，对社会道德实践变迁的考察，就是对在具体的社会关系中主体身份的考察，对它所摆放的位置、承担的功能和职责之变迁的研究。完成了对概念的界定，我们可以选用《人民日报》等代表性的官方话语实践场域为主要研究对象，因为它们是身份话语变迁的一幅绝佳“图谱”，我们可以“按图索骥”再找寻其他陈述群。

（2）对话语主题的分析：确定了初步的资料来源之后，研究者要做到是寻找话语对象与哪些话语领域相关，在它们彼此碰撞、嵌入的交集域中去发现话语在某个时期中的“主题”，这一部分的工作是最复杂的。

①首先，在上一步所确定的材料范围中筛选符合概念界定的相关材料。需要注意的是，这一步不能采用关键词检索等常用的文本分析的方式进行，必须依靠研究者手动处理。比如说，我们无法通过设定“社会道德”或者“道德”这样的关键词，去检索几十年以来的《人民日报》，因为社会道德在概念的分解和界定中，是坐落在具体的社会关系中的具体的人的行动。比如对职业的态度、面对利益冲突时的选择、对某些社会事件的看法、女性对于家庭和事业关系的理解，以及市场经济改革后带来的种种价值观改变，或者法律、文学、哲学等领域对个体、个人价值的态度立场等，在所有这些“档案”中，很多根本不会出现“道德”等符号表述，我们如果采用关键词检索的方式，就既可能会遗漏大量重要材料，也可能会抓取很多无用材料，造成话语研究工作无法进行。

根据对概念的所做的界定，我们必须手动选取材料（不能借助检索工具），这会是一个繁重的工作，也会找到大量的“档案”，我们需要做一个编号记录，才不会混乱，方便后面的分析处理。在这里会遇到一个问题，那就是我们怎么选取材料。是否能借鉴定量的方法，间隔固定的周期取样？

我们可以借鉴量化抽样的方法，比如我们以 1978 年至今的《人民日报》作为社会道德研究的主要材料，可以隔月每年取六个月的报纸（对每一天的每一篇文本做判断筛选）。但这并不是僵死限定的，而是一个大体的参照，在此基础上根据实际情况做调整。比如我们在对一段时间的话语材料的分析中发现，这一空间内部的话语形态较为同一，没有较明显的变化，话语链条在这段时间内的延续性较强，那么对于这个阶段我们可以跳过几个月的时间，减少部分材料；再者，如果某一段时间，比如 20 世纪 80 年代末期，社会各领域的思想变化较为活跃、显著，我们所界定的社会道德的概念发生比较明显的变化，那么，我们可以酌情增加这一段时间的材料筛查。难点还是在研究者要对“话语结构”做出较准确的判断，而这一点无法凭借计算机工具完成。这也是我们接下来的重点。

②如何确定研究材料的内在话语结构？研究者可以采用分类表的方式帮助分析整理（熟练的操作者也可以在头脑中完成这一步）。比如，我们可以把分类表设置为几个部分：行为的目的；基本态度和立场；行动的主体。以对环境保护话语的研究为例，我们在 1976 年的《人民日报》上看到一则新闻，题名为“冶炼烟气制酸干法净化新工艺试验成功”，我们如果习惯性地站在当下的语境中去看历史，或者以关键词检索的方法来处理材料，就会把它当作环保洪流中的一粟，因为对废弃的治理试验显然是“环境保护”的范畴；但

是，在话语的方法框架下，我们看到的不是语言文本，而是事物的运动实践。对废气处理新方法试验，行为的目的是什么？它是为了在处理的过程中达到增加硫酸产能的作用，而非为了保护自然环境；这样的生产实践，它的基本态度和立场是什么？它是为了经济的节约，处于“节约经济”的话语主题之中，人与自然的关系并不在考量之内；行动的主体是什么？它是科研机构或国企工厂的实践行为，在经济重振、百废待兴的时代语境中，国家企业和机构担负着复苏经济、增加产能的领导功能。在这样的“分类表”的协助下，我们就可以处理这一话语“档案”了，它是节约话语主题下的陈述实践。在这样对材料的一一编号、分类、分析整理过程中，我们就可以发现“主题”在不同历史空间中的变迁，在“主题”统摄下的话语链条之间的延续、变形和断裂。这显然是传统的文本分析所无法观照的，因此，我们一再强调，不能以习惯性的量化思维引入话语分析方法，不能混淆话语与文本。话语是“反文本”的，话语就是实践本身。

③当我们按上述步骤完成了对主要经验材料的搜集、分析、整理之后，我们需要“顺藤摸瓜”，扩充话语“档案”。比如在话语分类表的设置分析中，我们发现20世纪七八十年代的环保话语处于“节约”主题中，对于某些实践行为，看似为了环保实则为了达到增加产能的目的，我们可以“顺藤摸瓜”，有针对性地去看当时是否有企业污染排放规定的相关文件和法规；文件和法规又涉及不同的行业分类有不同的标准，这些差异背后的“主题”是否进一步确证了某个历史空间中的话语团块的构型特点？对于话语分析方法来说，研究的材料并非静态的文本符号，更是构成话语本身的活生生的运动实践过程。同样，在对社会道德的材料整理分析中，我们发现20

世纪90年底代中后期的话语主题开始发生改变，我与他者的关系发生变化，“我”的价值并不在于为他者牺牲才得以确认，而是可以通过帮助他者而实现“更强大的自我”。话语结构内在的“奉献”主题开始悄然变化。在相关资料的线索指引下，我们可以去发掘当时的一些文学艺术作品的风格转换、新婚姻法中对个人情感自由的法律确证以及哲学领域对于西方马克思主义学说更为包容的态度等，它们关涉其他的陈述领域，可以通过新闻陈述捕捉到其踪迹，从而扩展、丰富话语的研究档案。

④分析“主题”，揭示话语的内在构型。这一步骤和上面一步是交错进行的，我们需要理解“主题”才能扩充材料，同样，我们对材料的搜集、扩充都是为了分析“主题”。前文谈到过，“主题”是对某一空间中的话语对象形成统摄的那个结构，比如从“道出真理和认出上帝的神迹”到“非道德”，再到成为“道德的奴仆”，直至“沉默的他者，医学的对象”，这些是癫狂话语从文艺复兴到现代时期所经历的不同“主题”。正是这些“主题”统摄了癫狂话语并构成了癫狂之为癫狂的那个不断变化着的概念。

我们还是以环保话语为例子，在20世纪七八十年代的资料搜集中，就看到有诸如“植树护林”“自然保护区”“保护野生动物”等陈述环节出现，那我们是否就可以据此得出环境保护意识的生成这样的结论呢？当然不行，因为我们反复强调过，话语不是文本，话语是实践本身。如果说，环境保护意识的生成，是对“经济生产效能”主题超越的下一个环节，那么我们就需要去发掘它是否已构成真实的社会实践，或者只是零碎的陈述片段，并不能带出新的话语链条。我们在法律陈述中发现，尽管《中华人民共和国森林法（试行）》在1979年2月已颁布实施，但直到1979年下半年，我们从新闻陈述中可以看到，在与环保密切相关的材料诸如“退耕还牧”“发展林业”“扩大森林资源”等话语档案中，仍然是围绕“提高生产量”的目标展开的种种行为实践。人与环境的良好关系，并不是这个历史空间中的“主题”。对于习惯了文本分析方法的研究者来说，“干扰”是较严重的：比如在1979年10月16日占据了《人民日报》半版之多的《从我们生态环境的恶化看发展林牧业的重要性》一文，很少见地提出了“生态系统”的表述，把农业生产置于整体自然生态系统中来讨论。似乎“新的”“文本”出现了，“新的”“关键词”出现了，“新的”“开端”就出现了；但对于话语分析方法来说，我们要问的是，实践出现了吗？旧的话语链条开始断裂了吗？新的概念生成了吗？显然没有。新的陈述只是零碎的片段，在历史空间中偶然浮现，但它并没有力量与旧有的主题抗衡，更没有新生的动能。因此，“经济生产效能”的主题仍然统摄着这个阶段的话语构型。

直到十年之后，20世纪80年代末、90年代初，对自然与人的关系的反思才真正成为社会实践。我们在陈述档案中看到，在1988年3月9日万里副总理的讲话中（《把全民义务植树运动深入持久地开展下去》），护林运动终于不再被局限于木材经济价值的使用目的之中，森林不再只是为了人类的活动而存在，而开始成为自然生态的一个部分，新的话语主题萌生了。在这一空间中，我们看到大量的陈述涌现，人与自然、人与动物的关系终于浮出水面。虽然由旧的主题所统摄的话语链条仍在，但新的链条开始生成了，断裂尚未发生，变迁已然开始。

话语研究方法的难点，就在于要在大量看上去相似、雷同的材料中去发掘不同的内在结构性差异，之所以说是内在的，因为光去看停留在文本表面的静态符号根本无法察觉；另外，如果研究者要去深挖什么隐藏在文本背后的“意识形态”，也同样是“误入歧途”。所以，无论是关键词检索，还是符号学分析，都是行不通的。我们搜集、整理的材料，是话语的档案，它虽然以“文本的形式”作为我们的研究对象，但本身绝非文本，而是实践本身，是在“主题”下被统摄和规范的社会实践运动。主题与主题之间的延续、交叉、断裂正是话语运动的内在结构。研究者一定要避免传统的内容分析或符号解释学的路径，只有潜入档案材料的深处去“聆听”被组织成话语链条的“主题”，才会看到，有些陈述由于不能被统摄在那个历史空间的“主题”下，而成为零散的碎片，这些碎片可能会逐渐聚集、增强，直到新的主题形成，它们会被统合成新的话语链条。于是，变形或断裂就发生了。

第三步：整理、获得最终的研究结论

我们使用话语分析方法得出的研究结论，揭示出的是研究对象的话语实践运动的历史，是我们站在当下去发问并回答，研究对象是如何“是其所是”的。研究对象的当下，是作为一个“结果”被生成的，如果这个结果是模糊不清的、矛盾重重的，那么通过对它生长进程的探究，我们就可以找到问题的原因，以及调整的通途；如果这个结果被认为是必然的、合乎理性的、毋庸置疑的，我们通过对它一路走来的历史探究，就可以揭示合理性背后的权力轨迹。以我们对中国当下的社会道德发问为例，中国当下的社会道德现状看上去是模糊不清的，既有群体旁观的冷漠也有志愿者勇敢的行动，它们似乎是逻辑的悖论，却能并驾齐驱，以至于我们无法对当下的社会道德做一个恰当的判定。而通过话语分析方法，我们可以看到改革开放四十多年来的历史空间中，道德话语所经历的结构性转型，不同空间中有不同的主题，最重要的是个体的崛起，旧有的“奉献主题”下的他我关系已经无法包容新的个体，但新的个体仍然被强行收编于其中，内在的张力就是当下实践之悖论深处的原因。再比如被现代医学所捕捉的疯癫，是一副作为精神疾病的理所当然的驯服的模样，但福柯用话语方法带我们重回癫狂的历史深处，看到的是癫狂美学的陨落，以及理性对非理性的征服。所以话语研究方法帮助我们去回答的，是我们在研究之初的发问，而我们之所以能提出这样的问题，也是话语方法所给予我们的视角。因此，研究方法与整个研究是融合在一起的，方法不是可以被任意调用的工具，它决定了你的问题和立场。

三、结语：作为事件的话语

话语分析最独特、同时也是最为“卓越”的性质在于话语是作为事件的存在，它摆脱了静态文本的束缚。这一点在话语分析的操作步骤中体现为与文本分析法不同，材料不能被事先确定，因为它并非静态的“映射现实”的文本，而是话语得以孕育、生成、变迁的事件本身。换言之，材料就是话语所经历的事件的档案，它作为文本的物质形态只是事件之有形载体的外壳而已，它本身则是动态的、活生生的实践的历史。因此，话语分析的材料只能分步骤搜集，通过初步判断、整理分析、深度反思、再度搜集，才有可能找到能较准确勾勒出话语运动轨迹的事件（事件载体）。

另外，作为事件的话语要求研究者必须在动态的层面完成对话语的分析。这意味着研究者从语言修辞学、逻辑学，或文本在整体中所处位置（版面）、插图表征等微观层面所做的所有观察，必须放置于整体的话语运动中。研究者要知道，话语研究无意于要揭示隐藏在话语背后的主体意识，而是要去探究陈述彼此交织、反应、互动的“结果”，即话语在空间运动中的形态及其背后的“主题”以及决定构型的“主题”是什么。正是这样的构型与主题赋予了话语本体论的意义，无论是考古学时期的话语运动，还是系谱学时期的权力运作，话语都是无主体的事件，推动话语运动的权力也是无主体的匿名力量。“主题”是话语得以呈现其历史样态的内在驱动力，是我们理解话语变迁的关键点。回顾《疯癫与文明》中那“同样一句口号：“疯子到疯人院去！”则是完全不同的陈述、不同的言说建构：在 18 世纪时，这是抗议将囚犯与疯子的混淆；或者相反，在 19 世纪则为了要求建立疗养院，使疯子能区隔于囚犯；在今天，又被高举为反对收容环境的演变。[①] 判断陈述的唯一依据，就是对把陈述与其他“同层级的另类事物”[②]汇聚起来，使它们能发生特定关系的那个内在的核心力量就是“主题”。我们看到把 18 世纪疯癫的陈述群凝聚在一起的是“道德主题”，19 世纪的则是“把疯癫置于虚无的精神病医学主题”，对“主题”的探求是话语研究方法的核心工作。

最后，对话语分析的归纳、调整和抽象，也始终是建立在对话语运动整体轨迹的把握之上。我们尝试把福柯的话语方法转换为相对易于把握的操作性步骤，但作为事件的、运动中的话语决定了它

① ［法］福柯著：《古典时代疯狂史》，林志明译，北京：生活・读书・新知三联书店，2007 年，第 484—486 页，转引自［法］吉尔・德勒兹著：《德勒兹论福柯》，杨凯麟译，南京：江苏教育出版社，2006 年，第 13 页。

② ［法］吉尔・德勒兹著：《德勒兹论福柯》，杨凯麟译，南京：江苏教育出版社，2006 年，第 13 页。

不可能被“静态”地观察和处理，经验化的操作离不开思辨的眼光。研究方法不是可被分离的、单一的工具，而是与理论框架、研究立场和提问方式相互支撑的。为了理解上的方便，我们在这一章中单独讨论方法论，但如果片面地看方法论，那么仍是对福柯话语理论做工具性的删繁就简，因此，我们在下一章还必须回到复杂的理论本身去一探究竟。

即使我们尝试把宏大的理论视角和研究方法转换为具有一定经验性的可操作步骤，但其抽象性难以避免，方法在实践应用上仍有较大难度。对此，可以参照笔者的一篇研究案例①，用知识考古学的框架和方法对中国当代社会道德做考察，这篇论文可以说是对福柯方法论的一次系统尝试。

① 李敬著:《媒介话语中的社会道德研究——基于知识考古学的框架》,《新闻界》2019（10）。该文被《人大复印资料（新闻传播）》2020（02）全文转载。

第三章

福柯的质询：疯癫美学之光的陨落

“从一种体验到另一种体验的转变，却由一个没有意象、没有正面人物的世界在一种宁静的透明状态中完成的。这种宁静的透明状态作为一种无声的机制，一种不加评注的行动，一种当下的知识，揭示了一个庞大静止的结构。”

——福柯：《疯癫与文明》

上一章中，《疯癫与文明》让我们看到清晰的话语运动的轨迹，曾经能够说出真理的疯癫话语是怎样在巨大的历史空间中经历撕扯与压制，转变为现代精神病医学的话语，我们通过勾勒出一幅话语运动的图谱并尝试将之转换为经验的操作步骤，从而使得话语方法不再是一种宏大抽象的、难以把握的研究方法。但我们知道，研究方法必须依托于整个理论体系，方法的工具性使用前提是对理论的深层理解，因此，我们必须要追问福柯的话语视角究竟要讲述什么？如何讲述？

在疯癫与文明的纠缠中，福柯无意讲述精神病学本身，也无意于探寻疯癫的奇闻轶事的历史，而要让被理性所吞噬、压抑的非理性以疯癫的模样为表征，让“理性”“正常”的我们在疯癫的呐喊中发现自身的另一面，那是未曾被理性话语规训和捕捉之前的我们。于是，在一幅幅动态的癫狂话语运动图景的背后是福柯强烈的质询：“理性的”我们何以被构建？我们又如何可能“不是其所不是”？只有真正“听见”福柯的质询，我们才能把福柯式的质询带到传播学研究中，提出传播学的新的问题。

在本章中，我们仍然从《疯癫与文明》的文本出发，来倾听福柯的质询。

1961 年，福柯出版了他的博士论文《古典时期的癫狂史》，这成为一个重要的“事件”：沉默的疯癫在福柯那里第一次挣脱了精神疾病的枷锁，它发出强有力的尖啸，向人们讲述自己与理性之间经历的漫长战争——从被“放逐”的中世纪，到“潜入人群并说出真理”的文艺复兴，再到“走向臣服”的古典，直至被理性彻底捕捉的现代。人们第一次惊讶地看到疯癫的脸上竟曾闪耀着美的光华，这样的华彩在希罗尼穆斯·博斯（Hieronymous Bosch）、伊拉斯莫斯（Desiderius Erasmus）、莎士比亚和塞万提斯的笔尖下流淌。无怪乎乔治·康吉兰说：“以往每一部有关现代精神病学起源的历史都完了，都要被一种不合时宜的幻想所糟蹋了，这种幻想认为癫狂是原已赋予人类的东西……”①疯癫在文艺复兴时期的经历是这场与理性的战争中最“辉煌”的时刻，福柯说：“从任何意义上看，这个世界在 17 世纪初对疯癫都是特别友善的。”②

福柯的著作总是以“不可思议”的方式把长久以来被边缘化的事物全盘托出，让事物陈述其自身所经历的“暴力史”。福柯一直提醒人们，“我们不能以为，世界面向我们的，是一副可以解读的面孔，而我们只需要解密就行了……世界并没有什么令我们俯首帖耳的前

① ［美］詹姆斯·米勒著：《福柯的生死爱欲》，高毅译，上海：上海人民出版社，2003 年，第 140 页，注释 42。

② ［法］福柯著：《疯癫与文明》，刘北成，杨远婴译，北京：生活·读书·新知三联书店，2007 年，第 32 页。

话语式天命”，而必须“将话语理解为我们强加给事物的暴力，无论如何要将它理解为我们强加给事物的实践”；[①] 于是，疯癫、临床医学、犯罪、性意识……这一切都以“事件”的方式彻底颠覆了科学一直以来的讲述。福柯因其哲学才华被称为“二十世纪的康德”，但他又决然与康德的传统哲学断裂，把自己的著作称作“史学工地中的哲学片简”，[②] 对片段和断裂的强调成为福柯思想独特的标志。福柯重要代表作之一的《癫狂史》，其学术价值早已从哲学，溢向文学、艺术、美学和历史等诸多领域。在这部巨作中，福柯很清楚，自己无力“拯救”疯癫，因为真正需要被“拯救”的是吞噬了一切、杀死了“上帝”的“理性”，这是现代思想剿杀一切疯癫之后获得的“虚无”。

反思自身与时代之间的关系，是福柯终其一生对生命美学之自我实践的依托：“事实上，现代思想就像受惊的安朵美达被绑在四面环海的岩石上，而那散发出地狱气息的虚无主义吐火兽，就对着她美丽的裸体吐着火与硫磺。像一位征服一切的波修斯，我匆匆赶去救出这位神圣的俘虏，把她贞洁的裸体抱在怀中。但是，由于我本身是时代的产物，所以我发觉自己也在她的大腿和胸房上吐着火焰：我自己是吐火兽，是我们的时代的疯狂状态的一部分……我受到信仰与无信仰所诅咒，受到理性与本能所诅咒，受到肉体与心灵所诅咒，看到吐火兽在一阵突发与炽燃的疯狂中吞噬了安朵美达。这阵炽燃的疯狂是在我的脑中：我是被吞噬者也是吞噬者，是杀人者也

① ［瑞士］菲利普·萨拉森著：《福柯》，李红艳 译，北京：中国人民大学出版社，2010年，第132页。

② ［法］福柯著：《古典时代疯狂史》，林志明译，北京：生活·读书·新知三联书店，2007年，第1页。

是受害者。”[①] 安朵美达是理性与非理性浑然一体、尚未分裂的“本真”，而现代思想在古典时期末的转角处正式登场，疯癫被锁住喉咙丢进精神疾病的囹圄。古典时期是疯癫走向臣服的重要路口，此后的疯癫沦为彻底的疾病，之前的疯癫却曾闪耀过美学的华彩。也许，我们很难讲述现代人自我实践的身体美学，因为它不得不成为极其艰难的、超拔卓越的、个人主义式的探寻；但我们却可以通过福柯，来讲述疯癫在文艺复兴时期的美学体验，看它如何在文学艺术的文本中留下“浓墨重彩”。它裹挟着如此重要的意义：美学的光华不只属于疯癫，更属于完整的、未被切割的“我们”。

第一节
“愚人船”来了：战胜死亡的疯癫之美

“愚人船”，驶向茫茫大海的载着疯癫旅人的小舟。这样的“疯癫之舟”或“疯癫”本身，作为一个主题，忽然大量涌现在 15 世纪的文学、戏剧和绘画作品中，并于 17 世纪末逐渐消逝。这样的“涌现”承载了怎样的意义？“涌现”之后的“消逝”又意味着什么？

在符号化的“愚人船”大量出现之前，真实的“愚人船”曾在中世纪末存在过：“这种船载着精神错乱的旅客从一个城镇航行到另

① ［德］尼采著：《我妹妹与我》，陈苍多译，北京：文化艺术出版社，2003 年，第 357 页。

一个城镇……城镇将他们驱逐出去……这种习俗在德国尤为常见”。[①] 如果说“愚人船”仅是对疯癫单纯地排斥与区分，那么它与现代的精神病院则没有什么根本的不同。因此，我们必须思考“船”的意向：疯人被迫离开“这里”，被驱逐至“茫茫的海面”，完全听凭命运的发落，等待被吞噬或被带往“那里”。“愚人船”驶于其中的大海，是疯癫绝好的“监狱”：疯人“被置于里外之间，对于外面是里面，对于里面是外面”。[②] 如此捉摸不定的“水域”所代表的“船儿航行的世界”，从文艺复兴的地平线上开始，逐渐充实出它丰富的内涵：（1）它既联结了“存在”与“虚无”——对于确切的“这里”与“那里”的“存在”而言，大海是一片“不毛之地”的“虚无”；（2）它又勾连了“此岸”与“彼岸”——“凭借奇异的航行，从此岸世界的某一点驶向彼岸世界的另一点”，[③] 疯癫正是通往彼岸世界的绝对痛苦；（3）登上疯癫之船的所有人都是旅行的囚徒，疯癫本身成为生命必须经历的冒险，交托与命运的生命使得生命被不可言说的终极性所垄断。

有“愚人船”的时代，必然会以其独特的方式言说“疯癫”，疯癫之所以“成为它自身”总是由某个空间中“说出”疯癫的话语网络所决定的。从真实发生过的“愚人船”，进展到“说出”疯癫的符号化的“愚人船”，当然不只是遵从了“反映论”的符号集合的生成，而是经由“伟大”艺术作品得以支撑起来的话语网络。何谓“伟大”的艺术？福柯告诉我们，它一定包含了对当下经验阐释的质

① ［法］福柯著：《疯癫与文明》，刘北成，杨远婴译，北京：生活·读书·新知三联书店，2007年，第5页。

② 同上，第8页。

③ 同上，第30页。

疑："当绘画、小说或创作质问标准的经验阐释时，艺术就诞生了。没有疯癫即空无一物的反抗际遇，这种质问是不可能的，这种际遇正是个体拒绝接受事物秩序的所在。"[①] 这种对"标准的经验阐释"的"质问声"，在绘画艺术与文学的文本中回荡：博斯（Hieronymus Bosch，1450—1516）为里斯本的一家圣约翰教堂作的三叶式祭坛画《圣安东尼的诱惑》(1506，见图1)、洛赫纳（Stefan Lochner，1400—1451）[②]的《末日审判》(1435，见图2)、布茨（Dieric Bouts，1415—1475）[③]的《地狱》(1450，见图3)、丢勒（Albrecht Dürer）的《启示录》(1498）和格吕内瓦尔德（Mathias Grünewald）的《圣安东尼的诱惑》(1515）等伟大艺术作品中，我们看到，"意义"挣脱了"人给万物命名"所蕴含的"规则、说教与理智"，细密的哥特象征主义意义之网被挣破，"疯癫"成为意像世界解放后获得的力量与自由的重要表征。"梦幻"般的疯癫取代了欲望，成为对安宁的最大威胁。艺术作品中如诡异之梦一般的癫狂，以荒诞不经的动物和疯人的形象，获得自由并逃避人类符号的驯化；我们还看到，在勃兰特（Sebastian Brant）的八千行长诗《愚人船》(1494)、博斯的油画《愚人船》(1500)，以及人文主义作家伊拉斯莫斯的《愚人颂》(1509，见图4）中，"疯癫"已不再是世界隐秘的形式，悲剧性体验化为潜入人群的普通景观，成为每个人身上都有的东西，并说出关于人自身的真理。

伟大的艺术作品在这样的"质问"中重新阐释"疯癫"，它们是

① ［美］艾莉森·利·布朗著：《福柯》，聂保平译，北京：中华书局，2002年，第4页。

② 此处Stefan Lochner的拼写是笔者找到的相关文献资料，原文中拼写为"Stephan Lochner"，可能是福柯笔误。

③ 此处Dieric Bouts的拼写是笔者找到的相关文献资料，原文中拼写为"Thierry Bouts"，可能是福柯笔误。

图 1 《圣安东尼的诱惑》（中联）（博斯）

图 2 《末日审判》(洛赫纳)

图3 《地狱》(布茨)

图 4 《愚人船》(博斯)

福柯还原“疯癫之旅”最为重要的依托。根本不存在什么“反映论”之下的“浑然一体的事实形成的团块，以同质整体进行变形”；[①]相反，它们总在断裂和矛盾中描绘出疯癫的脸孔。我们可以顺着福柯的指引，看到巨大历史空间中无数伟大艺术文本形成的星座般分散的聚集块，在它们逐渐的位移和外形的改变中，[②]便诞生并改写了作为对象的“疯癫”。因此，“愚人船”的丰富内涵，当然不可能是“一下子”获得的；而是通过15世纪到17世纪末的广袤空间中星罗密布的“疯癫”话语的聚集块，逐渐充盈起来。但这些“星座”为何会忽然出现在15世纪的上空？“星光”笼罩下的“疯癫”有怎样的意义？

“疯癫”忽然在15世纪大规模登场，来到艺术、戏剧和文学的舞台中央，它不再是沉默的、被排斥和驱逐的配角，而是大声讲出真理的主角。福柯在“疯癫”跳动的脉搏中，把握到了“巨大的不安”，那是人类对死亡的巨大不安开始转向其自身：15世纪后半叶起，一直独领风骚的“死亡”主题开始疏散，“疯癫”登场，“文艺复兴全盛时期的‘愚人的呼喊’战胜了中世纪末桑托广场上《死神胜利》的歌声”。[③]“疯癫”替代了“死亡”主题，人们发现“疯癫”已然是“在场的死亡”：死亡的绝对界限所产生的恐惧，被以嘲讽的方式转向内在的生命。死亡已无处不在，它分散在一切罪恶和苦难之中，疯癫就是它日常的平淡形式，从而将死亡的肃穆沦为笑柄。于是，“人们从人必然要化为乌有，转向戏谑的思考生存本身就

① ［法］福柯著：《古典时代疯狂史》，林志明译，北京：生活·读书·新知三联书店，2007年，第243页。

② 同上。

③ ［法］福柯著：《疯癫与文明》，刘北成，杨远婴译，北京：生活·读书·新知三联书店，2007年，第12页。

是虚无”。[①]

“疯癫”，一旦成为“在场的死亡”，就通过“提前到来”而消解了终极性死亡的沉重与威胁；它还意味着，即使“死亡”也无法“拯救”疯癫。中世纪的人们可以用死亡来恢复理性，15 世纪却只能用理性来谴责无处不在的死亡，即“疯癫”。但从“死亡”到“疯癫”的转向，之所以不是根本的断裂，是因为“疯癫”享有与“死亡”一样的分量：“作为在场的死亡的疯癫”本身，是从占有“终极性”地位的“死亡”的手中拿过接力棒而获得了自身的“荣耀”。“上帝”在文艺复兴时期尚未“被人类杀死”，人类的“死亡”具有“终极的意义”，列夫·托尔斯泰对“永无终结的文明人”[②]的叹息还飘荡在几个世纪之后的远方。我们看见，如此这般言说死亡的“疯癫之舟”，在 15 世纪宽阔的水域的映照下闪耀出美学的华彩：它既有着与“死亡”相当的终极性的厚重，又是对“死亡”的战胜和嘲弄。在勃兰特、博斯和伊拉斯莫斯的文本中，疯癫在与死亡的战争中不断获得进展，疯癫以其千姿百态的面孔揭示出完整的人性。“末日”对人类的最高惩罚与其来临时的终极狂喜混杂在一起，把世界的“隐秘与必然”通过“疯癫”的脸孔呈现给活着的“有理性的”人，而“来临的末日”本身又是对原有理性的吞噬。文艺复兴时期理性与疯癫的一体造就了“人本身”。

---

① ［法］福柯著：《疯癫与文明》，刘北成，杨远婴译，北京：生活·读书·新知三联书店，2007 年，第 12 页。

② ［德］马克斯·韦伯著：《学术与政治》，冯克利译，北京：生活·读书·新知三联书店，1999 年，第 30 页。

第二节
从勃兰特到伊拉斯莫斯：唱响疯癫的“颂歌”

疯癫尽管拥有“死亡”厚重的力量，但它一旦潜入人群，厚重之力便“化千斤于无形”，被分散于它多元的表现形式中。“它的一切都显露在外表，毫无高深莫测可言”。[①] 疯癫从终极奥秘的漩涡中得以抽身而退，是通过对人类“虚假知识”的嘲讽完成的，从而成为“人的弱点”，说出“关于人自身的真理”。从勃兰特的《愚人船》到伊拉斯莫斯的《愚人颂》，疯癫一步步逼近人自身，最终在伊拉斯莫斯的“长镜头”下彻底卸去“死亡”终极性的沉重，成为平庸的景观和无穷的骚动，它以浅薄的快乐诱惑人、嘲笑死亡，最终超越死亡并大获全胜。

塞巴斯蒂安·勃兰特被推崇为“德国的第一位诗人”，他的八千行叙事长诗《愚人船》在文学史上留下浓墨重彩的一笔，“直到 1774 年歌德的书信体小说《少年维特之烦恼》发表以前，几乎还没有一部其他的德国文学作品能够取得如同《愚人船》这般有说服力的艺术成就和持久长远的文学影响”。[②] 全诗共计 7176 行，由序、跋及 112 个独立的章节组成，勃兰特刻画了 110 种“愚人”的形象，有人群的地方就有疯癫，疯癫以“人间百态”的方式被撒播在世上。在勃兰特描绘的疯癫中，有“骄傲自大”“贪婪成性”“狂妄放肆”等

① ［法］福柯著：《疯癫与文明》，刘北成，杨远婴译，北京：生活·读书·新知三联书店，第 21 页。

② ［德］塞巴斯蒂安·勃兰特著：《愚人船》，曹乃云译，上海：华东师范大学出版社，2009 年（kindle 电子书）。

多种面孔，排在首位的就是“卖弄知识”的“愚人”：

第 1 章　书籍成堆 收效甚微

我走在愚人舞蹈的前列，
因为我看到身旁堆着许多书籍，
可是我既不会阅读又无法理解。
我高高地坐在大船的前端，
……
我常常无限地信赖书籍，
从书中获得了巨大的财富
……
在人们讲到艺术和科学的时候，
我便说：“我家里藏着一批珍宝！”
当我在身旁拥有一堆书籍的时候，
我的思想已经十分地充实、丰富。
……
而我则被称作：“我的博士先生！”
我把耳朵全部隐藏和遮盖起来，
不让别人看出我是磨坊的牲畜。
……

——勃兰特《愚人船》[①]（1494）

① ［德］塞巴斯蒂安·勃兰特著：《愚人船》，曹乃云译，上海：华东师范大学出版社，2009 年（kindle 电子书第一章）。

当知识背离了真理之路，成为炫耀和无用的追逐，它就沦为彻底的荒谬与愚蠢。疯癫不再是说出终极奥秘的力量，而正是“人类的弱点”本身。亚历山大·贝克莱（Alexander Barclay）在2006年的英译版的引言里写道：“勃兰特的讽刺是面向一切时代的，尽管它表现为15世纪的语言风格，展示的是那个时代的习惯和风俗，它受到热切的质询精神的驱动，表达了对于宗教改革所带来的‘放纵’和‘愚蠢’的不满；但这种讽刺同样也适用于1873年的法国大革命，它和作者在1497年的行文有相同的道德训示意义。讽刺永远不会过时，它是人类在镜子中所见的自身的影像，无论在任何时候人们都可以从中认出自己来。愚人船上健壮的旅人们永远不会衰老，不会饱经风霜，他们的疯癫之舟驶往永恒。”[①] 当疯癫成为人类的“常在”，理性所能做的，就是对疯癫的道德谴责。曹乃云先生说，《愚人船》的作者是为了治愈疯癫还是让疯癫走向毁灭，其目的不得而知。[②] 但疯癫一旦成为人类自身的影像，它必然行驶在永恒的时空里：只要有人群的地方，就一定有疯癫，它不可能被治愈，即使死亡也无法恢复理性，因为疯癫本身就是“在场的死亡”，生存与虚无的边

---

① 原文：Brant's satire is a satire for all time. Embodied in the language of the fifteenth century，coloured with the habits and fashions of the times，executed after the manner of working of the period，and motived by the eager questioning spirit and the discontent with “abusions” and “folyes” which resulted in the Reformation，this satire in its morals or lessons is almost as applicable to the year of grace 1873 as to the year of gracelessness 1497. It never can grow old；in the mirror in which the men of his time saw themselves reflected，the men of all times can recognise themselves；a crew of “able-bodied” is never wanting to man this old，weather-beaten，but ever seaworthy vessel. 转引自 Sebastian Brant. *Project Gutenberg's*，*The Ship of Fools*，*Volume 1. trans*：Alexander Barclay. 2006. EBook #20179 at www. gutenberg. org.

② ［德］塞巴斯蒂安·勃兰特著：《愚人船》，曹乃云译，上海：华东师范大学出版社，2009年（kindle电子书）。

界被抹去。

从勃兰特的诗作《愚人船》到博斯的画作《愚人船》，主题、内容和时间上的紧密性使得它们几乎被画上等号，但福柯告诉过我们，“没有什么浑然一体的团块”，只有散布的星座，它们彼此或接近，或分散或位移。文艺复兴时期疯癫的美学之光，是通过对死亡的战胜获得的“荣耀”，疯癫愈是趋向于日常、在最彻底的潜入人群中解构死亡，就愈是大获全胜。这是一个过程：身为“在场的死亡”的“疯癫”在勃兰特那里开始脱下“黑色的神秘罩衫”；但在画家博斯那里，这层“神秘之衣”尚未被完全褪下，它一方面消解了终极性死亡所伴随的巨大痛苦，另一方面又保留了充斥着奥秘的模糊地带。

博斯的画作被同时代的人们看作“荒诞”，但西贡札（J. Siguenza）却穿透“荒诞”的表象看到博斯与其他画家的重要差别，别人只是试图画出人类的外貌，而博斯却大胆地表现出人类的内部。[①] 西贡札毫不吝啬对博斯的赞美：“他的绘画绝不是什么‘荒诞’，而是富有智慧和艺术价值的宝书。如确实含有荒诞，那是我们的荒诞，而不是他的过错；我还要说，那些画都是对人类罪恶和疯狂而做出的讽刺。人们可以将专门鞭笞罗马人罪恶的那位诗人[②] 的诗文看作博斯绘画作品的证据……‘人类所有的欲望、恐惧、狂暴、难以满足的食欲、欢娱、享受和议论，都成了我绘画的主题。当然只有当这个世界充满了罪恶的时候’……”[③] 从这里出发，博斯的《愚人船》与勃兰特的诗作可谓完美和谐，这种一致性不在于主题上

① 西贡札著：《论包斯》，转引自迟柯主编《西方美术理论文选：古希腊到 20 世纪（上卷）》，邵宏等译，南京：江苏教育出版社，2005 年，第 118 页。

② 这里指的是罗马讽刺诗人尤·维纳利斯（Decimus J. Juvenalis，60–140）。

③ 西贡札著：《论包斯》，转引自迟柯主编《西方美术理论文选：古希腊到 20 世纪（上卷）》，邵宏等译，南京：江苏教育出版社，第 118 页。

的外在相似，而是对“人类”叙事的内在重合：疯癫是作为人本身的东西而存在的。但同时，博斯画笔下的疯癫尚未彻底“澄明”，它依然有着“终极神秘气息”的残留。

“愚人船”的桅杆是一棵高高的大树，在画作最醒目的位置，树影婆娑处隐隐显出魔鬼的脸。“树”是人类知识的表征，“它曾种在人类乐园的中央，但后来被连根拔掉”，[①] 与人类原罪勾连的知识是“完整的隐秘”，它揭示的是终极的狂喜与无法言说的奥秘；与之相对的出入于人世间的理性，只能把握知识的片段和碎片，但“天真的愚人”却“拥有”“整全的”知识。在博斯那里，疯癫虽然已潜入了人群，但它刚刚接过“死亡”的接力棒，死亡的沉重气息尚未消散，“隐秘的力量”并未完全脱离。博斯在文艺复兴的地平线上，举目望去尽是“疯癫”：在博斯的画作中，有从脑袋里取出石头的愚人、观望的妇女（《愚人的治疗》，*The Cure of Folly*）、跟随基督受难看热闹的民众（《嘲弄基督》，*Christ Mocked*），还有充斥着调情、凶杀和打斗，人、丑恶与鬼怪混杂的荒诞世界（《干草车》，*The Haywain*）……疯癫布满了博斯的画布，它是属于所有人的。博斯看到的与其说是“疯癫”，不如说是等待上帝降临的“末日”景象，荒诞的表现形式隐藏了悲观与失望，等待被拯救的末日中蕴含了神秘的终极力量，疯癫则是“终极狂喜”与“最高惩罚”的火焰即将迸发之前的四处流动、无处不在的炙热。但博斯已用荒诞和嘲讽抹去了疯癫的悲剧性痛苦体验，因此，当勃兰特和博斯把“愚人船”引领至“道德”的领域，不仅为了“理性的谴责”，更是“去痛苦化、去悲剧体验”的一剂良方：“道德”化解了内置于痛苦的“罪恶”，

① ［法］福柯著：《疯癫与文明》，刘北成，杨远婴译，北京：生活·读书·新知三联书店，2007 年，第 18 页。

疯癫已不是罪恶，只是庸常。

伊拉斯莫斯的《愚人颂》把疯癫之舟带往“道德”的最深处，疯癫被彻底卸去了沉重之力，它完全融入了人群，不再躲在大地的角落伏击人类，而是巧妙地潜入其中。[①]如果说勃兰特和博斯是从近处具体描绘疯癫的不同形态，那么伊拉斯莫斯则是远距离的“俯瞰”人间百态的疯癫，他“看到一群蚊蝇在互相斗争、陷害、偷窃，在游戏、耍闹、跌落和死亡。他也就不会认真看待这些短命的蜉蝣所造成的麻烦和悲剧”。[②]伊拉斯莫斯唱响了对疯癫的“颂歌”：“歌颂”的是彻底化解了悲剧体验和痛苦之后的、轻浮的快乐，疯癫从此再毫无奥秘而言，它用肤浅的快乐诱惑着人们。拟人化的“疯癫”洋洋自得，“只要我迈步向前，对挤得满满的与会者讲话，每张脸孔立刻容光焕发，浮现出一阵罕见的新欢乐，你们大家脸上的皱痕一下子平滑下来。你们笑逐颜开，嘻嘻哈哈哈欢呼起来……聚集在我四周的人，忽然间活像荷马史诗里的众神……尽管片刻之前，你们坐在那里看上去愁眉苦脸……”[③]这种虚假的幸福是敌基督的胜利，末日已经来临。疯癫完全战胜了死亡，因为死亡所捕获的不过是一个虚弱可笑的俘虏。

伊拉斯莫斯让“疯癫”深入到“人性最深处”，成为“最为普遍的”存在。因为根本没有什么站在“疯癫”对面的真正的“贤人”，“人生无非一场愚人的游戏……世界到处是愚人”。[④]伊拉斯莫斯和勃兰特一样，对人类“虚假的知识”尽情嘲讽，站在“愚人舞”最

---

① ［法］福柯著：《疯癫与文明》，刘北成，杨远婴译，北京：生活·读书·新知三联书店，2007 年，第 22 页。

② 同上，第 24 页。

③ ［荷］伊拉斯莫斯著：《愚人颂》，许崇信等译，南京：译林出版社，2010 年，第 6 页。

④ 同上，第 93 页。

前面的就是学者们：法学家占首位，他们是人群中最自鸣得意的人，诡辩家和逻辑家也位列其中；接踵登场的是一看就让人肃然起敬的哲学家，他们认为只有自己才拥有智慧，但他们其实什么也不懂，却宣称知道一切……[①] 如果说，“疯癫”是“知识”的真理，那是因为一旦“知识”与“人性的弱点”相勾连，“疯癫”就成为一个必然的结果。

“疯癫之舟”出现在15世纪的海面，它从“此岸”驶向“彼岸”，联结了“存在”和“虚无”，又抹去了它们的界限。人们如何看待疯癫？——“疯癫”不只意味着“被驱逐”，更是“人本身的真理”。因此，文学、戏剧、绘画艺术的舞台中央站着疯癫的主角，由它大声说出“真理”。没有人真正有资格嘲笑疯人，因为根本就不存在去除“非理性”之后的纯粹的理性主体，所有人都被打上了“疯癫”的烙印：从“自负”“谄媚”“遗忘”“懒散”“享乐”“狂热”“放荡”到“沉睡”；[②] 从平民到君主，[③] 无人幸免。“这个世界有多少种性格、野心和必然产生的幻觉，不可穷尽的疯癫就有多少种面孔。甚至在其序列的尽头，也有最轻微的疯癫症状”，[④]“千姿百态”的疯癫深入人类的内部、深入人类的历史与生活。疯癫不是罪恶，只是人类的错误。愚人船上载着的疯癫旅人，是所有人的表征，他们发出未经压抑的尖啸声，“疯癫美学之光”映照出尚未切分的、最完整的人性。

---

① ［荷］伊拉斯莫斯著：《愚人颂》，许崇信等译，南京：译林出版社，2010年，第67—68页。

② 同上，第12页。

③ 同上，第26页。

④ ［法］福柯著：《疯癫与文明》，刘北成，杨远婴译，北京：生活·读书·新知三联书店，2007年，第25页。

第三节 莎士比亚与塞万提斯：癫狂美学最后的回望

“愚人船”上的疯癫旅人吹起胜利号角，嘹亮的声音飘荡至17世纪，在莎士比亚和塞万提斯那里画上优美的终止符。在此之后，“疯人院”替代了“愚人船”，疯癫的美学之光彻底陨落，理性与非理性浑然一体的状态被撕碎，非理性被理性驱逐并监禁了起来。疯癫不再可能是“美的”，只有“丑陋虚弱的”精神疾病。在疯癫美学最后的回望里，是李尔王、哈姆雷特、麦克白与堂吉诃德等站在文艺复兴的舞台中央谢幕。

“疯癫”在莎士比亚和塞万提斯这里，与在伊拉斯莫斯那里既一脉相承，又有所不同：疯癫仍是“在场的死亡”，但它已不再用“戏谑和嘲讽”的方式发出“轻浮”的笑声，而转向终极性的悲剧体验。在莎士比亚的作品中，疯癫总是与死亡和谋杀为伍；在塞万提斯那里，疯癫是狂妄自负的支配。与其说他们“表现了自己时代已经发展了的对无理性的某种批判性的和道义上的体验，毋宁说是表现了15世纪刚刚出现的悲剧性疯癫体验。他们超越了时空而与一种即将逝去的意义建立了联系，而那种联系将只会在黑暗中得到延存”。[1]这是“疯癫”在17世纪的最后一次“发声”，裹挟着巨大的痛苦“说出”“关于人自身的真理”，连“死亡”也无法阻挡。

① ［法］福柯著：《疯癫与文明》，刘北成，杨远婴译，北京：生活·读书·新知三联书店，2007年，第26页。

“与其说是一种精神崩溃，不如说是一个重大进展。”[①]李尔王没有疯癫之前，他的世界是荒谬昏暗的：将高纳里尔和里根两个不肖女视作珍宝，让出王权和土地；把不愿说假话的小女儿考迪利亚驱逐并剥夺权利；对忠臣肯特的拼死进谏，竟以死亡威胁……而疯癫之后的李尔王第一次看到了世界丑陋的真相，他大声呼喊：“吹吧，风啊吹破你的脸颊，猛烈地吹吧！你瀑布一样的倾盆大雨，尽管倒泻下来，直到淹没我们教堂的尖顶和房上的风信标吧！你思想一样迅捷的硫磺电火，劈开橡树的巨雷的先驱，烧焦我的头发吧！你，震撼一切的霹雳啊，把这粗壮的圆地球击平了吧！”[②]但这样的“丑陋”与其说是“世界”的，不如说是“人本身”的罪恶。疯癫讲述的不是世界终极的奥秘，只是关于人自身的真理。疯癫能看见丑陋，也能看见曾被遮蔽的“美丽”，李尔王临终前呼唤着死去的考迪利亚，“我们两人将要像笼中之鸟一般唱唱歌儿……用我们的意见解释各种事情的秘密，就像我们是上帝的耳目一样，在囚牢的四壁之内，我们将要看那些大人物的派系随着月亮的圆缺而升降，活得比他们都要长”。[③]在布拉德雷看来，李尔王“不是死于痛苦，而是死于狂喜的爆发”，[④]疯癫本身就是“末日”来临时的“终极狂喜”。人类的生活被“疯癫”擦亮，恢复了它的“澄明”，“天才与疯癫的同盟”[⑤]在莎士比亚这里被推向极致，这也是疯癫最后的美学之光。之

① 张泗洋，徐斌，张晓阳著：《莎士比亚引论》（上），北京：中国戏剧出版社，1989年，450页。

② ［英］莎士比亚著：《莎士比亚喜剧悲剧集》，朱生豪译，南京：译林出版社，2001年，第661—662页。

③ 同上，第706—707页。

④ Bradley. *A. C. Shakespearean Tragedy*. 3rd ed. New York：St. Martin's Press. 1992. p.252.

⑤ 同上，p.250。

后有关疯癫的隐喻和赞赏声偶尔间细碎地响起，“疯子是乌托邦的发明家，未来社会的制造者……我们带着孩子，跟着疯子走——走向光明去”，[①]但我们早已遗忘它枯竭已久的美学根系。

莎士比亚与伊拉斯莫斯一样，赋予“疯癫”以“终极性”的地位，“死亡”也不能“拯救”疯癫，李尔王、哈姆雷特和麦克白都在疯癫中不可避免地走进死亡；但莎士比亚又与伊拉斯莫斯不同，赋予了疯癫以巨大的悲剧性体验，无论是认清了高纳里尔和里根之丑陋的李尔王，还是毁灭了自身与奥菲莉亚的哈姆雷特，疯癫都裹挟着强烈的痛苦，“生存还是毁灭，成为一个问题”，疯癫抹去了“生存”与“毁灭”的边界。到了塞万提斯那里，堂吉诃德的“疯癫”是另一种形式的更大的悲剧，“疯癫”没有直接把堂吉诃德引向痛苦，他勇敢地与风车、羊群、啤酒囊等一切敌人作战，在“疯癫”中感受到“骑士”的荣耀、正义与满足，在幻觉中“成就其自身”。一旦“疯癫”被即将到来的死亡“拯救”，恢复“理性”的堂吉诃德才真正陷入痛苦的深渊，他意识到自己曾经的愚蠢，在“忏悔”[②]中否定了疯癫；但恰恰相反的是，人们却偏偏认同这样的疯癫，并为之献上墓志铭：“邈兮斯人，勇毅绝伦，不畏强暴，不恤丧身，谁谓痴愚，震世立勋，慷慨豪侠，超凡绝尘，一生惑幻，监殁见真”，因此，“死亡”并没有能力“拯救”疯癫，“死亡本身不能带来和平；生命的结束使生命摆脱了疯癫，但是疯癫仍将超越死亡取得胜利，

① 傅斯年著：《一段疯话》，转引自《新潮》（第一卷）第四号。

② 原文是：“……我知道自己的死期临近了，我尽管发过疯，却不愿意一疯到死。孩子，我要忏悔，还要立遗嘱，你去把神父他们请来。”转引自最后一章“堂吉诃德恢复神智后谢世”（《堂吉诃德》kindle 版本）。

这是一个令人啼笑皆非的永恒真理”。①

但莎士比亚和塞万提斯的作品并不位列17世纪的疯癫话语的星座中，它们是断裂的，与15世纪遥遥相映，共同唱响“疯癫”的美学之歌；但这已然是最后的赞美，疯癫的美学之光很快消殒，“疯癫”的终极性地位被剥夺，它不再享有与“死亡”相当的分量，更不可能战胜“死亡”。它开始沦为一个“纯粹的幻觉”，“真理”与“成就”都与之无关，疯癫只是一个彻头彻尾的错误。很快，古典时期的“疯人院”来了，“愚人船”彻底沉没。疯癫绝不可能再是“美的”，它被关进“疾病”阴冷晦暗的监牢，疯癫美学之光的消殒带来的一个重要结果，是人把自己标榜为“理性之光”照耀的“澄明”，将一切“不能被照亮”之物都驱赶至“非理性”的阵营，而人本身就是在这样的“区分”中“是其所是”的，“区分”暗藏的“暴力”被彻底忽略。而福柯正是要我们追问，“暴力”的诡计是什么？它的对象永远不只是疯癫。

我们从文学艺术作品中看到疯癫美学之光消殒的历史，但福柯要强调的是，我们所看到的绝不仅仅是时间，而是那样一片“空间”：是一片曾被“美学之光”照亮、又逐渐暗淡下去，以至于彻底陷入黑暗的天空，它与其说是“延绵”的时间的历史，不如说是被语言彻底“冻结”了的空间化的时间。福柯几乎不厌其烦地强调语言的空间性，“语言是空间……因为语言在时间中运作——它是言语链——它被用来显现时间。不过，语言的功能并非语言的存在，如果语言的功能是时间性的，那么严格来说语言的存在就是空间性

① ［法］福柯著：《疯癫与文明》，刘北成，杨远婴译，北京：生活·读书·新知三联书店，2007年，第27页。

的”。[①]语言的空间性、空间中所发生的“话语实践”、遍布在所有空间场中的权力关系的较量、空间中时刻生产着的“真理”话语，它们的背后是理性话语通过驱逐和捕捉非理性话语、把非理性话语宣布为“非法”，从而得以宣布自身之合法性的历史。更确切地说，这是当下的历史，是在我们的日常生活中时刻发生着的“今天的历史”。最终把“癫狂”收入囊中的“医学话语”，是福柯要去讲述的“真理”话语的一个重要表征。透过福柯的文本，在我们耳畔变久久回荡的是福柯永恒的质询：“真理”何以可能？！“真理”对每一个信仰真理的个体来说，意味着什么？这样的质询又为传播学研究带来了什么？这是我们的问题。

① ［法］福柯著：《文学与语言》，尉光吉，张凯译，转引自白轻编：《文字即垃圾：危机之后的文学》，重庆：重庆大学出版社，第 118 页。

第四章

传播学视域中的福柯

“从国家到家庭，从国王到父亲，从法院到日常惩罚的微小变化，从社会的统治力量到主体本身的构成结构，人们发现了一种仅仅按比例变化的权力普遍形式。”

——福柯：《知识的意志》

在福柯的著作癫狂史中，我们清楚地看到了广袤历史空间中的话语运动的复杂轨迹；重要的是，这种运动又绝非“中立的”、去意识形态的、结构主义式的运动，而是暗含了种种策略的战争式的运动，背后是由权力所推动的真理话语的自我构建，非理性癫狂话语在这场运动中的被收编、压制和改写的进程，就是真理话语运动最典型的案例。我们也尝试通过对话语运动轨迹的具体勾勒，把福柯的话语方法转化为能在一定程度上被经验性操作的研究步骤。但传播学对福柯思想的“开采”不能止步于此，因为非静态的、持续运动着的“话语”还不是福柯思想的核心所在：“话语”是手段，是福柯揭示社会现实（social reality）之如何可能的利器，而福柯的目的却始终在于探问人本身——即被真理和话语体系所捕捉的现代社会的个体如何可能从对象性的囹圄中破茧而出？

换句话说，如果“话语”是贯穿福柯思想的一条线索，[①] 那么

① “话语”一词在前期考古学著作中频繁现身，在后期系谱学研究中则隐而不见，但作为一种结构性支撑与理论视野的“话语”却贯穿始末。

“主体”才是福柯思想体系的核心：“主体”是“知识话语”与“权力”问题探究的最终目的。福柯曾明确指出：“我研究的总的主题，不是权力，而是主体。”[①]从第一部癫狂史的著作开始，福柯就显示出他对主体与知识之纠缠进程的探索激情。福柯在 20 世纪 80 年代的一次访谈中说道：“我考察的第一个问题就是，为何疯癫——从某个特定的时刻以及依据某些程序——被当作某种医学模式的疾病提了出来。疯癫主体是如何被置于由一种医学模式或一种知识所界定的真理游戏之中？”[②]尽管对主体的讨论是在哲学范畴展开的，对传播学学科来说显得较疏远，但传播学去“开采”和应用福柯理论，都无法绕过福柯的主体观。

“在《世界图像的时代》中，海德格尔指出，人不是生来就是主体（subject），而是一个一般主体（sub-jectum），人成为主体是笛卡尔之后的事情。”[③]“主体”于是随着笛卡尔所开启的近代“主体哲学”而诞生。在“主体哲学”中，“人”与“主体”画上了等号，“主体—自我”成为哲学反思的中心与基础。“主体哲学的一个根本特征在于主体与客体的二分思维，即把主体二分作为本体论的前提。”[④]位居“主体”地位的“人”站在世界的对面，被客体化的世界唯有依赖于主体所赋予的意义才存在。一句话，世界成为“人”的表象。在“主体哲学”中的“主体”具有至高无上的地位，“人”成为最澄

① 汪民安主编：《福柯读本》，北京：北京大学出版社，2010 年，第 281 页。

② 《自我关注的伦理学是一种自由实践》，1984 年 1 月 20 日 H. Becker、R. Fornet-Betancourt 以及 A. Gomez-Muller 对福柯的访谈。转引自汪民安主编：《福柯读本》，北京：北京大学出版社，2010 年，第 357 页。

③ 刘永谋著：《福柯的主体结构之旅：从考古学到“人之死”》，南京：江苏人民出版社，2009 年，第 16 页。

④ 龚群著：《从主体哲学到交互性主体哲学——后形而上学方法论问题》，《社会科学战线》，2002 年第 2 期。

明的原点。但“人”并不必然意味着这样的“主体”，在古希腊哲学中“人”尚未成为这样的“主体”，世界和人的关系尚未被割裂。

现代主体哲学最彻底的版本是实证主义，“通过将哲学‘技术化’，实证主义贬低了所有关于基础和意义的问题的价值，因为这些问题带有‘形而上学’特点”。[①] 实证主义的强力迅速裹挟了诸多学科领域，[②]而作为一门学科的传播学自其诞生之初就有着浓厚的实证主义氛围：行政研究的背后都毫无例外地预设了一个理性的意识主体，作为信息传播者的“人”，是对作为工具的语言的“使用者”，语言总是为人所使用的表达自身意愿或促成施事行为的媒介工具。经典的 5W 模式以最为精炼的方式概括出这种视角下的传播学研究的要素，以及由这些要素所打开和限定的问题域。我们看到，首要的、同时也是最重要的环节就是“传播者”，“他”使用了传播媒介、表达了自身意愿、把内容“输出”给交流的对象，最终产生了某种程度的传播效果。无论是对哪个环节的研究，都预设了一个“意识主体”，即一个有能力占有语言符号的“信息人”的位置。

从“主体观”出发，我们能够更好地理解传播学的两大学派之争，即行政学派与批判学派之间的持久争论和难以调和的局面。这种对立源于对主体问题的根本分歧。即便对于看似“中立”“客观”的媒介环境学派而言，主体并未被彻底悬置，尤其在以莱文森为代

① 《福柯与起源问题——阿尔都塞读“疯癫与非理性”》，蒙塔格，陈元等译，转引自［英］莱姆克等著：《马克思与福柯》，陈元等译，上海：华东师范大学出版社，2007 年，第 67 页。

② 虽然，它所遭遇的抵抗也从未平息，甚至有愈演愈烈之势，诸如后期现代哲学之现象学和存在主义对之所做的改良；结构主义、后结构主义、后现代哲学，以及布朗肖、福柯、德里达、利科、德勒兹等法国哲学家，还有来自文学、心理学、历史学等领域的学者对之不懈地挑战。

表的三代理论家那里，更是含而不露的：一代理论家因尼斯、麦克卢汉坚持自己悬置价值判断，作为冷静的观察者，对传播媒介在思想和社会中的影响做出科学的分析；[①] 但二代理论家波兹曼的文化批判和三代理论家莱文森的技术乐观主义倾向都揭示出纯粹的悬置之不可能，无论是技术吞噬文字所带来的“童年消逝”的悲观，还是对人体感知和认知模式进行模仿的技术本性决定了它必定服务于人的需要[②]的“乐观主义”，对媒介技术的忧虑或信心取决于一个理性主体的中心地位，即技术对人类理性的挑战和冲击，抑或是理性对技术的驾驭使其始终服务于理性，无论是悲观还是乐观，理性的主体的立场都内置于其中，“主体的悬置”充其量只是开端处所做的理论尝试。

我们看到，对“主体”所持的立场，结构性地影响了传播学研究的基本进路和发问方式。虽然对“主体”的讨论主要是在哲学话语中展开的，但它对于传播学研究有着极其重要的意义。接下来，我们需要发问的是，福柯的主体观是怎样的？

“令人难以捉摸的人物”，[③] 福柯的作品总是显得惊世骇俗，像一座“迷宫”。但“他的作品艰涩的原因并不仅仅由于他的自以为是，也不仅仅因为他预想创立一个只有通晓指令的人方可进入的知识圣

---

① ［美］丹尼尔·杰·切特罗姆著：《传播媒介与美国人的思想：从莫尔斯到麦克卢汉》，曹静生，黄艾禾译，北京：中国广播电视出版社，1991 年，第 177 页。

② ［美］保罗·莱文森著：《莱文森精粹》，何道宽译，北京：中国人民大学出版社，2007 年，第 4 页。

③ ［美］H. 德莱弗斯，［美］P. 拉比诺：《超越结构主语与解释学》，张建超，张静译，北京：光明日报出版社，1992 年，导论，第 2 页。

坛，而是由于他的思想的真正独创性”。[①] 在福柯那里，无疑有着对权力、真理和知识话语的独特的理解，一切“固定的”东西都“运动”了起来，它们在福柯的视域中高速流动，并在强大的力场中被褪下华服显露出复杂的面貌。但这种“独创性”之所以可能，不能忽略的是理论结构性支撑的福柯的“主体观”。福柯要问，在现代社会中是否可能蕴含了理性的“主体”？当站在现代西方哲学开端处的“理性主体”与如此这般的外部世界遭遇时，当“主体”被知识话语的“真理之网”捕捉时，“主体”已彻底消逝，转而沦为脆弱的“个体”。这样的“个体”如何可能再一次获得“主体性”？如果这是福柯的耳熟能详的判定（judgement），如果福柯与社会批判研究有着对话的根基，如果福柯与哈贝马斯所代表的建设理论之间既有无法弥合的争执也有所见略同的共识，如果我们要把福柯思想真正应用于传播学研究，那么，我们就不可能绕过福柯的“主体观”去直接谈论零星的理论片段，而必须返回哲学思想的脉络去把握福柯的主体之旅。

---

① 《纽约书评》于 1978 年 1 月 26 日刊登的普林斯顿高级研究所教授克利福德·格尔茨为福柯所写的书评。转引自［美］H. 德莱弗斯，［美］P. 拉比诺著：《超越结构主语与解释学》，张建超，张静译，北京：光明日报出版社，1992 年，导论，第 2 页。

第一节
“（意识）主体之死”：西方现代哲学史中的福柯

一、笛卡尔：意识主体的生成

现代主体哲学中那个“主体”是大写的、普遍的理性主体。理性，是人类所享有的普遍的“自然之光”。[①] 早期现代哲学的奠基人笛卡尔（Rene Descartes）如此阐述：

> 良知，是人间分配得最均匀的东西。因为人人都认为自己具有非常充分的良知，就连那些在其他一切方面全都极难满足的人，也从来不会觉得自己良知不够，要想再多得一点。这一方面，大概不是人人都弄错了，倒正好证明，那种正确判断、辨别真假的能力，也就是我们称为良知或理性的那种东西，本来就是人人均等的；我们的意见之所以有分歧，并不是由于有些人的理性多些，有些人的理性少些，而是由于我们运用思想的途径不同，所考察的对象不是一回事。因为单有聪明才智是不够的，主要在于正确地运用才智。[②]

① 笛卡尔以“自然之光”代表人所具有的普遍的理性思维，与之相对应的是“自然倾向”，它指涉人的本能与感性。但笛卡尔所关注的是前者，后期现代哲学现象学则把后者发扬光大。

② ［法］笛卡尔著：《谈谈方法》，王太庆译，北京：商务印书馆，2000 年，第 3 页。

在笛卡尔所代表的早期现代哲学家那里，主体被形而上学化了。这意味着主体被抽象为一个实体，人们所关注的是它的内在性，即围绕自我意识内向地追问人类的本质与秘密。"人"被抽象为纯粹的精神与意识，身体被机械化从而被排除出去，人的价值就在于其抽象纯粹透明的意识所在。在笛卡尔那里，人被认为是这样的"主体"，"一个在思维的东西，也就是说，一个精神，一个知性，或者说一个理性"。[①] 我们看到，理性是唯一的、无可置疑的、普遍的得以支撑起"人"这个实体的存在，"……我的本质就在于……我是一个实体，这个实体的全部本质或本性就是思维"。[②] 然而福柯则彻底击碎了这个抽象的纯粹主体，理性被釜底抽薪——在前文对《疯癫与非理性：古典时期的疯癫史》（下文简称《疯癫史》）的分析中，我们看到福柯呈现的那幅鲜活的战争场面，那是理性对非理性的压制与制服，那是理性得以成为理性的斗争历程，那是非理性被迫与原本同属一体的理性分离，并走向其对立面、走向疾病与静默无声的历史。尽管这场战斗以理性的大获全胜而告终，而理性与非理性的每一次纠缠与交战本身，都记录下了无可磨灭的历史空间的本有结构，福柯在《疯癫史》的首版序言中写道：

……历史的每一次诉说都伴随着缺失的发生。历史的丰富性只存在于空洞却又布满非语言的词语的空间中，这些词语使倾听者听到历史下面低沉的噪音，听到自言自语的语言的持续唠叨……这是被烧焦的意义的根。这还根本

① ［法］笛卡尔著：《第一哲学沉思集》，庞景仁译，北京：商务印书馆，1986年，第26页。

② 同上，第82页。

> 不是疯狂，这是分割疯狂的最初的顿挫。分割在现今被安排的统一体中重演、增加和组织；西方人所具有的时空概念使得拒斥结构得以显现……这个结构由有意义和无意义的东西构成，或毋宁说是由联系二者的相互性构成：尽管理性知识把疯狂当作疾病来消除、治愈，但是这个结构就表明了一个普遍事实：在我们的文化中，没有疯狂就没有理智。贯穿西方历史的疯狂的必然性是与这个决定互伴相随的，它从深层的噪音及其连续的单调性中分离出一种在时间中转移和完成的有意义的语言；简言之，疯狂的必然性与历史的可能性相联系。①

在福柯看来，根本没有什么大写的、普遍的理性，一旦先验的澄明被消解，由其所支撑的“主体”自然轰然倒塌。在哲学史上，现象学与存在主义也质疑了纯粹的意识主体，但福柯却做得无比彻底——不再只是争议理性的先验或经验，“意识—身体”的二元或统一，福柯彻底摈弃了形而上学的主体观，理性被阐述为一种支撑社会构成与主体构成的权力斗争。主体因而绝无可能再被视为一个实体，它只能是一种形式，是被权力策略所推动的不同的理性形式所进行的区分的结果。“……不同的主体形式之间存在着联系和矛盾……在每一种情形中，人们扮演着角色，建立不同类型的自我关系。我（福柯）所感兴趣的，就是这些与真理游戏联系在一起的不

① ［法］福柯著：《疯狂与非理性：古典时期的疯癫史》前言，转引自杜小真编选：《福柯集》，上海：上海远东出版社，1998 年，第 5—6 页。

同主体的历史建构。”[①]福柯就这样决然地倒转了传统哲学中主体的地位，“理性—主体—认识论—真理”的链条被彻底颠覆了，主体的普遍理性一旦被抽取，它的奠基性地位又何能复存？围绕理性主体延展开的认识论又何以存在？建立在这种认识论根基上的真理自然也就被摘下了桂冠。

二、胡塞尔现象学：主客体尚未分离的“前”状态

为了清晰地辨认主体哲学的发展历程，我们可以依据杨大春教授对现代哲学三大阶段的划分方法，即从笛卡尔时代到黑格尔时代的哲学称之为早期现代西方哲学（Early Modern Western Philosophy），黑格尔之后直至20世纪60年代初的西方哲学称之为后期现代西方哲学（Late Modern Western Philosophy），60年代以来的西方哲学称之为后现代西方哲学（Postmodern Western Philosophy）。[②]前面谈到过，由笛卡尔所开启的早期现代哲学把“人”视作能够“为自然立法”的、拥有普遍理性的意识主体，被主体化的“人”不得不面对身心二分的局面——理性的思维是心灵的本性，它是永不泯灭的不可分的精神实体；而人的身体只是肢体机械的可分的组合，是“由骨骼、精神、筋肉、血管、血液和皮肤组成的一架机器”。[③]这样的

① 《自我关注的伦理学是一种自由实践》，1984年1月20日H. Becker、R. Fornet-Betancourt以及A. Gomez-Muller对福柯的访谈。转引自汪民安主编：《福柯读本》，北京：北京大学出版社，2010年，第357页。

② 杨大春著：《语言 身体 他者——当代法国哲学的三大主题》，北京：生活·读书·新知三联书店，2007年，第2页。

③ ［法］笛卡尔著：《第一哲学沉思集》，庞景仁译，北京：商务印书馆，1986年，第24页。

等同于物体的身体（corps）被早期现代哲学排除出主体的范畴，“我思”保障了一个纯粹的、澄明的、意识主体的“我在”。在这种彻底的身心二元论中，主体对世界的表征只依赖于理性与精神，身体的任何感官实际上都臣服于理性。换言之，身体的感性的经验根本无法认识世界，“真正来说，我们只是通过在我们心理的理智功能，而不是通过想象，也不是通过感官来领会物体”。① 一个简单的转化式可以概括早期的意识主体哲学，人 = 理性 = 主体，在其中没有身体的位置，身体被遗忘了。围绕意识主体所展开的认识论，自然也不是对对象性质的真正关注，人被不断地推向自身的意识存在。从理性所占据的制高点上看过去，一切外在于理性的都是广延，语言当然也不例外，它只是意识表象的顺从的、透明的工具。因此语言在意识主体哲学的认识论中并无地位，语言的主要功能仅在于主体意识的表征，而主体与他人的关系（主体间性的问题）并不重要，作为交流的工具的语言自然也不被看重。

意识主体的地位在后期现代哲学中受到冲击。在胡塞尔现象学那里，语言不再只是对对象进行表述和指称的语词，“每个符号都是某种东西的符号，然而并不是每个符号都具有一个‘含义’（bedeutung）、一个借助于符号而‘表达’出来的‘意义’（sinn）。在许多情况中人们甚至不能说，这个符号所‘标志’的就是人们用这符号来指称的东西。而且即使这个符号有效，它也并不总是作为那种体现表达之特征的‘含义’而有效”。② 胡塞尔做了根本性的区分，意向活动与意向对象是不同的，对现象学来说，更重要的是说出语

① ［法］笛卡尔著：《第一哲学沉思集》，庞景仁译，北京：商务印书馆，1986 年，第 33 页。

② ［德］胡塞尔著：《逻辑研究》第 2 卷，倪梁康译，上海：上海译文出版社，2006 年，第 31 页。

言的"意向活动"，意向活动的背后总是潜伏着某种生活形式和一个先验的主体性。比如，一个推崇古希腊哲学的学者与一个孩童，他们都可以说出"苏格拉底"这个有着唯一指称对象的专名，但他们对这个表述的意向有着完全不同的方式。因为"苏格拉底"这个名字对于说出它的人来说，就已经是在一个巨大的意义背景和结构性的"意境"之中了，背后是具体的主体的意向活动和意向活动所预设的整个生活世界的支撑。"该先验自我的赋予意义活动赋予意义于自我本身在内的所有客体、自我的经验个体以及它'构成'的作为经验自我制约的文化和历史。"① 这是现象学最关注的东西，语词的含义首先是跟人有关系的，语词含义从体验上说和主体是分不开的，它实际上是由主体的意向行为所构成的，而且不同于含义所指称的对象。②

后期的胡塞尔进入发生（genetisch）现象学阶段，他强调意向性活动的意向构成之所以可能，就在于有一个被动的发生阶段（passive synthesis），"被动"的他人在这里绝非贬义，而意味着对主客二元的西方理性主义的超越。它指的是，在那个明确的意识主体的控制之外、理性的纯粹的"我思"之前，主体和客体尚未分开，对象化和概念化尚未达到，就已经有一个使得意向性构成成为可能的那样一个"前在的"构成阶段。③ 在胡塞尔的现象学中，那个理性主体之"前"的"我"与"你"、"我"与"世界"共在的状态显露出来，正是这样的一种境遇赋予了主体经验的独特性，这个"生

① ［美］H. 德莱弗斯，［美］P. 拉比诺著：《超越结构主义与解释学》，张建超，张静译，北京：光明日报出版社，1992 年，导论，第 5 页。

② 张祥龙著：《现象学导论七讲：从原著阐发原意》，北京：中国人民大学出版社，2011 年，第 163—166 页。

③ 同上，第 171—173 页。

活世界”不再是站在主体对面的、外在的、现成的世界。当“他人”出现，当语言与人的存在之间发生关联，现象学就更进一步地走向了生存论，[①]后来的海德格尔在这条路上走得更彻底、更远。

三、海德格尔：存在主义

海德格尔和胡塞尔一样，都强调观念化、对象化之前的生活世界的维度，都认为在主客体分化之前，有一个主客体尚未真正分开的人的生存世界。这是现象学对之前的西方理性主体哲学的巨大超越，它打开了一个全新的、一直被哲学家所忽视[②]的动态的“视域（horizon）”；海德格尔与胡塞尔不同的是，后者虽然给出了这样一个前认知的结构域，但这根本上还只是去理解先验主体的一种理论需要，胡塞尔认为它只是一个没有认知价值的原初生成领域，生活世界唯一的合理出路仍然在科学理性的认识那里；而海德格尔却认为视域本身就具有更原本的、科学认识所不能替代的价值，科学理性认识只是一种可能的发展方向而已，并且从理性知识中生出的现代技术反而蕴含着危险，对原初的视域造成压抑。[③]

如果说在胡塞尔那里还未彻底摆脱传统主体哲学的束缚，那么海

① 杨大春著：《语言 身体 他者——当代法国哲学的三大主题》，北京：生活·读书·新知三联书店，2007年，第49页。

② 这个问题被传统的西方哲学所忽视，它被驱赶到人类学、社会学那里。参见张祥龙著：《现象学导论七讲：从原著阐发原意》，北京：中国人民大学出版社，2011年，第187页。

③ 张祥龙著：《现象学导论七讲：从原著阐发原意》，北京：中国人民大学出版社，2011年，第187—189页。

德格尔显然比胡塞尔走得更远，他不愧是西方现代哲学史上最为杰出的标新独步者之一。海德格尔的存在论主体观对福柯有着极其重要影响，在福柯的身上，我们可以非常清楚地看到现象学和反人类学（主体）的印迹。福柯在访谈中明确提到海德格尔哲学对他的滋养：“这些笔记（这里指海德格尔的笔记——作者注）比我读黑格尔或马克思时所做的笔记重要得多。阅读海德格尔决定了我全部哲学的发展道路。但我认为尼采要超过他……我对尼采的了解当然比我对海德格尔的了解要深……但是单独一个尼采吸引不了我——但是，把尼采和海德格尔加起来，多么大的哲学冲击！”[①]从海德格尔到尼采，从主体形而上学的反思者到主体形而上学的终结者，从现象学到系谱学，从意识主体到身体主体，福柯汲取了主体理论的精华，却又超越他们并形成自己独特的立场。

对西方主体形而上学的质疑，海德格尔是彻底的。一方面，他承接了胡塞尔的发生现象学，存在论讨论的就是“前对象化”的问题，它要处理和必须处理的，是那个传统西方哲学认为对象化之前的、理性尚未开始的、不值得讲的那个“前……”阶段；另一方面，海德格尔比他的老师走得更远，胡塞尔虽然提出了这个阶段，但认为这个阶段之后的观念对象化也是非常重要的，而在海德格尔看来，这个“前……”阶段本身就是最为重要的哲学问题，海德格尔的哲学视域毕生都聚焦于此。这样的哲学视域带来了对“存在”的独特的理解。在海德格尔看来，传统西方哲学把“存在”当作一个对象化的概念来做形成上学的处理，根本遗忘了存在的“前”维度，而存在可能恰恰是离不开这个维度的，因为“人”的存在不可能是抽

① 包亚明主编:《福柯访谈录：权力的眼睛》，严锋译，上海：上海人民出版社，1997年，第116—117页。

象的概念、不可能一上来就是站在世界对面的、给出世界以意义的那样一个澄明的理性主体，“sein”总是必须在“Da”中获得意义。“此在（Dasein）”之“此（Da）”就“意味着人必须在与他者的关系中生成自己，离开了人与他者的关系就没有人的存在。换言之，人是一种关系型存在，人在关系中在，这关系就是‘此’”。[①] 因此，人的存在总是“在世之在（In-der-Welt-sein）”，是在实际生活经验中的境域式的、完全投入实际生活经验的存在者。[②]这个存在者与世界的关系，不只是说它在世界中存在，而要从更彻底的意义上理解，即没有这个世界，就没有它。如果一定要给出人的存在一个观念的对象化，那么也不可能脱离存在本身的境域来谈论；人的存在本身没有任何本质意义，只能通过此在自身的选择才能确定。[③]如海德格尔所言，“这种存在者假如竟谈得上是什么的话，那么这种‘是什么’也必须从它的存在来理解”。[④]

如果说胡塞尔那里还保留着“为世界立法”的康德的理性主体的痕迹，那么海德格尔则尝试彻底地抹去主体的优先地位，主体被还原为具体的现实的活生生的人。“此在”照亮了他人，也照亮了语言，在人与他人的联结中，在人所“居栖”于其中的语言“家园”中，海德格尔给出了独特的、去形而上学的主体观。形而上学的问题，在于“忽略了对人性而言最为重要的东西：在语言中发生的存

① 余虹著：《艺术与归家——尼采·海德格尔·福柯》，北京：中国人民大学出版社，2005年，第121页。

② 张祥龙著：《现象学导论七讲：从原著阐发原意》，北京：中国人民大学出版社，2011年，第234页。

③ ［美］迈克尔·弗里德曼著：《分道而行：卡尔纳普、卡西尔和海德格尔》，张卜天译，北京：北京大学出版社，第47页。

④ ［德］海德格尔著：《存在与时间》，陈嘉映译，北京：生活·读书·新知三联书店，1987年，第52页。

在和人之间的关系”。[①] 语言由此获得了全新的意义，它不再是“主体之思”的工具，而是人的存在之为可能的那个“家”的所在。

语言的本质，是以“人”为存在者命名的方式，带出存在者的存在。换言之，存在者的存在总是通过语言来被给予的，从而可以作为有意义的事物向人显现。于是语言在海德格尔这里，获得了一种动词的意味，它是自身意义对人的显现，它在与人的关系中获得存在。这种关系就是人要成为人，他就必须占用语言来命名事物以便让存在者显现；另外，语言要成为语言，它也必须占用人来用语言命名事物。人与语言在这种相互占用的关系中“是其所是”。[②]

语言内置了一种发生的维度，这是与主客二元的观念反思完全不同的另一个维度。“发生”要探问的是语言之何以可能的那样一种本源意义，去领会和整理一切对象化观念化之前的意义，这就是海德格尔的纯粹的解释学要做的。它要求解释者去倾听语言之源的声音，学会让语言自己“去说话”，进而理解我们是如何被语言所接受的、人是如何进入语言从而与在语言中活出我们如此这般的样子，而绝非是意识主体去“建立”和语言的联系。因此，在海德格尔这里，“解释学的根本问题不是有关如何正确解释某个现存文本之文意的技艺问题，而是如何聆听存在发送的信息并传达这一信息的问题……解释学不是一般的……方法论，而是存在论、语言学和人论”。[③] 语言构成了“Da”的境域，人的存在就是“sein”在“Da”中的显现，人从根本上就不是主体，人和他的世界总是裹在一起，

① ［美］伊森·克莱因伯格著:《存在的一代：海德格尔哲学在法国 1927—1961》，陈颖译，北京：新星出版社，2010 年，第 262 页。

② 余虹著:《艺术与归家——尼采·海德格尔·福柯》，北京：中国人民大学出版社，2005 年，第 164—168 页。

③ 同上，第 182 页。

世界是活的，语言也是活的。[①]

海德格尔深刻地影响了福柯，福柯对“权力—主体”的批判、对“人类学”的批判，都与海德格尔哲学有内在关联。海德格尔在《世界图像的时代》中指出，当人把自我意识设定为澄明的主体之际，人就也被自己的意识客体化了。

> 这也就是说，对世界作为被征服的世界的支配越是广泛和深入，客体之显现越是客观，则主体也就越主观地，亦即越迫切的凸现出来，世界观和世界学说也就越无保留地变成一种关于人的学说，变成人类学，……在这里人类学（anthropologie）这个名称并不是指某种关于人的自然科学研究，它也不是指在基督教神学中被确定下来的关于受造的、堕落的和被拯救的人的学说，它标志着那种对人的哲学解释，这种哲学解释从人出发并且以人为指归……[②]

对人类学的批判上，福柯以更激进的方式呼应了海德格尔。福柯在《词与物》中对语文学、生物学和政治经济学三大人文学科进行了自文艺复兴时期、古典时期，直至现代时期以来的考古学研究，给出让人惊叹的结论：在笛卡尔、康德之前的话语秩序中，根本没有人的位置。尽管自古典时期起，普遍语法、自然史和财富分析三大学科中已经认识到人的存在，但人只是作为与其他物种相同的一员，在分类秩序中并不占据特殊地位。也就是说，对人自身的认识

① 张祥龙著：《现象学导论七讲：从原著阐发原意》，北京：中国人民大学出版社，2011 年，第 245—246 页。

② ［德］海德格尔著：《世界图像的时代》，转引自《林中路》，孙周兴译，上海：上海译文出版社，1997 年，第 89—90 页。

论意识是不存在的。① “人”的出现，是在现代话语秩序中，人以认知世界主体的身份出现了；同时，人的限度也被知识所限定（人的身体被生物学所界定、人的欲望被经济学所发现，人的语言被语文学所捕捉）。福柯告诉我们，现代人说出符号、生产信息、揭示知识，人既是认知的主体，也是认知的客体；既是知识的建构者，又是被真理之网所捕捉的对象。福柯把所有建构人、限定人的现代人文学科称作“人类学（anthropology）”，他对此进行了彻底的批判，给出了“人之死”的激烈宣言，这是从根本上对被形式化的主体的嘲弄，以及对自由伦理主体的向往。

与之同时，当福柯宣布“人”这个诞生不过二百年的新生儿不再有资格作为完整的、线性的、发展的历史的奠基者；当大写的主体被解构为“劳动”“生命”和“语言”的有限的现代人；当话语替代了主体的位置，赋予主体能够这样或那样言说、行动、思考的可能性框架之际，福柯也与海德格尔一样远离了诉诸阐释技艺的解释学，并彻底走出它的框架限制——在其中，主体被呈现为一切文化创造的起源，所有曾在之物与逝去之物也就必定理想地再现于那种吸纳了传统的主体意识之中。② 相反，只有在话语的框架之中，“人”才得以成为被话语引导、自我实践、对象化的“主体”。因此，在福柯看来，话语是一种实践，这与海德格尔的语言观内在相通：人和语言在存在论的意义上是本质关联的，语言使得人的存在成为可能。

福柯的考古学和系谱学，背后都是对主体形而上学的彻底消解，

---

① Michel Foucault. *The Order of Thing*：*An Archaeology of the Human Sciences*. New York：Vintage Books，p.309.

② ［瑞士］菲利普·萨拉森著：《福柯》，李红艳译，北京：中国人民大学出版社，2010年，第123页。

福柯理论受到尼采、结构主义和现象学的影响，又在对它们的超越中以最彻底和激进的姿态完成这一解构。福柯要指认的是，这样一种建立在主体和客体以及同者与他者的对立之上的理性的结构，现在可能就要坍塌了。① 顺着这样一种作为视角的“话语”，可以看到福柯给我们描绘的故事总是无比的“鲜活”，这是“对象化”和“观念化”之前的最原初的“鲜活”。在《癫狂史》中，福柯带领我们穿越那广袤的、黑暗的、阴晦的历史空间，去看未被理性知识对象化、尚未被捕捉的癫狂的最初模样，而我们通常所熟悉的总是经由观念化之后的精神疾病。

在福柯的话语方法中，我们无疑看到了海德格尔的解释学：海德格尔把解释学划分为两大流派：其一是对社会学、文化研究、政治学以及传播学等学科产生直接影响的“日常解释学”，其主题是对在人们日常实践和话语中存在的、被实践者所忽视的“原始理解”，只要揭示了被掩藏的真相，社会实践者就会认识到它的存在从而消除误解。它源自“解释学（hermeneutic）”之希腊语词源（hermaneus）所涉的希腊神话中的“神使”赫尔墨斯（Hermos），他向人们传播命运的信息。因而解释学就是赫尔墨斯带来的解释的艺术，它试图发现句子下面的意义，这些句子即使不是上帝写的，也是过去写的。② 其二则是前文所谈到的海德格尔的存在主义解释学。福柯与海氏一样，“不相信隐藏的真理是包含在我们日常自我理解中

① ［英］罗伊·博伊恩著：《福柯与德里达：理性的另一面》，贾辰阳译，北京：北京大学出版社，2010 年，第 85 页。

② ［美］伊安·哈金著：《米歇尔·福柯的不成熟的科学》，孙长智译，转引自汪民安等编：《福柯的面孔》，北京：文化艺术出版社，2001 年，第 76 页。

误解的起因”。[①] 福柯的话语方法（考古学）正是站在这种意义的解释学的对面：“考古学……不想阐释文本，而想要展示句子之间的关系，说明为什么说出的是这些句子，而不是另一些句子。‘人们所说的事物中最重要的不完全是他们可能思考的，或这些事物再现思想的程度，而是从一开始就使这些思想系统化的东西。’”[②] 福柯所使用的考古学方法（以及系谱学方法，考古学是系谱学的工具）对社会文化解释明显与后期的海德格尔一脉相承，对社会行为实践的寻找深层意义的解释只是表象，并不能解释历史实践与人之主体构成之间的真相。[③] 被掩藏的真实恰恰相反，深层意义只是由文化结构所建构的真实，文化实践的根本目的在于使客体化的人在意义充斥的空间中把自身构建为知识和行为的主体。但是福柯的方法与海德格尔的存在主义现象学也有着很大的不同，“尽管海德格尔和福柯都试图分隔并联系那些构成支配客体和主体出现的空间的‘真实’规律，但海德格尔的方法是解释性的，或内在的，而福柯的方法则是考古学式的，或外在的”。[④] 这涉及与结构主义的关联，后面会详细阐述。

海德格尔取消了大写的先验自我，把意识主体置换为关系中的存在者“此在”。在福柯这里，我们可以窥见相似的主体状态——关系中被客体化的主体。但福柯所理解的主体更多地接近于尼采，他把权力关系视作主体存在的最关键最重要的形式。总而言之，我们

① ［美］H. 德莱弗斯，［美］P. 拉比诺著：《超越结构主义与解释学》，张建超，张静译，北京：光明日报出版社，1992 年，导论，第 8 页。

② ［美］伊安·哈金著：《米歇尔·福柯的不成熟的科学》，孙长智译，转引自汪民安等编：《福柯的面孔》，北京：文化艺术出版社，2001 年，第 76 页。

③ ［美］H. 德莱弗斯，［美］P. 拉比诺著：《超越结构主义与解释学》，张建超，张静译，北京：光明日报出版社，1992 年，导论，第 11 页。

④ 同上，第 101 页，注释 5。

从现代西方哲学对主体的思考进程中来把握福柯，将为深度的研究工作打下基础。

胡塞尔晚期的思想与海德格尔也影响了法国现象学哲学家莫里斯·梅洛—庞蒂（Maurice Merleau-Ponty），梅洛—庞蒂指出，“只存在两种主体性观念：空泛的、与世界脱离了联系的、普遍的主体性观念和充实的、融入世界中的主体性观念”。[①]他把海德格尔哲学的重心从存在哲学转向了生存哲学，“身体现象学”就是一种生存论观念，主体成为“现象的身体”，即某种依据视角与事物、世界打交道的东西。肉身化是庞蒂哲学的主题，在笛卡尔主义那里被机械化的身体获得了精神的灵性。主体客体之间的关系不再是认识论关系，而是一种存在关系，早期现代哲学的主客二分认识论被身体的精神化和精神的肉身化抛向一边。梅洛—庞蒂是现象学的彻底化的推动者，又是先验现象学的最彻底的批判者，他构建了最为彻底的身体现象学，真正确立了身体的主体地位。身体主体是对身心二元和心灵一元论的超越：心灵不再是独立的纯粹意识，而是栖息于身体与大地；“人”不再是向内的“我思”，而是杂然的“此在”所给予的一个肉身化的主体。[②]

身体现象学的区别于物理肉体的生命肉体是现代法国思想最重要的贡献之一。在福柯的主体思想体系中，意识主体彻底让位于生命肉体，或者说，意识主体的死意味着生命肉体的生。受现象学背景影响的福柯自然关注到梅洛—庞蒂的身体现象学，但福柯更多受到尼采的影响，他认为庞蒂的肉体概念之结构性常量太过模糊，以

---

① ［法］莫里斯·梅洛－庞蒂著：《哲学赞词》，北京：商务印书馆，2000年，第134页。

② 杨大春著：《语言 身体 他者——当代法国哲学的三大主题》，北京：生活·读书·新知三联书店，2007年，第18，145，150页。

至于理解肉体塑就技术的历史经验时并无具体用处，[①]而福柯所感兴趣的正是权力关系对顺从肉体的制造——被规训、摆布的肉体经验。福柯把现象学推向极致：庞蒂那唯灵化（spiritualism）的身体中精神层面的东西被彻底抹去，只留下物性化的身体——“人”之主体性所包含的意识与支配能力被彻底消解了，知识、道德与技术将人的身体编织进权力对象的蛛网中，当“人”被驯化为“有用的身体”，当身体经验完成其唯灵化和观念化历程之际，“主体”就生成了。

四、福柯：超越结构主义与现象学

福柯哲学与现象学的差异虽不是根本对立的，却表明了两大阵营的不同立足点：在后期现代哲学中，意识的、超然的、先验的、大写的主体渐行渐远，代之以经验的身体、关系中的存在者、在世的处境化的主体。也就是说，身体意向性取代了意识意向性，但主体问题始终是研究的立足点，即福柯所说的“人类学”的沉睡。尽管后期现代哲学做出了从沉睡中醒来的努力，但根本性的颠覆尚未形成，对个体生存与社会历史实践之文化冲突的哲学考量，最终还是落实在“大写的”“主动的”主体身上，是以揭示“人的真相”为目标的。总而言之，后期现代哲学尽管对早期现代哲学之意识主体提出了质疑，但依旧让主体处于中心位置，在坚持的人本主义立场下，对“主体”的思考导致的是主体之求真意志所带来的“知识”

---

① ［美］H. 德莱弗斯，［美］P. 拉比诺著：《超越结构主义与解释学》，张建超，张静译，北京：光明日报出版社，1992 年，第 148 页。

的结论。而包括福柯、结构—后结构主义在内的后现代哲学[①]则彻底颠覆了“主体—知识”的顺序，一开始就立足于知识文化结构，强调实践关系对于个体经验的塑造，从知识到主体的思路意在揭去“知识”对“人”的遮蔽，还原以科学与真理之名义的“知识”对身体的驯化与控制的真相，这是主体的真相，亦是权力的真相。如福柯所言，“并不是因为人们对人的道德关怀促使他们有了科学地认识他的观念，相反的是因为人们把人的存在建构为可能的知识对象，才发展出了当代人本主义全部的道德主题”[②]“……我相信不存在独立自主、无处不在的普遍形式的主体。我对那样一种主体观持怀疑甚至敌对的态度。正相反，我认为主体是在被奴役和支配中建立起来的……”[③]“我的目的是要创立一种据以在我们的文化中把人变成主体的各种方式的历史”，[④]我们看到，意向性的主体彻底退场了。

意识主体的真正退场所激荡起的反人本主义思潮在法国哲学史中表现为“从列维－斯特劳斯的结构人类学，经过拉康和福柯的工作，发展到德里达的‘后结构主义’的极端的反主体主义”[⑤]。“结构主义可以被理解为对现象学的一种方法论上的回应，试图消除胡塞

① 此处和前文一样，依据的是杨大春教授对西方现代哲学三个阶段的划分，即早期现代哲学，后期现代哲学和后现代哲学。

② 杨大春著：《语言 身体 他者——当代法国哲学的三大主题》，北京：生活·读书·新知三联书店，2007年，第223页。

③ 包亚明主编：《福柯访谈录：权力的眼睛》，严锋译，上海：上海人民出版社，1997年，第19页。

④ 《福柯的附语》，转引自［美］H. 德莱弗斯，［美］P. 拉比诺著：《超越结构主义与解释学》，张建超，张静译，北京：光明日报出版社，1992年，第271页。

⑤ 杨大春著：《语言 身体 他者——当代法国哲学的三大主题》，北京：生活·读书·新知三联书店，2007年，第18，145，192页。

尔把意义赋予先验主体的概念。”[1]福柯与结构主义有着颇为深厚的关联，他与罗兰·巴尔特、列维－斯特劳斯、雅克·拉康一起被称为“结构主义四大家”，尽管福柯本人在访谈中曾明确否认过：“我从来就不是弗洛伊得派，亦非马克思主义者，而且也从来不是结构主义者。”[2]但福柯的话语理论（考古学与系谱学方法）与结构主义的渊源是毋庸置疑的，可以说，明确福柯与结构主义的异同是理解福柯的重要通道。

从结构主义与后期现代哲学对待主体的态度上看，现象学存在主义关注的依然是主体，而结构主义则致力于探究社会文化现象的结构，主体或人在其中只是一种可有可无的要素，只是某种功能函项。[3]这与福柯话语理论的基本框架是一致的。在福柯对疯癫、临床医学、人文科学、性意识的考古学或系谱学研究中，“人”都只是扮演着被（知识）话语掀起的巨浪推向岸边的沙粒的角色。在话语所建构的不同的历时空间中，“人”呈现出不同的历时样态——神秘的道出真相的疯癫者，或沉默的癫狂病人（《疯癫史》对疯癫话语的考古学研究）；与动植物分属不同层级，却共处同一古典分类秩序表格上的安静的肉体，或被欲望、死亡和语言束缚的有限的人类生命（《词与物》对人文科学话语的考古学研究）；拥有自然（性）欲望的人，或性倒错等“不正常的”“有罪者”（20 世纪 70 年代后福柯对性意识与犯罪学的系谱学研究）……总而言之，在福柯的话语理

---

① ［英］詹姆斯·D. 马歇尔著：《米歇尔·福柯：个人自主与教育》，于伟，李珊珊等译，北京：北京师范大学出版社，2008 年，第 28 页。

② 《结构主义与后结构主义》，福柯与 G. 罗莱（G. Gaulet）的谈话，于 1983 年发表，转引自杜小真编选：《福柯集》，上海：上海远东出版社，1998 年，第 489 页。

③ 杨大春著：《语言 身体 他者——当代法国哲学的三大主题》，北京：生活·读书·新知三联书店，2007 年，第 18，145，85 页。

论中，完全没有“说话的人”的主体身份，而是由“陈述”所组成的话语构型决定着“人”在其中所处的位置，“……陈述的分析是在不参考我思的情况下进行的。它并不提出诸如谁说话的问题……而是应该理解为已说出的东西的整体，能够从中观察到的关系，规律性和转化……即它们指出说话的主体的特殊位置……”[①]“陈述主体是一个确定的和空白的位置。它实际上可以由不同的个体填充……”[②]这与结构主义的反主体重结构的根本立足点是一致的。

如果从整体上把结构主义分为原子论式的联想图式和涌现论的整体性图式的话，简单来说，前者是“人—人类”的思维范式，即从若干元素出发而来的一个原子论式的组织，其中的元素可以被孤立的识别，而不必参照它们在组织系统中的作用而定。整体等于部分之和。后者则采用“人类—人”的思路，即承认一个具有其结构规律的整体，以一种被认为是自然规律的“涌现”方式，提出整体性，其中的元素是由系统来决定如何被个体化为现实元素。整体所给出的元素间的可能性组合大于现实的整体。[③]德莱弗斯和拉比诺指出，首先，作为话语理论之奠基的考古学方法是断然区别于原子论的结构主义的。尽管“乍看起来，陈述是作为一个最差的、不可分解的、本身可能被孤立并可能同其他与之相似的成分一起进入某种关系游戏中的成分而出现的……陈述是在它充当构成成分的某个

① ［法］福柯著：《知识考古学》，谢强，马月译，北京：生活·读书·新知三联书店，2007年，第136页。

② 同上，第103页。

③ 《皮亚杰：结构主义的定义和整体性》，资料出自 http://zhidao. baidu. com/question/34864873. html

组织表层上出现的颗粒”，[①]陈述间的组合关系看似与原子论结构形式相仿，但实质上大相径庭：作为元素的陈述绝无可能被孤立认知，它必须依赖于话语网络。换言之，陈述只能是一种功能性存在物，离开了话语网络的陈述则完全失去意义。因此，陈述尽管可以显示为句子的形式，但它与句子的结构性质是根本异质的。句子的意义虽然必须依赖于语境，但其意义的未穷尽并不影响句子在语法上的完整和独立，而陈述在没有联结范围存在的情况下则毫无功能。

考古学与涌现论的整体性图式的关系则更为复杂，一方面来说，福柯与整体论结构主义者一样，认为作为元素的陈述的个体化取决于相关的陈述系统，诸如我们把关于疯癫病症的字面意思相似的医学表述都归于古典时期的话语类型，不是根据相同的符号能指，而是由它们在话语网络中所发挥的功能来判定。但福柯“比结构主义整体论更为激进，甚至对某个陈述的认同也必须取决于它的应用……‘陈述的这种确认不仅不能彻底地定位在它句子的确认关系中，而且根据由陈述制成的用法和它被掌握的方式，它本身是相对的，并且摇摆不定’”。[②]也就是说，陈述的功能性角色还取决于人们对它的认知、使用，即陈述得以运作的具体的实践背景。理解它对于传播学研究的价值无须赘言，媒介与陈述所获得的实践方式之间（即陈述的散播方式）的关联将打开一个新的问题域。在后文会详细阐述。

另外，考古学并不致力于发现某种静态的、共时的巨大话语结

① ［法］福柯著：《知识考古学》，谢强，马月译，北京：生活·读书·新知三联书店，2007年，第85页。

② ［美］H. 德莱弗斯，［美］P. 拉比诺著：《超越结构主义与解释学》，张建超，张静译，北京：光明日报出版社，1992年，第69页。

构，福柯指出,“考古学不想缓慢地从观念的模糊领域走向序列的特殊性或科学的最终稳定性；它不是一部‘光荣经’，而是对话语方式做出的差异分析”。[①]尽管福柯去探究话语得以呈现的“知识型”，但他并不认为存在某种形式上的先验条件。福柯只对具体的陈述体系感兴趣，把历时性引入了结构之中，因为他所真正在意的并非结构所孕育的诸多可能性，而是切实运作的、在实践中对“人”之主体构成产生作用的、具体的、作为存在物的话语形式。这是福柯自己所概括的与结构主义最为根本性的差异。[②]

把福柯置于现代哲学的脉络中，我们可以清楚地看到福柯对传统意识主体之主体形而上学的彻底颠覆，并受到现象学的影响，对现象学做出生存论层面的理解，有选择性地接受海德格尔和梅洛—庞蒂对主体与存在之内在关联、身体经验的理论，反对胡塞尔之主体先验性的观点。福柯和以结构—后结构主义为典型的后现代哲学家一样注重语言与话语结构，说话的主体则完全缺席了。但福柯又超越了结构主义，以更为激进的态度把动态的话语实践置于首位，并将历时性引入结构空间。只有把握了福柯哲学的总体轮廓，我们才可能较准确地走入福柯思想体系的内部，寻求深度的理论给养。当传播学与福柯相遇，会为传播学研究带来怎样的新问题?

① ［法］福柯著:《知识考古学》，谢强，马月译，北京：生活・读书・新知三联书店，2007年，第153页。

② ［美］H. 德莱弗斯，［美］P. 拉比诺著:《超越结构主义与解释学》，张建超，张静译，北京：光明日报出版社，1992年，第70页。

第二节
传播学视域中的福柯：权力，知识与交往关系

一、福柯与传播学符号学派

约翰·费斯克（John Fiske）把传播宽泛地定义为“借助讯息而进行的社会互动”，[①]对传播学内部两大学派的划分则依据对待“社会互动”和“讯息意义”的不同态度：其一把讯息视作社会互动——个人与他人之间发生联系——的媒介，传播就发生在讯息的交流过程中，费斯克将之称作“过程学派”；其二则把讯息理解为个体社会化（个人被确定为社会文化成员的过程）的要素，讯息并无什么先在意义，意义只在互动进程中产生，这也是一种动态的结构性实践过程，由信息生产者、接受者、信息支撑对象、信息之符号载体形式等各要素组成，费氏称之为“符号学派”。对“符号学派”而言，对传播的研究就是对文化与文本的研究，在方法论上关注符号与意义的符号学为主要研究方法。我们看到，费斯克以“价值无涉”的方式划分了两大学派，悬置了“美国经验学派”和“欧洲批判学派”的划分方式中所隐含的态度倾向与价值判断。

在费斯克那里，“社会互动”和“讯息意义”被看作传播学研究的两大核心问题。这为流派划分之外提供了另一种清晰的路径，我们不妨借此来展开对福柯思想的探究。首先，在“符号学派”看来，

① ［美］约翰·费斯克著：《传播研究导论：过程与符号学》，许静译，北京：北京大学出版社，2008 年，导论，第 1 页。

“社会互动”不同于“过程学派”所理解的个人与他人发生联系，或影响他人的行为、思想和情绪的过程，而是个人确定为特定文化或社会成员的过程。对应于此，福柯的思想体系中也包括了对“社会互动”的态度，他在“个体是如何成为主体的？”问题中展开对“主体”的深刻反思，个体主体化的进程也正是社会互动的进程。其次，不同于过程学派将讯息看作是由传播过程所传递的传播者之有意或无意的信号，“符号学派”认为讯息是从符号结构的动态实践进程中产生的。可以说，“讯息意义”是动态实践进程的结果，传播不再是从 A 到 B 的讯息传递，而是意义生成的过程。由此处放眼福柯的思想体系，我们看到，后期的系谱学研究重点转移到了知识话语之生成及其传播扩散的内在机制中，福柯对权力关系与知识[①]话语之内在关联的揭示，勾勒出权力—知识话语对交往关系和其他关系类型的渗透图景。正是在这样的传播扩散进程中，知识话语获得了其“真理”的地位，换言之，知识传播的实践机制就是知识话语获得“真理”之意义的进程。当“讯息意义”以“真理”的方式被解读、接受、遵从、实践之际，个体的“主体化”便也“大功告成”了。

传播学遇见福柯，一方面意味着我们可以围绕“传播与社会互动”“传播与讯息意义”等主题来展开研究工作；但另一方面，传播

① 福柯对权力与知识之关系的分析是在人文科学范畴内进行的，并非严格意义上的（自然）科学。福柯指出：“……在人文科学里，所有门类的知识的发展都与权力的实施密不可分。当然，你总是能发现独立于权力之外的心理学和社会学理论。但是，总的来说，当社会变成科学研究的对象，人类行为变成供人分析和解决的问题时，我相信这一切都与权力的机制有关——这种权力的机制分析对象（社会、人及其他），把它作为一个待解决的问题提出来。所以人文科学是伴随着权力的机制一道产生的。”转引自福柯与皮埃尔·博塞涅（Pierre Boncenne）发表于 1984 年的访谈，载包亚明主编：《福柯访谈录：权力的眼睛》，严锋译，上海：上海人民出版社，1997 年，第 31 页。

学与福柯的相遇，并不代表学科视角可以就此覆盖和取代理论的哲学原貌，相反，对后者的尊重正是对这场“遇见”之契机的把握的前提，充分的理论给养才成为可能。

福柯之个体“主体化”的社会实践进程，与符号学派对社会互动过程的强调在理论上达成共鸣。费斯克指出，从传播研究方法来看，“符号学派”抛开了“过程学派”对线性传播模式的依赖，转而从结构性模式，即各传播要素间的关系来分析意义的生成过程。意义在这种结构性空间中获得动能，走出了作为绝对“概念”的静止状态，它在由符号所组成的关系网络之间运动。他强调，名词性的“意义”的说法是不确切的，“表意行为（semiosis）”更为恰当。[①] 我们可以发现，福柯的话语研究方法（在方法论层面，以考古学为工具）与符号学派有诸多共性：即便是最严肃的、站在“真理”地位的（人文）科学话语，也被福柯抛回至广袤的人类历史空间中，它不再是一个“理所当然、毋庸置疑”的“对象”，或者说，根本就没有什么“实在的”外在对象与所谓的“科学”的意义绑定在一起，而是在动态的话语实践（discourse practice）过程中恢复其作为“一个过程”的自身：它总是在与其他话语类型的争夺、利用和压制的进程中登上“科学”的宝座。福柯为我们描绘了一幅永不间断的斗争的图景，它是对静态的权威的颠覆，从而彻底抹去了意义的荣光。我们看到，福柯与符号学派的意义生成论相遇了：在符号学派那里，“符号的意义，并不是由现实或经验的特点所决定的，而是由符号系统中相关所指之间的界限所决定的。因此，意义更多是由符号和符

① ［美］约翰·费斯克著：《传播研究导论：过程与符号学》，许静译，北京：北京大学出版社，2008 年，第 46 页。

号之间的关系来确定，而不是由符号与外部世界的关系来确定”。[①] 两者都消解了讯息意义的先验性，坚持把讯息置于动态的、意义生成的进程之中；但福柯又超越了符号学派，意义生成的结构不是福柯最关注的问题。

从根本上看，以结构的范式理解符号必然与研究者所预设的“主体”框架密切关联（这在前文详细谈到过）。福柯与“符号学派”一样，彻底颠覆了意识主体的位置，那么话语与意义自然也就挣脱了这个“说话的人”。

在《超越结构主义与解释学》的著作中，我们看到，拉比诺把两者间最重要的分歧概括为，“结构主义者研究可能性，而考古学者研究存在物”。[②] 换言之，结构主义符号学更关注结构本身，即孕育诸多可能性意义的结构性关系，而福柯则把焦点对准结构关系的生成与实践过程。结合传播学的研究领域来看，诸如我们所熟悉的使用符号学方法对广告和电视等媒介文本的研究，或者罗兰·巴尔特对“迷思（myth）”之社会实践功能所做的意识形态解构，以及英国文化研究对媒介文本之社会性使用的分析等，在这些研究中，我们看到，焦点聚集在“意义”得以生成的结构性空间中，即无论是从宏观层面展开的整个社会结构（对整个社会体系中权力与资源之分配的关注），还是从微观上进行对人们日常生活体验的研究，结构主义符号学都试图在“意义”所赖以形成并活动于其中的“符号—符号”或“文本—受众”的结构性空间中找出“隐藏的”规则，深

① ［美］约翰·费斯克著：《传播研究导论：过程与符号学》，许静译，北京：北京大学出版社，2008 年，第 44 页。

② ［美］H. 德莱弗斯，［美］P. 拉比诺著：《超越结构主义与解释学》，张建超，张静译，北京：光明日报出版社，1992 年，第 70 页。

层的二元对立关系扩散在文本的符号元素之间或宏观的社会实践中：诸如符号文本利用“男性—女性”“女孩—女人”“丈夫—妻子”等二元关系来构建有关“社会性别”的“共识”，这正是意识形态实践的进程。总而言之，探究某种形式的先验条件，即“跨文化的、与历史无关的、确定无意义元素可能性置换的全部空间的抽象规律”[①]是结构主义符号学的目标所在。

而福柯对此则兴趣寥寥，在其后期的系谱学研究中，考古学阶段所讨论的“话语构型”也被搁置了下来，目光转向了结构性运动本身，也即“真理意义”的实践过程，以及包括传播扩散进程在内的整个实践运动所内在的权力运作机制。这就是福柯的问题：话语如何在与权力的纠缠和联姻中获得其作为意义的真理身份？而对于生成“真理”的抽象的、共时性的先验形式，福柯却并不追问。确切地说，福柯也并不认为存在某种先验形式，福柯只承认话语所依托的先验“条件”，[②]对此的关注也只是维持了一段时间（在考古学时期），后期的福柯已从话语的样态表层潜入话语实践的内部，他要追问的是：建构“真理”的策略性机制是什么？人如何被“主体化”，即成为作为“真理”的知识的对象与主体？我们可以说，福柯以更为激进的态度超越了结构主义的视野，他认识到，语言在社会实践中的使用比语言本身的结构更为重要。

由此我们不妨就从作为“真理”的知识话语“意义”的权力运作机制开始，从传播学视域展开对福柯思想的探索历程。

---

① ［美］H. 德莱弗斯，［美］P. 拉比诺著：《超越结构主义与解释学》，张建超，张静译，北京：光明日报出版社，1992 年，第 69 页。

② ［法］福柯著：《知识考古学》，谢强，马月译，北京：生活·读书·新知三联书店，2007 年，第 134 页。

二、福柯的权力观

福柯的《规训与惩罚》被普遍认为是一部具有转折意义的著作，它标志着福柯从考古学向系谱学研究的转变，关注对象从话语转向权力。福柯在20世纪70年代经历了一系列社会活动之后，兴趣有所转变，但这并不能被夸大到断裂的程度：无论是疯癫话语、临床医学话语、人文科学的话语，还是规训权力、治理术、性经验话语，福柯始终致力于研究人是如何被塑造为“主体（subject）”的——人们把自己训练成为符合整个社会所需要的“主体”，同时，也以此来衡量他人的“主体性”。[①] 福柯在《主体与权力》中明确谈道：“我研究的总的主题，不是权力，而是主体。”[②] 但是权力问题是主体研究的必经之路：“主体在被置入生产关系和表意关系的同时，他也会同样地置入非常复杂的权力关系中。”[③]

“权力”是福柯思想体系的关键词之一，也是传播学领域提及福柯时普遍谈到和应用的一个重要概念。我们看到，在已有的传播学相关文献中，对“权力”概念有两种最常见的使用方式：一种把福柯所谈的“圆形全景监狱（panoptique）”图景应用于现代媒介社会，另一种是将大众媒介置于“权力关系”中来做分析。但仅以“全景监狱”来表征现代媒介技术对“人”的“规训”功能，或只将大众媒介视作对现有关系之力量对比的修正、放大或调整，都只是冰山一角，难以深度、全面地应用福柯理论，甚至还可能造成相关误读。

---

① 高宣扬著：《福柯的生存美学》，北京，中国人民大学出版社，2010年，第92页。

② ［法］福柯著：《主体与权力》，转引自汪民安主编：《福柯读本》，北京，北京大学出版社，2010年，第281页。

③ 同上。

前面一再谈到过，理论的应用只能建立在对理论的深刻理解之上，我们不能仅“取一瓢饮之”，不能孤立地看待“权力”，不能将“权力”与“媒介批判”生硬地嫁接在一起，必须在“权力”的整个体系中，即“权力—知识”“权力—主体”的关系中来理解。

在上一章，我们谈到过海德格尔之存在主义现象学对福柯的影响。其中，海德格尔取消了孤独的、个体的意识主体，将“人”置于与其他存在者的关系中来思考“人”的存在形式。这种对主体的存在主义视角深刻地影响了福柯，福柯对“主体”的分析始终是在主体所浸润的关系中进行的。换言之，“主体”之所以得以生成，完全依赖于“人”所置身于其中的“关系”——是人与他人的关系，是人与物的关系，也是人与语言的关系。但福柯与海德格尔不同的是，他更多地吸纳了尼采的观念，从而把“权力关系”视作根本性的关系。“人”正是在“权力关系”中被建构为社会所需要的“主体”的。

自《规训与惩罚》始，福柯把目光转向话语实践内部的权力运作机制，由此从专注于话语运动的考古学演变为聚焦于权力机制的系谱学。福柯在去世前的著作《性史》中对之做了清晰的区分：“我既不分析各种行为，也不分析各种观念，更不分析各种社会及其‘意识形态’，而是分析人得以成为能够和必须被思考的对象的‘各种质疑’…… 这一分析的考古学方向使分析各种形式的质疑得以可能，而它的系谱学方向则使分析各种质疑形式从实践及其变化中如何形成自己得以可能。”[①]福柯的意思是，考古学的分析是为了揭示话语形式本身，而系谱学则是致力于研究话语实践与非话语实践的社会关系，从而把注意力从单纯的话语形式转向实践领域，即在实践

① ［法］福柯著：《性经验史（第二卷：快感的享用）》，佘碧平译，上海：上海人民出版社，2005 年，第 113 页。

中话语形式得以生成的机制。福柯由此把“权力”引入了新的向度之中，“权力—知识”的胶合上升到本体论的地位，研究于是获得了与现实紧密相关的政治学色彩。[①]我们看到，对权力的理解必须在其与知识的复合体进行，不存在离开权力的知识，反之亦然。福柯20世纪70年代在法兰西学院授课时明确谈道：“……（权力）仅仅只是在建构知识的条件下才能运转，知识的建构对于它来说既是后果也是得以发挥作用的条件。”[②]理解“权力—知识”的复杂关系可以从几个问题展开：首先，从“权力不是什么”来了解权力是什么，即福柯所言“权力”与我们所熟悉的权力理论有何区别？其次，“权力”如何发挥其功能，即“权力”具体施展运作的方式是什么？最后，“权力”具体运作的技术形式有哪些？只有厘清这些问题，才能立体地理解福柯的权力理论以及整个思想轮廓。从传播学的角度来说，对“权力”的思考开启了传播学的诸多研究领域：“意义”的传播扩散技术、社会实践中的“意义”生成以及“社会互动”的实践方式与结果等。而所有这些研究问题都围绕着一个核心延展开，即“媒介”以及“信息的传播扩散”究竟在福柯的思想体系中处于什么样的位置？换言之，我们该把它们置于福柯理论链条中的哪一环节？具体包括，媒介或信息的传播方式在“知识（话语）—权力—主体”系统的哪个进程中发挥了何种功能？

福柯不愿意为“权力”给出一个定义式的总结，更不曾为之专门著书，尽管他在著作中孜孜不倦地试图勾勒出权力运作的轨迹。因为福柯从不打算打造一座精细的理论宫殿，他在一次访谈中说道：

① Michel Foucault. *Historian or Philosoper? Clare O'Farrell*. London：the Macmillan Press Ltd.，1989，p.63.

② ［法］福柯著：《不正常的人》，钱翰译，上海：上海人民出版社，2003年，第53页。

“……我是一位实验者，而不是一位理论家。我所说的理论家，是指那些或者通过演绎、或者通过分析的途径而建构一个一般的体系的人，而且，他们往往对于不同的领域都始终采用同一种方式……”[①] 同样，对于“权力”，福柯指出：“……‘权力是什么’这个问题完全是一个理论问题，它给这一切戴上王冠，我不愿意这样……”[②] 由此，我们可以从权力问题的背面入手来理解权力，即福柯所思考的权力不是什么？

福柯对英国政治学家霍布斯（Thomas Hobbes）之权力论进行了彻底地批判。霍布斯在其重要著作《利维坦》（1951）中，用这样的比喻来阐释国家权力：神话中的食人妖魔利维坦被转化为一个庞大的国王的形象，他的躯体是由数量庞大的单位个体机械地聚合而成，国家机器就是这样一种以强制性规范力量对诸多个体所实施的统治，个体从而被转换为社会成员，并凝结成一个整体。概括起来，霍布斯权力理论的核心是“统治权论”：人们拥有“生而平等”的自然权利，国家统治权正是缘于人们对自身权力的让渡，通过契约的制度化，个体放弃并转移了对权力的拥有，从而接受国家或集体的统治。国家所掌握的权力是一种“统治权（sovereign）”，它不同于“统治（domination）”，“统治”意味必须经历战争的动态过程，而“统治权”则是人们为结束战争而对他们的自然权力进行的让渡，或是战败者对权力的新的让渡——从原有的统治者转移到新的统治者手中。但这并不意味着统治者剥夺、拥有了所有个体的权力，而是作为全

① Michel Foucault. *Dits et écrits. Vol.* IV. Paris：Gallimard.，1994，pp.41-42，转引自高宣扬著：《福柯的生存美学》，北京：中国人民大学出版社，2005 年，第 72 页。

② ［法］福柯著：《必须保卫社会》，钱翰译，上海：上海人民出版社，1999 年，第 12 页。

体个体的代表，“在这种置换的情况下……代表者的所做的，每一个人就通过它也做了……在这个机制中，只有意愿、协约和代表的游戏”。[①] 非常重要的一点是，福柯指出，霍布斯从不谈论为“统治”而实施的、得以成为一个国家的、前在的真正的“战争”——力量悬殊的、有战斗和流血的战争。在霍布斯看来，原始战争只是一种在天然平等的对手间存在的“战争状态”，它是一种算计、谋略、策划和意愿。如霍布斯在《利维坦》中所言：“战争并不仅仅在战场上和实际的战斗中；而且在战争的时间间隔中（就是战争状态），在其间，兵戎相见的意愿得到充分证实。”[②] 总而言之，霍布斯的目的是要解开“统治权”与“战争”之间的关系链条，不论是国家得以产生之初的先在的原始战争，还是国家确立之后的“改朝换代”，国家的确立或新的统治者的确立都与战争无关。“统治权的建立不知道战争。无论有没有战争，都会以同样的方式建立起来。实际上，霍布斯的话语是对战争说‘不’：并不是战争产生国家，它在统治权关系中没有地位，战争并没有把以前在战斗中表现出来的力量关系的不平衡带到民事权力之中——它的不平等之中……一句话，霍布斯要抹杀的是征服，或者说要抹杀的是在历时话语和政治活动中对征服这个问题的利用。”[③]

在“契约理论”的经济主义模式中，权力被视作一种实体，人们像拥有财产一样拥有它，权力即是权利，因此可以部分地通过法律行为来实现转移或让渡。政治权力（统治权）正是建立在社会的

---

① ［法］福柯著：《必须保卫社会》，钱翰译，上海：上海人民出版社，1999 年，第 83 页。

② 同上，第 82 页，引文 6。

③ 同上，第 86—87 页。

每个个体全部或部分地让渡其所拥有的权力之基础上的。在这种情况下，让渡或转移权力的过程是不重要的，它只是一个被忽视的瞬间。另外，还有一种“经济功能理论”，它与上述权力“契约理论”全然不同，在马克思主义的概念中可以找到它的踪迹。权力在浓厚经济色彩的笼罩下成为一个连续性的完整体系，权力的源头应该在生产关系中寻找，权力的主要功能在于既维持现有生产关系，又再生产阶级的统治。在这种情况下，政治权力在经济中找到了它历史性的原因。①这两种权力论显然差异甚多，但它们都在“权力”与“经济”之间系了个死结——前者以商品作为模型分析权力，权力能像商品一样被占有、流通、让渡或转移，权力与财富的类比由此贯穿（理论）始末，国家权力以强制性的方式自上而下；后者虽然反对权力契约理论，但仍然对权力关系做了化约处理，将所有的权力关系都归于占据经济统治地位的阶级利益，其结果就是忽略了多元的、非政治性的、微观的权力关系，把经济利益视作权力关系的基点与唯一指向。

福柯并不反对经济与权力的关联，但他认为这种关系是复杂多元的，权力不是某个阶级或团体的单质的统治现象，它并非以经济领域为核心再四处辐射，而是散布于社会机体的各个角落：医院、学校、家庭、工厂、机关……权力并非某种实体，亦不是运动的流体，所谓的源头更是无从谈起，它是分布在各种社会关系、交往关系中的强度不均衡的力量整体。换言之，权力是一系列关系的整体，“……它们的角色是建立、维持和转换权力的机制，这些关系不是自我生成的，也不是自我存在的（autosubsistantes），不是建立在它

① ［法］福柯著：《必须保卫社会》，钱翰译，上海：上海人民出版社，1999年，第12页。

们自己身上。权力不是建立在自身之上，也不是从其自身出发得到的……在生产关系的旁边和上面，权力机制前来修改和阻挠这些关系，或者使这些关系变得更加稳固、协调、持久”。[①] 福柯所说的关系，包括家庭关系、两性关系、医患关系、师生关系等诸多关系，权力只能内在于这些关系之中，“它只在行动中存在”。[②] 至于国家权力的运作形式，福柯在 20 世纪 70 年代的演讲和授课录中多次对霍布斯所代表的传统国家权力理论进行批判，福柯所要表明的是与之相反的权力观——对动态的、流体的、遍布整个社会网络的力量关系给予了极为充分的强调。在福柯看来，利维坦式的国家权力实质上延续了建立在王权之上的封建君主体制的国家话语，是一部人为的、单一的自动化机器，它抹去了所有个体的行为实践历史与可能，把抽象的统治权视作国家的灵魂，将权力囿于制度、法律和国家形态的框架之内，完全忽视了社会实践中活生生的“力与力之间的较量”过程，而那才是福柯分析权力的视角——抛开对概念和定义的迷恋，走出把权力视作孤立现象的思维范式，在权力的复杂的实践运动中发掘它所行使的技术与策略。

从“统治权”到“统治”，福柯把权力理论推向了崭新的维度。在那里，没有处于中心地位的国王，只有相互关系中的主体；没有在唯一机构中的统治权，只有在社会实体内部发生的、作用着的复杂多样的奴役。[③] 总而言之，福柯从不追问权力的源泉是什么，他所思考的权力并不是某个可以被明确把握、分析的对象，而是这种权

---

① ［法］福柯著：《安全、领土与人口：法兰西学院演讲系列，1977—1978》，钱翰，陈晓径译，上海，上海人民出版社，2010 年，第 2 页。

② ［法］福柯著：《必须保卫社会》，钱翰译，上海：上海人民出版社，1999 年，第 13 页。

③ 同上，第 25 页。

力关系本身，即权力运作的动态进程。它包括权力应对“他者”的种种策略，以及权力对可能遭遇到的各种抵抗的应对方式。这种动态的“权力”把非话语实践与话语实践整合在一起，构成一个巨大的权力系统，替代了中心发散式的强权统治。但这个系统总是不平衡的，甚至不足以被称作一个严格意义上的“系统”，“除非从最广义的意义上看，稳定性的固有逻辑是不存在的”。[①]

福柯把“统治”从“统治权”的阴影中释放出来，赋予它流动的活力。因此，我们知道，即使在国家和平或制度稳定的状态下，权力的动态角逐依然在内部悄悄运作。这是一场无声的战争。关于这一点，福柯在1976年的法兰西学院授课录中，通过对卡尔·冯·克劳塞维茨（Carl Von Clausweitz，1780　1831）格言（“战争是通过其他方法继续的政治”）的反转阐释他对权力与战争关系的理解。军事理论家克劳塞维茨在《战争论》中谈道，“战争仅仅是政治用其他手段的继续……不仅仅是政治行动，而且是政治真正的工具，用其他手段的继续……”，[②]福柯反转了该命题——“政治是通过其他方法继续的战争”。我们看到，与上文谈到的福柯对霍布斯权力理论的批判态度一样，福柯再一次强调了非实体的、始终表现为力量关系较量的权力运作形式。另外，福柯还试图说明，无声的战争仍在和平时期的每一个社会细胞中进行。政治不是终止一场战斗中的不平衡状况，而是对这种悬殊的记录，并通过在接续的无声战争中维系差异的果实，政治不过是战争的一种形式而已。福柯跨出了

① ［美］H. 德莱弗斯，［美］P. 拉比诺著：《超越结构主义与解释学》，张建超，张静译，北京：光明日报出版社，1992年，第245页。

② ［法］福柯著：《必须保卫社会》，钱翰译，上海：上海人民出版社，1999年，第20页。

政治权力之“契约—压迫”的传统法律模式，把“战争—镇压”的新图式揭示给人们，“斗争—屈服”的关系才是权力的本质所在。福柯使用了“镇压（repression）”[①]一词来描述权力运作的斗争本质，尽管福柯使用了这个军事化的比喻和有压制意味的词，但福柯所言的“镇压”，与契约理论和经济功能理论中对权力所持有的法律制度形式的、铁板一块的、压抑的、集权化的压迫状态完全不同，它“……只是统治关系的简单后果。在这种继续的战争加工出来的假和平中，镇压除了是永久的力量关系的实施以外什么都不是”。[②]福柯采用军事的比喻、战争的视角，用斗争和屈服的比较，只是为了替代传统权力视角的合法性与不合法性的比较。[③]福柯一再地阐释权力的斗争本质，是为了强调中心问题不再是“权力是什么”，而是“权力如何运作”，即分析权力关系的内在机制、策略、目的与功能。

三、理论的超越性：从马克思到福柯

在福柯的作品中，巨大的历史空间掩盖了时间的长河，后者的延绵不绝从来不是福柯要强调的，他只乐意讲述权力在广袤无垠的

---

① 福柯在后期逐渐放弃了对“镇压”一词的使用，尽管关于军事的比喻仍在使用。因为“镇压不能清晰充分地揭示出权力的生产性方面准确来说指的是什么……（并且）这（镇压）是一个整体上消极狭窄的权力概念”。参考［英］詹姆斯·D. 马歇尔著：《米歇尔·福柯：个人自主与教育》，于伟，李姗姗译，北京：北京师范大学出版社，第 85 页。

② ［法］福柯著：《必须保卫社会》，钱翰译，上海：上海人民出版社，1999 年，第 16 页。

③ ［美］南希·弗雷泽著：《福柯论现代权力》，转引自杜小真编选：《福柯集》，上海：上海远东出版社，1998 年，第 136 页。

空间中的变化多端的故事。在关系中的权力运动，这对于传播学研究来说，又将带来怎样的理论启发？讲到权力，对中国学者来说最熟悉的可能是传统马克思主义范式的权力批判，在传播学中聚焦为“意识形态—媒介”的主题，主要是对媒介所构建、传播的意识形态的符号内容进行解构。如果我们要问，福柯眼中的权力运动与这种视角的差别，就需要知道与权力密切相关的“意识形态”在马克思那里是怎样的，福柯又是如何讲述的。

马克思首先是在《德意志意识形态》（1845）中明确使用了“意识形态”的表述。马克思通过“意识形态”概念实际要关注的是支撑“现代国家（state）”政治的宏大观念：市民社会中所谓的有产者即资本的掌管者一方，以及被剥夺了资本的另一方，这两者之间的支配关系，不能以人对人的统治的方式直接实现，而必须通过私有财产权力的方式被实现。因此，必须借助于现代国家来完成，因为只有现代国家才能够有普遍的法律关系，才能赋予市民社会中的每个个体以平等的私有财产的权利。所以，市民社会中一方凭借私有财产对另外一方的统治关系，在现代社会中，被实现为现代国家借助于法律对市民社会的统治。重要的是，现代国家对于市民社会的这样一种权力，又不能够直接被理解为权力，而需要罩上新的理性的形式。马克思指出：“以观念形式表现在法律、道德等中的统治阶级的存在条件（受以前的生产发展所限制的条件），统治阶级的思想家或多或少有意识地从理论上把它们变成某种独立自在的东西，在统治阶级的个人的意识中把它们设想为使命等；统治阶级为了反对被压迫阶级的个人，把它们提出来作为生活准则，一则是作为对自己统治的粉饰或意识，一则是作为这种统治的道德手段。”[①]权力要被理解为是“观念（idea）”的化身，要被理解为政治哲学中的“正义（justify）”和自由、博爱。因此，现代国家对于市民社会的统治要被实现为“观念的统治（rule of ideas）”，而这样的一种观念，正是意识形态。

作为人与人之间“观念的统治”的意识形态再一次被讲述，是在《经济学手稿（1857—1858）》中，这个时候马克思的讲述方式是不一样的。他要强调的是在市民社会内部，人和人之间的关系不仅体现为相互隔离和相互对立，而且体现为人和人之间借助商品形式，结成一种普遍的交往关系；它对于关系中每个人来说，是一种独立的存在和外在的物。这样一种普遍的交往关系，与被嵌在关系中的每个人之间的真实联系是：每个人都被普遍的关系所统治。而人被这种普遍的、以物的形式出现的关系所统治，实际上是人和人之间的统治关系获得了普遍的、客观的形式。“通过独立的个人的接触而表现的社会联系，对于他们同时既表现为物的必然性，同时又表现为外在的联系……对于这种独立性来说，社会存在固然是必然性，但只是手段。”[②]而这种普遍的社会关系，对于每一个人的统治，又不能够直接表达为物对人的统治，要被表达为观念和规律对人的统治。所以在资本主义社会中，实际所发生的是“抽象的统治（rule of abstraction）”，在这样的统治机制下，主体之为主体的特殊性被彻底抹去，主体首先是作为交换者的流通主体，“每个主体都处在这一规

① ［德］马克思，［德］恩格斯著：《马克思恩格斯全集》（第三卷），北京：人民出版社，1960年，第492页。

② ［德］马克思著：《经济学手稿（1857—1858）》，转引自《马克思恩格斯全集》（第三十一卷），北京：人民出版社，1998年，第355页。

定中，即处在同一规定中，这恰好构成他们的社会规定……作为这样的人，他们不仅相等，他们之间甚至不会产生任何差别”。[①]

我们看到，意识形态在马克思那里，有三个主要方面：（1）意识形态一定是虚假的，因为它实质上是“观念的统治”，它在现代社会中表征为法律、道德文本等具体形式。“观念”本质的“意识形态”与“生产关系”是两个不同的层次，前者是为了后者的持存和再生产。（2）意识形态要维系的是不平等的生产关系所决定的不平等的人与人的关系，它要遮掩的是阶级统治的实质。围绕生产关系展开的社会交往关系，始终是马克思主义的焦点。（3）意识形态不只维系了使得现代国家成为可能的社会生产秩序，同时也造就了被统治阶级的“无差别的主体”，或者说，意识形态带出的是对被统治阶级的“主体”的抹杀。

于是，传统马克思主义与西方马克思主义的当代批判理论之间的关联和差异显明起来：首先，意识一定是关于社会存在的意识，观念不可能有独立的历史，这是马克思所强调的，这一点在批判理论那里被承接下来，阿多诺在《启蒙辩证法》中就很明确地去探问社会存在决定的意识作为意识的内在规定性，从而去探问能够对意识形态起到限定作用的、同样是人的意识、人的观念的规定性又是怎样的。可以说，马克思只是遥指观念是由社会现实带出的，而批判理论则对观念的理性的脉络一探究竟。

其次，一般认为，马克思主义版本的唯物主义理论似乎就是经济决定论，经济基础决定上层建筑。但重要的是，在唯物主义那里，并非说社会关系就不是被观念所中介的，它要强调的是，社会

① ［德］马克思著：《经济学手稿（1857—1858）》，转引自《马克思恩格斯全集》（第三十一卷），北京：人民出版社，1998年，第358页。

关系必然是被观念所中介的，而在中介之后的整个结果当中、在实际的社会现实中，它还是有结构、有层次的，即必须有早期的物质生产关系的瓦解，才会有新的关系出来。比如必须有早期的、以土地为载体的农奴和贵族之间关系的瓦解，才会有对“劳动”“财富”和“人”的观念上的新的思考。当然，这些观念本身不足以带来一切，必须经过新的社会关系的中介，再度落实为社会生产关系，它才算真正完成了社会形式的变迁。但马克思理论的生发点和落实点都是社会生产关系，它当然需要观念的中介，但不能只从观念出发去理解历史变迁，而必须能够在观念得以变化、得以中介的过程中，找到源头处和这样一种社会形式能够稳定下来的结构的支撑点。这是历史唯物主义强调的经济的优先性的真正含义。因此，我们可以清楚看到，批判理论并非对马克思主义版本的彻底翻转，而是理论的重心不同，批判理论给予了观念更多的，或是足够的重视，作为“观念”的意识形态从来只在社会实践中现身。意识形态“提供了一种理解框架，借助于该框架，人们得以阐释、理解、体验和‘生活’在一个能找到自身的物质环境之中”。[①] 诸如在阿尔都塞那里，它总是“在‘意识形态国家机器’（学校、家庭、政治、法律、工会和交往媒介）中被制度化或得到实现”。[②] 福柯与阿尔都塞一样，都热衷于撕去真理的外衣，让捕捉和召唤主体的权力的游戏和轨迹暴露得一清二楚。但相对于阿尔都塞对马克思主义的忠诚而言，福柯不愿意被贴上任何标签，他认为使用意识形态的表述是需要谨慎的，因

① Stuart Hall. Cultural Studies and the Centre：Some Problematics and Problems. In *Culture*，*Media*，*Language*. Working Papers in Cultural Studies，1972–1979，Stuart Hall etc. (eds.). London and New York：Routledge，1980. p.20.

② ［美］马克·波斯特著：《福柯、马克思主义与历史：生产方式与信息方式》，张金鹏译，南京：南京大学出版社，2015 年，第 34 页。

为在马克思那里，“同作为经济基础或经济、物质决定体起作用的某种东西相比，意识形态是第二位的”，[①]而福柯毕生的精力都放在作为“观念”的话语实践中。

再者，在马克思那里，意识形态最终带出的是主体的消亡，确切地说，是被统治阶级的主体意识的陨落；在这一点上，我们看到，福柯的“话语视角”同样关注的是“真理—权力”机制下的现代社会中的“主体性”的“消亡”，他和马克思一样，“话语”和“意识形态”都致力于对“真理”的解构；但福柯的话语视角是绝不限定于工人阶级，话语范畴“是像鹰一样遨游于社会历史过程之中，时刻准备着扑向人和看似合适的主体”。[②]另外，马克思理论的意识形态的生发，有着明确的观念的统治阶级的主体性。而对于“去主体”的福柯来说，“意识形态必然要参照作为主体的某样东西”，[③]这是福柯拒绝使用意识形态概念的重要原因之一。也就是说，把意识形态的“观念”的源头置于主体之中的、马克思主义式的“向主体的回溯（reference back to）阻止了人们用福柯更偏爱的方式去检查观念，因为话语的可理解性并不源自主体”。[④]

现在再回到马克思主义式的、在传播学研究中较为集中的“意识形态—媒介”主题，我们就很容易发现，一部分研究把媒介内容视作包裹了意识形态的、自上往下的、“压制式”的权力传播的方

① 《米歇尔·福柯访谈录（1976 年 6 月 A. 丰塔纳和 P. 帕斯奎诺对福柯的访谈）》，转引自杜小真编选：《福柯集》，上海：上海远东出版社，1998 年，第 436 页。

② ［美］马克·波斯特著：《福柯、马克思主义与历史：生产方式与信息方式》，张金鹏译，南京：南京大学出版社，2015 年，第 34 页。

③ 《米歇尔·福柯访谈录（1976 年 6 月 A. 丰塔纳和 P. 帕斯奎诺对福柯的访谈）》，转引自杜小真编选：《福柯集》，上海：上海远东出版社，1998 年，第 435 页。

④ ［美］马克·波斯特著：《福柯、马克思主义与历史：生产方式与信息方式》，张金鹏译，南京：南京大学出版社，2015 年，第 72 页。

式，或主要使用狭义的[①]文本解释学的方法，致力于找出“谁在说话？”，即那个虚假意识形态的主体是谁。如威廉斯所言，马克思的某些教义不可避免的引起纷争，最主要的问题是马克思主义对于文化问题的思考，马克思主义的文化阐释似乎很容易陷入刻板的方法论；其基本框架是“主体范式”的，是一个阶级对另一个阶级的权力作用，或者说意识形态是占统治地位的社会阶级/阶层所“生产”的、以“虚假的、观念的”方式发生的、对被统治阶级/阶层的文化“支配”。在这种“统治权”的视野下，权力被化约成一种支配过程，在此过程中，一种思想颠覆破坏或收买同化另一种思想，它是一个集团或阶级对所有其他集团和阶级行使领导的一种过程。[②]我们看到，这种被僵化了的马克思主义的研究范式，与福柯的“话语—权力”观之间有着根本性的差异。

马克思有时的确把意识形态看作是“虚幻意识”（false consciousness）[③]，整个上层建筑就是由“各种不同的情感、幻想、思想方式和世界观构成的”，再经由传统和教育让个体接纳它们，并“以为这些情感和观点就是他的行为的真实动机和出发点”[④]，在这层意义上，意识形态是对立于真理的虚假。福柯在1976年的访谈中明确拒绝使用意识形态的概念，福柯指出，“不管人们愿意与否，这个概念

① 前文谈到过海德格尔的解释学，以及解释学的三种向度。这里指的是不同于海德格尔的狭义解释学。

② [美]斯蒂文·小约翰著：《传播理论》，陈德民，叶晓辉译，北京：中国社会科学出版社，1999年，第411页。

③ [英]雷蒙·威廉斯著：《文化与社会1780—1950》，高晓玲译，长春：吉林出版集团有限责任公司，2011年，第282页。

④ [德]马克思著：《路易·波拿巴的雾月十八日》，转引自《马克思恩格斯选集》（第一卷），北京：人民出版社，1972年，第629页。

和真理之间始终存在着潜在的对立”，[①]福柯并不是否定它的“虚假性”，而是在福柯看来，“问题并不是要在话语中划分什么具有科学性和真实性，什么属于其他性质，而是如实地了解在本身非真非假的话语中，真理效应是如何产生的”[②]；也就是说，福柯的话语实践告诉我们的是，包括真理话语在内的所有的观念的话语都是权力运动的结果，根本没有“真理”和“虚假”的对立；另外，自指为一门“科学”的马克思主义理论本身，在福柯看来，就是一种生产出被压制的实践的话语。[③]这是彻底地反总体性理论的福柯所不能接受的。

除了传统的马克思主义范式的研究之外，还有英国文化研究在其发展进路中对“意识形态—媒介”主题的关注。英国文化研究是在资本主义时代较晚的时期从历史的远景中浮现出来的，英国文化研究经历了三个阶段[④]：第一个阶段是20世纪50年代及60年代初期的早期阶段，主要是由霍加特（Richard Hoggart）、威廉斯（Raymond Williams）和汤普森（E.P. Thompson）发展起来的文化研究方法，诉诸保护工人阶级文化以抵抗文化工业的冲击。在早期阶段，法兰克福学派的理论资源，尤其是文化工业理论对于意识形态的精辟断定，潜移默化地影响到文化研究。批判理论关于意识形态与主体再生产的论断和文化研究对于大众文化的批评不谋而合，它

① 《米歇尔·福柯访谈录（1976年6月A. 丰塔纳和P. 帕斯奎诺对福柯的访谈）》，转引自杜小真编选：《福柯集》，上海：上海远东出版社，1998年，第435页。

② 同上。

③ ［美］马克·波斯特著：《福柯、马克思主义与历史：生产方式与信息方式》，张金鹏译，南京：南京大学出版社，2015年，第72页。

④ 对这一部分的相关材料参考［美］道格拉斯·凯尔纳著：《错失的接合——法兰克福学派与英国文化研究》，转引自许纪霖主编：《帝国、都市与现代性》，南京：江苏人民出版社，2006年，第275—302页。

们的分歧主要在于对产业工人阶级价值和地位持有不同观点。总体来说，激进主义是文化研究早期的进路。

第二个阶段则以1963年霍加特和霍尔（Stuart Hall）成立伯明翰大学当代文化研究中心为开始标志，到20世纪80年代早期，这可谓是文化研究的经典阶段。在这个阶段，伯明翰学派的成员们把注意力集中在包括大众传媒在内的文化语境中的意识形态表述上，诸如民族、种族、性别和阶级之间的相互作用，传媒文本的受众研究也是这个时期的重点。这一时期，以早期的伯明翰学派为代表的英国文化研究是对第一阶段的激进主义潮流的延续，阿尔都塞和葛兰西等人的马克思主义的文化研究方法渗透在以霍尔等人为代表的研究视野、方法路径和观点之中。文化霸权和意识形态再生产是威廉斯等文化研究学者与法兰克福学派所共享的观点，他们尝试将文化抵抗作为对抗资本主义社会的一种形式。文化研究和批判理论的区别在于，前者聚焦于媒体文化和流行文化，而后者则关注“高雅”文化。

第三个阶段则是从20世纪70年代晚期到现在，“后福特主义”或“后现代主义”成为资本主义的新的阶段性特征，后现代镜像、传媒文化与消费文化在新时期热烈萌发。道格拉斯·凯尔纳指出，这也是文化研究理论路径转变的一个重要阶段，文化研究与批判理论的关联被彻底切断，此时的文化研究强调消费文化对混合身份的构建而忽略了经济、历史和政治的因素，而与社会批判理论的“作别”意味着其对经济、历史和政治因素的完全忽视。从理论视野转向上说，这一阶段的文化研究被化约了，对批判理论框架的放弃意味着研究对深度的抽离。

前两个阶段是文化研究的早期经典模式，批判理论和马克思批判政治经济学潜移默化地影响了文化研究，传媒文化是高度意识形态化的，是对个体合理化的再生产。有了法兰克福学派、福柯、阿尔都塞、葛兰西等重要批判理论的思想资源的给养，更新了在庸俗化的马克思主义文化理论那里备受争议的“反映论”。威廉斯犀利地指出，英国的马克思主义者对马克思主义的文化理论的随意调用导致理论一片混乱，文化艺术与人类社会之间的辩证关系被曲解和机械化。经济和社会发展是“决定意识”的“现实基础”，艺术反过头来也对整体社会发生改变和影响，而这遭到了粗暴的忽略，文学艺术由此只剩下单一的功能性，只作为对现实基础的一种简单反映；① 而批判理论框架的引入，使得社会建构论替代了文化反映论，“文化不再被视为仅仅是其他进程——经济的或政治的进程——的反映，而与经济或政治的进程同样被视为是现实社会的构成部分”②。在批判理论的资源中，以福柯、德里达等人为代表的后结构主义流派对伯明翰学派有重要影响，强调“异质性（heterogeneity）”的激进主义态度强有力地推动了英国文化研究的批判向度的发展，尤其“对于依赖于旧日法国思想的文化研究所经历的非批判的从属时期来说，有强烈的积极意义”③，霍尔在《两种范式》一文中指出，福柯理论“使得重返一种受欢迎的研究方式成为可能，即对特定的意识形态和话语构成做具体分析，也重返它们所生成的场域之中”④。伯明翰学

① ［英］雷蒙·威廉斯：《文化与社会 1780—1950》，高晓玲译，长春：吉林出版集团有限责任公司，2011 年，第 289 页。

② Paul du Gay etc.(eds.). *Doing Cultured Studies*. London：SAGE Publications and the Open University，1997. p.2.

③ Stuart Hall：*Cultural Studies*：*Two Paradigms*. In John Storey (ed.). *What Is Cultural Studies*?：*A Reader*. New York：St. Martins Press，1997. p47.

④ 同上。

派在福柯理论的推动下，对表征的生产性特性有了新的关注和理解，也对边缘群体、民族主义等问题投去目光。如霍尔所言，“就像符号学家一样，福柯是一个‘构成主义者’，但是他与他们不同，他不是通过语言，而是通过话语关心知识和意义的生产”①，“他（福柯）的著作对当代表征和意义理论已经产生了重大的影响，这一点几乎无可置疑”。② 福柯的“话语—权力”颠倒了“自上而下”的“统治”，他关注的是流动的、四面八方的、始终在运动中的、弥散的、话语实践场中的权力关系，这为文化研究注入了新鲜的血液，表征不再只是语言学领域的问题，而是弥散在社会空间中的、致力于生产“真理”的话语实践。文本从索绪尔符号学的静态结构中跃出，成为一个“权力场”，“一个充满竞争的场所，在那里个人或集体表达对立的利益并为争夺文化权力而斗争”。③

但即使是早期经典时期的英国文化研究，与福柯的理论视野之间还是有差异的。虽然前者受到批判理论和政治经济学的丰富给养，但如上文所述，英国的马克思主义者对文化理论的机械和不恰当使用（即使是汤普森这样的马克思主义者也会对文化理论做出不恰当的调用、批评和阐释④），使得“意识形态”难以克服“整体化”的阐释框架，它在理论上的表现是对“去意识形态”的“真理”的诉求，如霍尔所言，“理论的任务就是要实现对社会现象‘系统的、有

① ［美］斯图亚特·霍尔著：《表征：文化表象与意指实践》，徐亮，陆兴华译，北京：商务印书馆，2003 年，第 16 页。

② 同上，第 52 页。

③ ［美］斯蒂文·小约翰著：《传播理论》，陈德民，叶晓辉译，第 423 页，注释 29。

④ 可参考汤普森对莫里斯的 1887 年的著作《纽卡斯尔记事》（*Newcastle Chronicle*）的批评，相关内容见［英］雷蒙·威廉斯：《文化与社会 1780—1950》，高晓玲译，长春：吉林出版集团有限责任公司，2011 年，第 288 页。

说服力的解释’，因此把社会普遍化和总体化的努力注定是可能的，也必然能‘抓住和领会’复杂的资本主义社会秩序”。尽管霍尔也承认理论公式与社会现实之间的罅隙不可避免，理论具有历史性，它“不可能彻底摆脱意识形态”[①]但在福柯看来，理论就必然是意识形态的，没有什么站在“虚假的”意识形态对面的“真理”，真理也只是知识话语实践的结果。

到了第三阶段，后现代理论转向中的文化研究强调差异、分歧和多元，这个阶段的文化研究对马克思主义的态度是“暧昧的”，一方面霍尔和约翰逊 (Richard Johnson) 等文化研究的核心人物坚持马克思的资本流通模式，另一方面霍尔、费斯克（John Fisk）等人又远离马克思政治经济学并把以法兰克福学派为代表的批判理论不恰当地指责为经济还原论而抛弃使用。这样的“暧昧”导致了文化研究对马克思政治经济学和西方马克思主义批判理论的放弃和疏离，而后现代叙事一旦缺失了宏观视野下对文化、社会与经济交互作用的分析，对异质性的强调就会显得“单薄和单纯”：只看到全球文化的差异性和多元性，媒体文化表面的丰富性和包容性，却忽视了文化垄断的同质性霸权在这场盛宴背后的权力构建和欲望生产机制。因此，文化研究就显得过于“乐观和积极”，在一定程度上放大了个体抵抗的向度。[②]

① Chin-Hwa Flora Chang. *Post*—Marxism or Beyond：Hall and Foucault. *Journal of Communication Inquiry* 10 (1986)；p.73. 转引自张秀琴著：《马克思意识形态概念的“文化大众主义”解释——以伯明翰文化学派斯图亚特·霍尔为例》，《南京社会科学》，2012 年第二期，第 47 页。

② ［美］道格拉斯·凯尔纳：《错失的接合——法兰克福学派与英国文化研究》，转引自许纪霖主编：《帝国、都市与现代性》，南京：江苏人民出版社，2006 年，第 284—285 页。

而对于福柯来说，一方面，作为权力关系的力与力的较量是微观的、实践的、散布的、历史证实的，这在福柯前期的著作中尤为突出，因为他关注的是那些不直接参与资本主义生产的人，对于他们的行为使用怎样的规范技术；另一方面福柯又非常明确地把对权力的分析置于宏观的视野之中，承认国家相对而言是一种“元权力”，即让自己得以运转的一种“限定—被限定”的权力关系，控制其他的权力网络使之臣服于自己。因此，微观的、散布的权力关系或是逐渐被规制、设计、合理化和集中于一种形式之下，或置于国家机构的祖护之中。[①]这主要体现在其后期著作中，福柯关注的是“政治解剖学”的重要内容，即把人和生产机器捆绑在一起，从而建立以抽象劳动为基础的、关于时间的资本主义政治经济学。[②]因此，福柯着眼于“规训”，又不陷入“悲观”，而是在权力的较量中发现作为策略的“抵抗”。权力关系流经所有的国家机器和社会机构并不在任何一处停留，最终穿越每一个个体并在个体的心灵上留下不可磨灭的痕迹，福柯形容它是一种“厚密的组织”[③]，反抗点也同样分布在社会组织的各层级之中，反抗的可能性穿透所有个体。在这里，我们看到，福柯站在了法兰克福学派所致力达到的位置上，即克服经济还原论之后所实现的文化自主，福柯也由此拉开了与文化研究的距离，对“乐观”的不恰当放大背后是理论框架上的缺憾。

---

① ［法］杰索普著：《普兰查斯与福柯笔下的权力与策略》，转引自［英］莱姆克等著：《马克思与福柯》，刘森林主编，陈元等译，上海：华东师范大学出版社，2007年，第90页。

② 同上，第88页。

③ ［法］福柯：《求知之志》（《性意识史》第一卷），转引自杜小真编选：《福柯集》，上海：上海远东出版社，1998年，第347—348页。

四、权力推动下的知识生产

从意识形态的理论切口，我们看到福柯与马克思主义理论、文化研究之间的关联与差异。这种差异性坐落于福柯的主体观和权力论，因此，当传播学研究去应用福柯理论时，必须把握这样一个基本事实："福柯不仅仅对体现具体权力形式的各社会机构进行批判，他还批判社会认识论的持续体系，因为正是这些体系造就了这样一些机构并使它们合法化。"[①] 这样的合理化的结果是生产出作为"真理"的知识，这也正是福柯审慎使用"意识形态"概念的重要原因之一，因为在对"虚假的"意识形态批判的背后是对所谓真理的肯定。福柯指出，"在意识形态概念背后的乃是对一种自明的、运作时不存幻想、不出差错的知识的怀念"，[②] 在福柯那里，知识根本无所谓澄明、正确或谬误，知识只是被权力生成、合法化，并弥散于整个社会肌体的东西。由此所展开的媒介批判，要求分析者必须聚焦于媒介建构认识论的整个体系、运作策略与规则。具体来说，我们可以提出的问题是：媒介是如何参与进真理话语的生产与流通中的？真理话语有哪些传播扩散机制？而不仅仅是在媒介文本的表层来挖掘、解构隐藏在背后的某种意识形态深意。在前文方法论的章节中，我们谈到过，无论对于考古学还是系谱学时期的福柯而言，反意识主体的立场在话语实践中都一以贯之。在福柯看来，我们要追问的并非"……思维、描述、形象、主题，萦绕在话语中的暗藏或

① 丹尼尔·卢瓦克著：《我们的空间日渐狭窄——阿多诺与福柯：在无处不在的迷幻中进行哲学思考》，转引自［德］马文·克拉达等编：《福柯的迷宫》，朱毅译，北京：商务印书馆，2005 年，第 171 页。

② 《米歇尔·福柯访谈录（1976 年 6 月 A. 丰塔纳和 P. 帕斯奎诺对福柯的访谈）》，转引自杜小真编选：《福柯集》，上海：上海远东出版社，1998 年，第 435 页。

明露的东西，而是话语本身，即服从于某些规律的实践”。[①] 话语说出的永远是全部。作为“真理”的知识话语与非话语实践的勾连机制，才能真正道出权力的秘密。那么，置于福柯思想体系中的大众媒介——它既（有可能）承载了知识话语的符号，又充当着非话语实践机构的一种类型——开启了怎样的研究领域？

关系中的权力如何施展，如何影响、征服关系中的“他者”？传统批判理论家们给出了“生产意识形态”的答案。福柯不否认庞大的权利机器会伴随着意识形态的生产。诸如，可能有教育的意识形态，君主权力的意识形态等。“但在底层，在权力网络所及之处，正在形成的我不认为是意识形态。这是很少的。我认为更多的是知识形成和积累的实际工具，这是些观察的方法、记录的技术和研究探索的程序，是些检验的工具。也就是说，权力，当它在自己细微的机制中运转时，如果没有知识的形成、组织和进入流通，或者毋宁说没有知识的工具便不能成功，那么就不需要意识形态的伴随和建构。”[②] “知识”在福柯这里，从认识论的高台上走下来，成为权力的工具。

（一）知识与权力

“知识成为权力的工具”，这句话可能会招来“知识即权力”或“权力即知识”这样“蹩脚”的理解，福柯对此嗤之以鼻，他在多次访谈中指出，他的任务确切而言就是研究两者间的关系，但如果它

① ［法］福柯著：《知识考古学》，谢强，马月译，北京：生活·读书·新知三联书店，2007 年，第 152 页。
② ［法］福柯著：《必须保卫社会》，钱翰译，上海：上海人民出版社，1999 年，第 31 页。

们是同一性的两个事物，就根本无须再做任何研究了。[①]“知识”与“权力”是两个不同的概念。在上一章中，我们谈到过福柯对“主体”的态度，在“意识主体已死”的框架下所展开的“知识”视角，摆脱了认知层面的表层的科学。对于这种意义上的知识，福柯使用了 connaissance 这个法语来表征；而福柯所感兴趣的知识，是与认识论意义上的真理无涉的 savoir（知识），“它是一种框架，表层假定正是在此框架中获得意义。Savoir 不是指一组可靠命题意义上的知识。这种‘深层’知识倒更像一组假定的规则，决定在某一领域哪些主张可视为真理，或视为谬误”。[②]

在 20 世纪 60 年代，福柯对“知识”所进行的考古学研究，是为了揭示出知识自主运动的巨大的“无意识结构”（《疯癫与文明》中所使用），“知识配置”（《临床医学的诞生》中所使用），或“知识型”（《词与物》中所使用）。在理性对非理性的斗争中，精神病学最终浮出水面；在身体空间结构被目光征服的漫长岁月中，临床医学终于得以沉淀成形；在知识体系断裂性变更流转的空间中，19 世纪的人文科学得以诞生…… 知识考古学把“知识”的力量展示给我

① 发表于 1984 年 5 月《文学工作者》的杂志，福柯与弗朗索瓦埃瓦尔德的访谈“对真理的关怀”中，福柯指出：“我知道，在公众眼里，……知识与权力总是融合在一道，知识是一层薄薄的面具覆盖在统治的结构上面……是荒谬可笑的……既然这两者是同一的，我看不出自己为什么还要指明它们之间的关系……他们的理解力实在是太差了，根本就不值得对他们做出回答。”转引自包亚明主编：《福柯访谈录：权力的眼睛》，严锋译，上海：上海人民出版社，1997 年，第 146 页。在《结构主义与后结构主义》中福柯谈道：“……当我读到‘知识即权力’或‘权力即知识’这种说法时，我总是哈哈大笑，因为，确切地说，我的问题就是要研究它们的关系。如果它们是两个同一的东西，我就没法研究它们的联系了……”转引自汪民安等编：《福柯的面孔》，北京：文化艺术出版社，2001 年，第 510 页。

② ［美］伊安・哈金著：《福柯的考古学》，迟庆立译，转引自汪民安等编：《福柯的面孔》，北京：文化艺术出版社，2001 年，第 109 页。

们：知识不受主体操控，并反过来把主体吸纳为对象。福柯“……使用‘考古学’这个观念，正是为了重新把握一种认知的建构，也就是在其历史的根源中，在使这种认知成为可能的知识运动过程中，重新把握一个固定的主体和一个对象领域之间的关系”。[①] 知识显现出被“生产”的真相——它是陈述在空间运动的历时沉积物，以相对稳定的“结构”勾勒出自身的样态。在这一时期，福柯不曾明确谈到过“权力”，但“权力”的运作策略体现在对知识话语考古的字里行间：在《疯癫史》一书中，福柯不言明地把权力运作方式理解为“压制”——以好动、多话、焦躁为症状的精神病人，最终受到权力和精神病学方法的压制而被迫沉默。[②]

1970 年 12 月 2 日，福柯在法兰西学院发表任职演说《话语的秩序》。这次演讲是福柯哲学思想的转折点，它既是对之前考古学工作的回顾，也是系谱学研究的起点。我们可以将这篇演说中对“权力—知识（话语）”之关系的理解视作福柯前期思想的完整表达：福柯提醒人们把注意力投向知识得以产生的规则上来——考古学发掘出知识生产进程中相互关联又相互区别的各逻辑关系的层次，并向我们展示了它们的纯粹物质性和它们本不相关联的目的和意义。但人们应该认识的并非这些，而是它日渐形成的规则。[③] 这种“规则”显露出权力运作的轨迹，知识从来不可能逃离这种规则。福柯以话语的“排斥程序（procedures of exclusion）”概括了权力的运作策略，具体包括“禁律（prohibition）”“区别与歧视”，以及“真理与

---

① 冯俊等著：《后现代主义哲学演讲录》，北京：商务印书馆，2003 年，第 442 页。

② 《米歇尔·福柯访谈录（1976 年 6 月 A. 丰塔纳和 P. 帕斯奎诺对福柯的访谈）》，转引自杜小真编选：《福柯集》，上海：上海远东出版社，1998 年，第 436 页。

③ 蒂洛·富克斯著：《国家的秩序——福柯、卡西尔和国家神话》，转引自马克·克拉达等编：《福柯的迷宫》，朱毅译，北京：商务印书馆，2005 年，第 33 页。

谬误的区分”等三种排斥机制。“禁律机制”设置了客体的限制、情境的规范以及主体的权限，围绕话语的诸多“禁律会很快揭示它与欲望及权力的联系……历史也经常教导我们，话语并非仅是斗争或控制系统的记录，亦存在为了话语及用话语而进行的斗争……话语乃是必须控制的力量”。[①]禁止律是最为常见的权力运作机制，另一种“区分与歧视”的机制也容易被理解，福柯把理性与疯癫的对立视作“区分机制”最好的案例：疯人的语言从未被聆听过，“严格地讲，疯人的语言是不存在的。人们正是通过其言词而确认了他的疯狂；其言词是区别理性和疯狂的场所，但它们从未被记录与聆听”。[②]第三种排斥机制“真理与谬误区分”是福柯阐释的重点，因为它最重要、隐蔽，也最难以被理解。从命题的层面看，真理与谬误的区分不是任意的，也似乎与意识形态无涉，政治与暴力无法插足真理域；但福柯调转角度，他走出话语的内部，质询贯穿整个话语的“真理意志（the will to knowledge）”，即“要言说这‘真实’话语的意志”。[③]在这个隐藏的维度，福柯发现“类似排斥系统的东西，一种历史的、可修正都和制度性的限制系统”。[④]福柯指出，对于公元前6世纪古希腊人来说，真理总是与说出它的人的地位与说话的仪式有关，其时，真理即是激起人们敬畏的话语。在柏拉图之后，真理话语摆脱了说话者之身份的束缚，它转向言语本身的意义、形式、内容和对象。权力的运作终于离开了与真理的纠缠，求真意志终于获得了自己的历史。但考古学家福柯却告诉我们，真理的发现并非

① ［法］福柯著：《话语的秩序》（1970年法兰西学院就职演讲），转引自“百度文库”：http://wenku. baidu. com/view/7aedffcf050876323112125e. html

② 同上。

③ 同上。

④ 同上。

只是单纯的经验主义的求知历程，自16世纪末起，“出现了……一种受技术水平规定的求知意志，此种技术水平要求知识必须投入进来以便能被证实和变得有用。真理意志，似乎自伟大的柏拉图式区分以来，便有着自己的历史，却不是种种强制性真理的历史，而是关于所要认识的对象、关于认知主体的功能和位置、关于知识的物质性、技术性和工具性投入的历史”。① 福柯要质疑的正是权力对于求真历程的隐秘的涉入——真理的对象、内容、形式、认知主体的功能……权力潜伏在求真意志的深处，换言之，求真意志获得了成体系的机构化的支撑，“它由各层次的实践同时加强和更新。教育自不必说，还有图书系统、出版、图书馆、过去的学术社团和现在的实验室……在更深的层次上被一个社会力运用知识、评估知识、分配知识……”② 真理是在有限的范围内被生产的，或者说，任何真理都不可能超越排斥系统。当福柯认识到真理与权力暗中勾连，绝非看上去的那般澄明高贵之后，便由此拉开了权力系谱学探究的帷幕。总而言之，这一阶段的福柯仍然以消极的方式理解权力对话语的限制。它尚未认识到权力实际积极创造话语的方式，即福柯在《规训与惩罚》与《性经验史》这两部主要著作中对权力所做的更深刻的阐述。③

尽管如此，福柯前期对于权力运作的否定性分析仍不可忽视。在上述的排斥性机制中，我们看到，福柯并未对“排斥”做化约处理，因为“排斥”始终是和区分实践与知识的合法化联系在一起

① ［法］福柯著：《话语的秩序》（1970年法兰西学院就职演讲），转引自“百度文库”：http://wenku. baidu. com/view/7aedffcf050876323112125e. html

② 同上。

③ ［英］阿兰·谢里登著：《求真意志：密歇尔·福柯的心路历程》，尚志英，许林译，上海：上海人民出版社，1997年，第170页。

的。区分实践与知识的生成通过体制、机构和话语复杂的缠绕在一起，诸如对于疯癫，福柯要探寻的正是“疯子是如何被识别、隔离、排斥在社会之外……何种机构被指定用来接受和控制他们……简而言之，疯子在一套怎样的机构和实践体系中受到约束和界定”。[①] 更为关键的是，权力的运作并不满足于对疯癫的限制，区分实践需要“合法化（constituted）”来遮掩其暴力与强制性，而知识正是合理化最完美的形式。因此，福柯断言，知识渗透在各种复杂的制度体系之中。[②] 对权力的分析，或者说，权力运作的最高层次总是绕不开知识的生产。我们看到，福柯与传统历史学家搜集资料的方式格格不入。他并未在文献图书馆追寻对象的踪迹，却在权力机构和文本（官方命令、法规、医院记录、监狱记录、法庭记录等）中敏锐地挖掘对象得以被构建成知识之形态的、历时的话语运动的层积岩。知识生产的过程囊括了社会机构各层面的实践运作，知识（savoir）是介于意见与科学之间的特殊层次，福柯一再强调它并不单纯，不只“体现在理论文本或者经验方法之中，也体现在一整套实践活动和制度之中”。[③] 换言之，话语实践总是把非话语实践卷入其生产进程中，它“并非生产话语的纯粹、简单的方式。它们体现在技术进程中、在机构内、在一般行为的诸多样式里，在传播与扩散的形式中，也在同时利用并维护话语实践的教育形式中体现”。[④]

① ［法］福柯著：《法兰西学院候选陈述》，福柯于 1969 年为申请法兰西学院院士所做的候选陈述。转引自汪民安主编：《福柯读本》，北京：北京大学出版社，2010 年，第 78 页。

② 同上，第 79 页。

③ 同上，第 80 页。

④ ［法］福柯著：《思想系统史》，福柯对在法兰西学院第一年授课（1970—1971）的总结。转引自汪民安主编：《福柯读本》，北京：北京大学出版社，2010 年，第 84 页。

对于传播学研究者来说，我们应该对“话语实践在社会领域中的扩散与传播的形式”给予足够的重视，这是福柯权力思想在传播学领域最主要的投射区域（尽管福柯后期的权力理论更为成熟，但“知识—权力”作为基本的理论轮廓一以贯之）。从传播学的视域来看，在这一阶段（20 世纪 60 年代至 70 年代初）的福柯权力思想为传播学研究带来了新的提问方式：大众媒介以何种（排斥）策略参与到（知识）话语的生产实践之中？这也许是一个看上去并不新鲜的问题，在批判理论家的著作中屡见不鲜，符号学家们对媒介符码的解构已非常透彻，让·波德里亚（Jean Baudrilltard）堪称典范。早期的波德里亚曾试图联姻结构主义符号学与马克思政治经济学，[①]在社会交往行为中理解表意符号（sign），由此揭示出渗透于表意符号的权力运作——“……受到工业和科层制的程序化，表意符号已是权力策略的一部分……符号因媒介新技术而成为可能，而媒介中的能指匆匆掠过潜在的消费者……”[②]然而，“尽管波德里亚令人信服地对问题的一个方面——意符的发送——进行了理论阐述，但是

① 波德里亚在 1972 年的《符号政治经济学批判》一书中以符号学分析符号的一般原则检验马克思分析商品的普遍原理，但他们的分歧也是显著的，即波德里亚认为商品交换体系的中心是符号而非商品，价值是在交流结构中诞生的。在这本著作中，波德里亚强调了他对马克思的修正而非补充。但到了 1973 年，与马克思的决裂在《生产之镜》问世时便发生了，波德里亚对马克思的劳动观念提出了毫不含糊的批判，反对马克思把社会简化为生产，波德里亚认为彻底的批判必须立足于符号交换领域。在《符号交换与死亡》（1976 年）和接下来的《仿像与拟仿》（1981 年）中，波德里亚与现代社会理论渐行渐远，围绕商品生产与交换的现代社会在波德里亚眼中已被替换为符号和图像组织，并建构起新的社会秩序。但是，无论波德里亚对马克思进行批评、补充、修正，还是否定或摒弃，马克思主义理论都是波德里亚反思的对象，对符号价值的思考始终是在社会交换体系之中进行的。部分资料参考《第二媒介时代》第六章。

② ［美］马克·波斯特著：《第二媒介时代》，范静哗译，南京：南京大学出版社，2005 年，第 107 页。

意符的接收仍然超出他的符号学范围。因为接收也是一种行为，尤其在符号时代，它与发送之间起码存在着部分的断裂……日复一日，天天都有抗议和越轨行为（transgression）……每一个人都会给代码的强行要求划上一道杠或擦掉一条线或做上一个记号”。[①] 因此，马克·波斯特（Mark Poster）指出，如果说批判符号学使得批判理论能够让人们理解表意方式内在的支配性，但它还是没能给出一种技术与文化关系理论方面的令人满意的解决方案。[②] 然而对于福柯来说，话语从未离开过社会实践。或者说，话语总是在社会实践中构建了自身的对象，并把个体吸纳进来、从而被构建为（知识）话语的主体。也就是说，对话语的分析，即是对权力运作机制的分析，也是对被话语运动所渗透的整个社会实践体系的分析，这种反思超越了意指的边界，比符号学批判理论更为激进与彻底。

我们在前文提及过福柯话语理论与结构主义的差别，再次回顾德莱弗斯和拉比诺的阐述：福柯“比结构主义整体论更为激进，甚至对某个陈述的认同也必须取决于它的应用……‘陈述的这种确认不仅不能彻底地定位在它句子的确认关系中，而且根据由陈述制成的用法和它被掌握的方式，它本身是相对的，并且摇摆不定’”。[③] 我们看到，陈述的使用和它被理解的方式也是福柯研究的重心。从媒介研究的角度来看，陈述的空间结构其不只是媒介所呈现出来的意指符码，更深一层的是媒介对话语之构建和扩散过程的参与，而话语生成和扩散的根本目的则是对主体的支配。“话语的权力作用的主

① ［美］马克·波斯特著：《第二媒介时代》，范静哗译，南京：南京大学出版社，2005 年，第 112 页。

② 同上。

③ ［美］H. 德莱弗斯，［美］P. 拉比诺著：《超越结构主义与解释学》，张建超，张静译，北京：光明日报出版社，1992 年，第 69 页。

要特点是隐藏了它对主体的构建功能，只在该主体已经成为权力的受话人之后才显露出来。”[①]

我们再回到上文提出的问题，“大众媒介以何种（排斥）策略参与到（知识）话语的生产实践之中？”这是全新的问题域，它远远超越了批判理论对意指符码的破译和解构，它对媒介所置身其中的复杂的权力实践提出了疑问。早期的福柯以消极的态度——从限制性的层面——理解权力的运作体系，从传播学研究来看，我们要思考的是媒介对话语运动所采取诸多否定性实践行为——排斥、限定、筛选、干涉和区分，媒介排斥机制是整个权力运作网络中的一部分，或者说，大众媒介与其他的社会机构一起参与了话语的实践。比如我们要在媒介话语的框架中研究中国动物保护话语现状，那么首先我们必须在动态的话语实践框架下去理解动物保护话语，选取一些重要事件作为研究对象：“活熊取胆”事件不只是媒体的报道，更重要的是它所引起的话语运动——受众对报道的反应、在论坛中发布的帖子、对新闻的评论留言、中药协会长的媒体发布会、NGO组织的解救黑熊活动……同样，动物保护组织对送往屠宰场的运狗车的拦截救助事件，绝非孤立的媒介报道，它囊括了专家学者的观点、受众的评论、普通网民的博客、媒介话语的更新……我们看到，动物保护话语绝非只是国家的法规禁律，更不只是单方的媒介话语，它是一种活泼的多方力量博弈，是身置动态话语场中那不停变换姿态的水波纹，也即是说，动物保护话语的现状（成熟程度）总是权力关系较量的暂时性局面。

传播学者要探问的正是大众媒介在这种权力关系中所采取的态

① ［美］马克·波斯特著：《第二媒介时代》，范静哗译，南京：南京大学出版社，2005年，第84页。

度与策略，媒介话语如何偏向、激荡、挑逗、回应、沉默、压制某一类话语的？媒介符号并非孤立的、直接地指向读者（受众），它总是置身于复杂的话语实践之中。再者，动物保护作为整个生态保护话语体系的一部分，我们应该对动物保护话语与其之外的环境保护话语进行比较，反思它们的发展是否均衡？（主要从相关法规和媒介话语关注度等方面进行比较）如果这两种话语的发展不均衡，并有着显著差异，我们找到了问题的焦点：我们要探问的是支撑这种不均衡的结构是什么？大众媒介如何参与制造了这种差异？福柯为传播学输入的最重要的养分，即是促使研究者恒久地反思主体与权力内在关联，把大众媒介的实践置于在这种深刻的探问之中：媒介话语实践是话语扩散和传播进程非常重要的一部分。话语所吸纳的对象同时也被构建成话语的主体，主体是权力之网的最终目标。

福柯在前期的代表性著作《癫狂史》中，淋漓尽致地描绘了权力对癫狂的诸多排斥，放逐、监禁和沉默终于把癫狂重重包裹。福柯在一次访谈中谈道："……在我对这些事实进行分析的时候，我能够没有太大问题地使用否定性的权力概念。但是，后来我就觉得这不够充分了……接触了刑罚系统之后，我确信权力的问题不应该过多地从司法的角度来考虑，而是应该关心它的技术、战术和战略……我很想抛弃《话语的秩序》中把权力与话语的关系认同为一种否定性的机制的做法。"① 福柯对权力策略关系的研究始于《规训与惩罚》，并吊诡地在《性经验史（第一卷）：认知的意志》中达到

① 于1977年1月发表在《文学工作者》的福柯与吕斯特·费那（Lucette Finas）的访谈，《性的历史》，转引自包亚明主编：《福柯访谈录：权力的眼睛》，严锋译，上海：上海人民出版社，1997年，第172—173页。

顶峰。[1]福柯展开了对知识不光荣的系谱的追问，顺着福柯的目光，我们看到“（知识）话语—权力”之间被肯定性的、生产性的链条胶合在一起。这一阶段的福柯不再把权力运作视作一种罪恶——被理性镇压的疯癫的呜咽声已然远去；福柯也承认自己在《话语的秩序》中（对话语与权力结合机制）所给出的答案是不充分的——禁止律、区分和真理意志都只是控制话语生产的消极策略；福柯对权力的探问进入了更深邃的领域——在“排斥”表层的最底部是“生产”，权力角逐掀起的浪花不是为了把“人”吞没，而是要把“正确”的“知识”话语推向水面，用它看上去的光辉、温度和正义把“人”吸引、捕捉。这是一个复杂的话语生产体系，权力依其战略和战术、无所不在地出没其中，站在福柯为我们描绘的这幅权力之社会实践的巨幅画卷面前，传播学研究者会有怎样的收获？权力的思想体系在哪些维度与传播学的研究对象发生交错？

前文谈到过，福柯无意于构建权力的“一般理论”，他总是满怀着对当下实践的关注，不断更新自己的提问方式——内在的权力的游戏方式是什么？权力如何构建“主体”？ 20 世纪 70 年代的福柯把目光转向了权力的生产，这是没有暴力、血腥和镇压的另一面，这里能看见的只有平静、力量与生命。正是在这个远离了国王和酷刑的场域，福柯揭示了权力运作的技艺，只是“砍下了国王脑袋”的权力技艺，它以两种最重要的方式支撑起社会的细枝末节和整个机体，这就是福柯分别在 70 年代初期和中后期所阐述的规训机制与治理机制。

说起福柯的“规训”思想，最为集中的陈述自然离不开《规训

① ［法］吉尔·德勒兹著：《德勒兹论福柯》，杨凯麟译，南京：江苏教育出版社，2006 年，第 77 页。

与惩罚》这部经典之作。这是一部监狱史，更是一部“身体—权力”的历史。福柯指出，“……如果这意味着写一部关于现在的历史，那才是我的兴趣所在”，[①] 这部关于肉体与监禁的系谱学著作是为了道出现代权力对社会成员实施控制的真相。著作一开始就为我们细致描绘了 1757 年的达米安（Damiens）刺杀国王案件的公开处决现场，那无疑是惨不忍睹的景象。古典时期权力的得意之作便是给予肉体最为残酷的惩罚；18、19 世纪之交，就已经出现了拘留刑罚；从 19 世纪起，镇压肉体的血腥大场面消失了，有节制的惩罚开始了；直至现代监狱的出现标志着文明取代了暴行，司法走向了“人道”。但福柯却对此报以讥讽的一笑，“人文主义思潮”的背后是权力技艺的变化，这是翻天覆地的、同时又悄然无声的变化——古代的酷刑是一种仪式，罪犯肉体所遭遇的惩罚宣示了君主权力的无限存在，报复的力量涌动在对每一寸肉体所采取的精细的、有计算的摧毁之中。随着监狱的产生，权力把目光从肉体转向了灵魂，权力的技艺从惩罚向规训变迁。罪行诚然是司法惩治的对象，但“判决也针对人的情欲、本能、变态、疾病、失控、环境或遗传的后果……因为受审判和受惩罚的正是这些潜藏在案件背后的幽灵”，[②] 反常的、病态的灵魂不仅可以解释罪行的缘由，更谱写了全新的惩罚机制——“监狱从一开始就是一种负有教养任务的‘合法拘留’形式……一种在法律体系中剥夺自由以改造人的机构。总之，刑事监禁从 19 世纪初起就包括剥夺自由和对人的改造”。[③] 这种改造是对不正常的灵魂的治

---

① ［法］福柯著：《规训与惩罚》，刘北成，杨远婴译，北京：生活·读书·新知三联书店，2007 年，封底福柯引文。

② 同上，第 19 页。

③ 同上，第 261 页。

疗，它通过对肉体的规训来完成，权力在微观肉体的细枝末节悄无声息地流动着。犯人通过劳动，培养了守秩序和服从的习惯；极其有规律的监禁生活填满了犯人的时间，疲惫的肉体安抚着躁动的灵魂；犯人被致力于打造成一件合乎需要的产品，而对肉体的诸多指令只是流水线上的生产工具。

福柯点明了“规训”的两种意向：一端是“规训—封锁”，建立在社会边缘的封闭体系趋向于内向的消极功能；另一端是“规训—机制”，一种通过使权力运作变得更轻便有效来改善权力运作的功能机制。这是权力巧妙的强制性设计，古典时期就已经形成了这样的规训机制，权力的眼睛遍布整个社会机体。[①]因此，早在刑法系统地使用它之前，现代监狱这种形式实际上就存在了。规训社会在17、18世纪规训机制的扩散中逐渐形成，福柯在家庭内部、学校、医院和工厂中发现了与监狱的权力运作相同的机制，整个社会不过是一个“监狱连续体”，由此福柯这样描述：“我们的社会不是一个公开场面的社会，而是一个监视社会。”[②]

我们看到，在福柯这里，权力的内在机制“规训”，从来不是简单的压制，而是一系列手段、技术、程序、应用层次和目标。福柯把它描述为权力的物理学或解剖学，它是一种技术学。[③]我们需要进一步追问的是，这样的技术会带来怎样的结果？社会实践中的个体将怎样被安放？“全景敞视监狱”的景象无疑是最形象和恰当的描绘，但对它的理解必须置于规训理论的框架之中：在环形建筑

① ［法］福柯著：《规训与惩罚》，刘北成，杨远婴译，北京：生活·读书·新知三联书店，2007年，第235页。

② 同上，第243页。

③ 同上，第241—242页。

的中央是一座安装了百叶窗的瞭望塔，四周独立的小囚室把被观看者的影像清晰地呈现给观看者，而逆光的效果却完美地遮蔽了监视者的存在。在这样的设置中，权力被感知却始终无法被确知，被囚者目睹监视塔的存在，却不知何时会被何人所监视，权力由此获得了自动化和非个性化的意义，权力不再依赖于行使权力的某个个体，而是体现为对肉体、光线、目光的一种分配与安排。因此，从根本上说是虚拟关系的"监视者—被监视者"，却自动地产生了真实的征服，外在的权力被内化了，人们征服了自身，人们也生产了自身——驯服的、有力的、有生产性和价值的身体。福柯向我们强调，权力的规训机制是一种肯定性的生产，"不仅仅指狭义的'生产'，而是指学校中知识和技能的生产，医院中健康的生产，军队中毁灭能力的生产"，[①]"个人的美妙整体并没有被我们的社会秩序所肢解、压制和改变。应该说，个人被按照一种完整的关于力量与肉体的技术而小心地编制在社会秩序中"。[②]

顺着福柯的指引，我们看到如此独特的规训技术，与媒介技术之间有着天然的关联。这也是规训理论之所以能引起传播学人重视的原因，它带给我们全新的福柯式的提问：现代媒介在这样的规训中扮演了怎样的角色？对这个问题的回答不能急于展开，把媒介技术与规训直接挂钩，是对福柯理论的简单化处理，自然会造成不恰当的理论应用的后果。在逻辑上，我们首先要能明确，福柯所谈论的"规训"权力运作机制的具体方式有哪些；然后才可能去讨论其与媒介的技术运用策略之间的内在关系。

① ［法］福柯著：《规训与惩罚》，刘北成，杨远婴译，北京：生活·读书·新知三联书店，2007年，第245—246页。

② 同上，第243页。

福柯把规训的权力运作归结为三种手段：层级监视、规范化裁决和检查。首先，规训机制必须有一种能观察却又不被发现的监视技术，军营的监视就是一个范本，建筑和布局的每个细节都为目光提供了最便捷的条件，学校、工厂和医院的建筑也一样围绕着“人”展开精细的结构布局，监视还渗入人与人的关系结构之中，在层层的监视结构中，个体不断被对象化；再者，所有规训系统的核心都有一套微观处罚机制，它负责处理大的惩罚制度所不那么在意的行为，这是“人为”的规范性秩序，同时也依据所观察到的自然进程的经验。比如对不同阶段学生能力的考核要求总是依据学习能力的总体性规律来设置的，因此规训机制中的惩罚具有司法和自然的双重参照标准，它除了行使惩罚功能，还致力于缩小差距，在不断的训练中矫正对象。惩罚“它把个人行动纳入一个整体，后者既是一个比较领域，又是一个区分空间，还是一个必须遵循的准则。它根据一个通用的准则来区分个人……一个必须考虑的平均标准或一个必须努力达到的适当标准……总之，它具有规范功能”。[①] 因此福柯指出，惩罚的规范（norm）功能拉开了与司法刑法的距离，规范的力量是对一致性的强求，但同时它又可以度量并利用差距，发挥着区分的作用，其结果就是把个体置于同质的、形式平等的系统中，让其差异显现出来。第三种手段“检查”，把监视与规范化结合起来，它使得每个个体都意识到自身被暴露在目光下，这是一种权力的强制性介入，也是“认知—被认知”的强制性保障方式。诸如在学校的考试不只是学生之间的较量，更是把个体置于群体中衡量、判断、分析，最终知识化的重要的机制，“考试把学生变成了一个完

① ［法］福柯著：《规训与惩罚》，刘北成，杨远婴译，北京：生活·读书·新知三联书店，2007年，第206页。

整的认识领域……从学生那里取得一种供教师用的知识。学校变成为发展教育学的地方……检查是这样的一种技术，权力借助于它不是发出表示自己权势的符号，不是把自己的标志强加于对象，而是在一种使对象客体化的机制中控制他们”。[①]在这种客体化的进程中，个体被符号化了——由检查的登记表和报告汇总而成的粗糙的文件体系捕获了活生生的个体，每一个人都成为一个“个案”，差异和分类尽在其中。如此的档案绝非一部追忆史诗，它是一张细密的巨网，把肉体和个性都打上编码，权力的征服悄然无声却井井有条地进行着。

层级监视、规范化裁决和检查是规训权力运作的三大手段，换句话说，通过这三种方式，规训的权力技艺才得以展开。于是，我们可以继续进一步的追问：媒介技术与媒介使用者的关系是否可能包含了这三种运作策略呢？那么，当下传播学研究中对这个问题的讨论是怎样的？

马克·波斯特对现代媒介的分析不失为一个很好的切入口。波斯特在其著作《信息方式》和《第二媒介时代》中，提出数据库之“规训”权力的观点。由于该问题直接关涉传播学的研究兴趣，波斯特的文本遂成为传播学领域阐发福柯理论最为重要的二手文献之一。在波斯特看来，现代社会数据库式的超级全景监狱是边沁全景监狱的重要衍生物，它比全景监狱更加易于监视、书写、记录，并更广泛地蔓延到社会空间的每个角落。他指出：“全景监狱并不仅仅是塔楼上的那个狱卒，而是施加于囚犯、把他或她构成一个罪犯的整个话语实践。全景监狱是监狱的话语实践构建主体的方式，即把主

① ［法］福柯著：《规训与惩罚》，刘北成，杨远婴译，北京：生活·读书·新知三联书店，2007年，第210—211页。

体构建成一个罪犯并把他规范化到一个洗心革面、重新做人的程序中。我的论点是，随着电脑数据库的降临，一种新的话语实践便在社会场中运作，你可以把社会场当作一个超级全景监狱，它重新构型了主体的建构。”①庞大的数据库是一个“超级全景监狱”，它把社会个体信息化、符号化，“巨大的信息储量，几乎把社会中的每一个个体都构建成一个对象，并且原则上能够包括该个体的几乎所有信息……”②相对于福柯所阐述的“全景监狱”的权力形态，波斯特所提出的“超级全景监狱”显得更为激进，他认为“全景监狱”中的个体对于自身暴露于注视之中是有意识的，而“超级全景监狱”中的个人意识则从个体“主体化”（subjectification）的进程中被彻底抽除了，数据库所捕捉的个体是在完全无意识的情况下被分析、计算和整理，这是彻底的主体“客体化”（objectification）进程。

但我们不能就此认为，波斯特对媒介与规训技术做了简单化处理，把它们直接挂钩；相反，波斯特很清楚，规训权力是一种权力类型，它从根本上是一种技术，可以被各种机构和体制使用，诸如监狱、医院、学校和家庭。数据库本身不足以单独支撑起规训技艺，它只是一种新媒介技术，而如此的数据技术与规训技术的结合，总是通过被诸多机构的占有来发挥作用的。因此，波斯特总是把数据库置于整个社会场域中进行分析，思考它对整个社会话语实践和作为对象的主体自我构建所起到的作用。

数据库、媒介技术与其他传播机制一起，构建了一张现代社会讯息撒播的巨网，技术总是被机构或个体所“分有”，而个体对技术

① ［法］马克·波斯特著：《第二媒介时代》，范静哗译，南京：南京大学出版社，2005年，第85页。

② 同上，第88页。

的使用与机构的占用有着显著差异。这是很重要的一点，它将照亮我们的问题：媒介（或传播机制）怎样“参与”权力的“规训”机制？“参与”以及“在何种层面上的参与”才是正确的提问方式，而“媒介如何使用权力的规训机制”这样简单化的直接相关则必然会带来视野的限制和误读：不恰当的放大媒介技术的权能，而忽略了动态的、宏观的社会实践场的权力布局，将无法真正落实规训技术展开的具体方式，对媒介的分析因而变得空洞。

那么，从这个问题出发，接下来要反思的则是“媒介在何种层面参与权力的规训机制？”上文我们阐述了规训权力运作所借助的三种手段，即层级监视、规范化裁决和检查。波斯特对数据库的分析主要围绕“监视”展开，他指出，“如今大众已认识到他们一直被数据库监督，因而明显感到不自在”，[①]数据库在监视中获得信息、分析、使用信息，并把主体符号化；另外，信息还被转化为关于人口、行为和欲望的“知识”，被强制性机构所使用。这是波斯特在权力运作的“治理”技术层面提出的观点，“治理（government）”一词在中译本中被令人遗憾地翻译为“统治性”，[②]它可能会促成未深入研读过福柯的读者的误读。后面会谈到这一点，这里暂且搁下。但我们要注意的是，波斯特在把数据库置于权力的治理层面进行分析，但

① ［美］马克·波斯特著：《第二媒介时代》，范静哗译，南京：南京大学出版社，2005年，第85页。

② 莫伟民教授在福柯法兰西学院授课录之《生命政治的诞生》的序言中指出：“‘gouvernement’（该法语对应英文为government——笔者注）不能译成太刺眼的、具有浓重政治色彩的‘统治’，我们在绝大多数场合把它译成更为中性的‘治理’，在少数段落把它译成‘征服’。按照福柯的说法，君权统治法律臣民，而政府治理人口……‘治理术’、‘治理技艺’是与‘治理’相关的概念。”转引自［法］福柯著：《生命政治的诞生》，莫伟民，赵伟译，上海：上海人民出版社，2011年，“译者的话：生命政治在自由主义框架下诞生”，第5—6页。

它却被大多数人所忽略。从“监视”出发分析数据库和大众媒介，几乎成为一个不变的、唯一的聚焦点。的确，大众媒介的监督机制是显而易见的，无论是普通民众还是权威政要，都被纳入大众媒介的注视之中。但仅从此就推演出“大众媒介：权力的眼睛”，却似乎很不严谨。倘若“监视”就是规训权力的运作，那么这种生产性的权力技艺与前文所提及的自上而下的、契约论层面的“统治权”又有何分别（后者镇压模式的权力运作也同样将对象置于目光所及之处）？

我们在分析支撑规训权力的三种手段时发现，层级监视、规范化裁决和检查都指向了同一个隐藏的聚焦点——知识。“监视”不只是如炬的、不间断的、无所不在的目光，它更是为了训练和生产对象而采取的精细的检查机制，这是一种沉默的观察。与其说对象的一举一动被凝视，毋宁说精妙的观察悄无声息地“结出”它的硕果——被细分的活动、心理和技能在目光长久的注视中被凝成知识，关于对象的、可以被利用的知识；“规范化的裁决”正是对这种知识最直接、最明白无误地使用。处于某个年龄段的儿童学习能力的平均水平被量化为分数或其他标准，不合格的学生于是受到多种形式的惩罚，被利用并转化为度量标准的“知识”获得了规范的力量。个体的分殊在知识的判断中尽数显现，不达标的“后进者”也在知识的“价值度量”中倍感压力；最后，“检查”把“监视”与“规范化裁决”结合起来，权力对“知识”的建构和占有欲以最为堂而皇之的方式暴露无遗——强行介入的认识关系表现为被征服对象的客体化，“知识”在这样的强行干预机制中被造就出来。我们看到，支撑规训权力运作的三大手段都把矛头指向了“知识”，而作为规训权力之奠基性要素的“知识”又如何能被传播学研究所忽略？我们又如何可能撇开“知识”去谈论“监视”或规训权力呢？我们在上文谈到过，波斯特对于权力之“治理”技艺的论述被大多人忽略了（当然，这并非波斯特阐述的重点所在），人们所忽略的正是波斯特对“知识”的警觉。波斯特尽管对之仅一带而过，但还是提及最关键的一点，权力的“治理”技艺诉诸“依赖于人民大众的知识以维持社会治安和社会秩序……如果没有数据库，很可能就无法统治这些社会中的庞大人口……数据库撒播到我们的社会之中，一个重要的政治影响就是……使每个层面上的强制机构都能获得关于所有的人口的知识”。[①]

对于权力的第二种运作机制，即“治理”技艺，从学科的关联度考虑，我们在这里只做简单阐述。福柯指出，自 18 世纪下半叶以来，另一种权力的新技术出现了，与将目光集中于个体的“微观物理学”层面的规训权力不同，它是在整个国家安全层面运作的权力技艺，福柯称之为“安全配置”的技术，把相对应的权力实践行为概括为“治理”——权力不再聚焦于个体的行为，而是把复数的人口（population）作为对象，致力于调整人口之生命活动的整体进程，如出生率、死亡率、生产率、犯罪率等。对于权力之否定性运作机制，福柯把中世纪对麻风病人的排斥视作经典案例；用对付鼠

① ［美］马克·波斯特著：《第二媒介时代》，范静哗译，南京：南京大学出版社，2005 年，第 92 页。

疫的模式[①]概括规训机制；把权力的安全机制解释为防疫天花的实践行为，即“已经不再是对麻风病的排斥，或者针对鼠疫的隔离，而是试图阻止流行病或者地方病的传染问题和医学运动”。[②]安全配置与规训机制不同，它并不对对象采取限制、规范或纪律形式；恰恰相反，它的风格是“放任的”，它退后到足够远的距离，去面对和分析现实层面的具有某种“本性自然性（nature）”的对象——“本性自然性”不是某种被揭示的深藏的秘密，它折射出权力对作为自然现象的人口的努力辨认、识别与利用，“…… 人们总是可以通过转化的因子和技术对它（这里的“它”指称“自然性”——笔者注）施加影响，只要这些转化的因子和技术得到揭示、思考、分析和计算”。[③]它成为捕捉人口的栅格，一系列可能的“知识”对象领域被建构出来。福柯还强调，安全配置层面的治理技术的出现，并不意味着取消了规训技术，它们相互补充和调整，构成了新的融合，在不同的层面和领域中各施其能：如福柯所言，资本主义的发展，“既要求增大肉体的规训和人口的调节，让它们变得更加有用和驯服；它还要求能够增强各种力量、能力和一般生命的权力手段，而不至

① 福柯把权力的暴力压制、否定性的运作方式称为“麻风病模式”，它诉诸排斥；从17世纪开始，出现了另一种完全不同的权力模式，即“鼠疫模式”，它诉诸一套完全相异的权力模式：不是排斥，而是隔离、区分，并不驱逐非常态，而是为之指定一个位置，一个被控制的在场，在这种容纳中进行严密的观察。虽然福柯以历史中对两种不同传染病的治理模式来概括权力技术的运作，从病理学来看是不够严谨的（两种疾病本身的差异决定了反应方式的不同），但福柯的命名意在隐喻权力技术的嬗变，因此并无必要从医学角度细究。

② ［法］福柯著：《安全、领土与人口》，钱翰，陈晓径译，上海：上海人民出版社，2010年，第8页。

③ 同上，第58页。

于使它们变得更加难以驯服”。[1] 我们必须看到的是，无论是“规训权力”还是“安全配置”，它们对“主体—客体（subject—object）”运作的中介都是相同的——知识。知识既作用于个体层面的肉体，又穿越公众层面的人口。那么，回到本节一开始所提出的问题，即“权力的思想体系在哪些维度与传播学的研究领域发生交错？”我们终于找到了回答这一问题的方向：从知识的角度，来反思媒介的传播机制与权力运作的交集域。知识，是一个最为关键的切入口，一旦偏离了对知识的追问，我们就可能会出现上述问题：在对波斯特观点解读不充分的情况下却近乎千篇一律地追随。

（二）知识的传播

“知识”在权力的窥视中被建构、积累，继而又被发展为“真理”在社会中撒播开来——与权力相交织的知识获得了“真理”的地位，“真理”的对面不是谬误，而是在权力斗争的场域中静默无声的“被压迫的知识”。[2] 这种散播不是符号在空间中的自由弥散，它是对“真理制度”精心地编织。福柯解释道：“真理以流通方式与一些生产并支持它的权力制度相联系，并与由它引发并使它继续流通的权力效能相联系。这就是真理制度。”[3]福柯强调了真理机制的五个重要特征：“真理以科学话语的形式和生产该话语的制度为中心；它

① ［法］福柯著：《性经验史（第一卷）：认知的意志》，佘碧平译，上海：上海人民出版社，2005 年，第 91 页。

② 福柯的系谱学研究对象就是“被压迫的知识”。它包括两类：长期被忽视和边缘化的历史知识（疯癫史、性意识史、监禁史等）；以及被剥夺资格的、被认为处于等级体系下层的不精确的知识。

③《米歇尔·福柯访谈录（1976 年 6 月 A. 丰塔纳和 P. 帕斯奎诺对福柯的访谈）》，转引自杜小真编选：《福柯集》，上海：上海远东出版社，1998 年，第 447 页。

受到经济和政治的不断激励（经济生产和政治权力对真理的需求）；它以各种形式成为广泛传播和消费的对象（它流通于社会机体中相对广泛的教育或新闻机构）；它是在某些巨大的政治或经济机器（大学、军队、新闻机构）的非排他的、但居于主导地位的监督之下生产和传输的；最后，它是整个政治斗争和社会冲突（意识形态斗争）的赌注。”①从传播学的角度来看，尤其值得我们重视的是后面三点，我们可以理解为：（1）作为真理的知识要发挥其效能必须首先在社会中广泛流通；（2）真理在流通过程中必须要考量传播策略，使对象认同、接纳和吸收，从而达到引导对象之可能性行为的目的；（3）现代国家的新闻机构是国家机器的一种，它在与其他国家机器类型的合作中完成对意义生产与传播活动的控制。

在真理的生产与撒播中，权力关系与符号交往关系彼此支撑，由权力精心算计的符号流在交往中被组织成知识，再撒播开去：填满各种表格的文字符号在“机构—机构”或“机构—个人”的交往中被汇聚起来，个体的信息经过统计学分析转变为人口层面的数据，知识就在数据的分析中被构建出来；②知识本身或知识的指涉对象③

---

① 《米歇尔·福柯访谈录（1976 年 6 月 A. 丰塔纳和 P. 帕斯奎诺对福柯的访谈）》，转引自杜小真编选：《福柯集》，上海：上海远东出版社，1998 年，第 446 页。

② 这种在调查表格中生成的知识，是一种技术性的知识，它也构成了国家本身的现实。福柯认为，这是“特别的知识，长期发源于行使治理权力之中，并和行使治理权力共同存在，每一步都会照亮行使治理权力，不会致命应该做什么，而是存在什么、可能会有什么……”（转引自《安全、领土与人口》，钱翰，陈晓径译，上海：上海人民出版社，2010 年，第 242 页，注释 1）另外，这种知识也可以成为区分和规范化实践的基础，它在传播扩散中产生对对象行为的引导效果。

③ 以福柯所讨论的儿童手淫为例，“知识本身”指被医学和心理学等学科纳入其研究范畴的、作为肉体疾病或心理潜意识的“手淫”；“知识的指涉对象”是指作为知识的“手淫”所针对的对象，即儿童。笔者在这里对两者进行区分，是为了探讨大众媒介对知识之传播所采取的策略。后文会做具体解释。

以各种方式被解释、互文和符号表征，于是我们看到，某种秘而不宣地、最终将导致严重的遗传性生理疾病的可怕影像终于影响到家庭的结构性调整[①]……人们还对某类人感到深恶痛绝——那些由特殊生活经历所塑就的罪犯[②]（过失犯）对社会的严重危害……总而言之，知识总是不断地调整其传播策略，以配合权力得以更完美的运作。“传播真理的任务是一个永无止境的工作：重视它的复杂性，这是任何一种权力不可或缺的义务——除非它把奴隶式的沉默强加于人。”[③]可以说，在福柯的思想体系中，“知识”被动词化了。“知识”总是意味着实践，一种最广泛意义上的政治实践和社会实践，无论是知识的构建、撒播，还是所遭遇的抵抗、再利用，它都总是内在于权力运作之中，或者说，知识是权力关系的固有之物。而知识的传播机制正是权力运作不可缺少的重要支撑，从“权力—知识”的本质关系上把握穿越符号交往的知识实践，对于传播学研究来说，无疑是一块颇有意义的研究领域。在此，再引用一段福柯在法兰西学院授课时的记录，他对知识与权力关系的深刻阐释有助于我们明确提问的大方向。

> 我的工作假说是这样的：各种权力关系（以及反对它们的斗争和保护它们的机构）不仅对知识起着促进或阻碍的作用；它们也不只满足于怂恿或激励、歪曲或限制知识；权力和知识不是唯一由社会利益或意识形态的作用来连接的；因此，问题不在于确定权力如何征服知识并使它终身

① 此处指涉福柯所研究的儿童手淫问题，详见下文。

② 此处指涉“过失犯”问题，详见下文。

③ 发表于 1984 年 5 月《文学工作者》的杂志，福柯与弗朗索瓦埃瓦尔德的访谈“对真理的关怀”，转引自《福柯访谈录：权力的眼睛》，严锋译，上海：上海人民出版社，1997 年，第 148 页。

> 侍奉，或是确定权力怎样在知识上打下权力的烙印并把意识形态的内容和限制强加于知识。倘若没有本身就是权力的一种形式，并以它的存在和功能与其他形式的权力相联系的传播、记录、积累和置换的系统，那么知识体系便无法形成。反之，假如没有知识的摘要、占用、分配和保留，那么权力也无法发挥作用。在此层面上，既无知识也无社会，抑或既无科学也无国家，唯有知识/权力的根本形式。①

对于传播学研究来说，我们要反思的正是大众媒介和其他传播机制如何参与知识体系的建构。从费斯克所划分的传播学之“符号学派”所关注的两大焦点问题——“社会互动”和“讯息意义”——出发，可以把我们的提问归结为：（1）知识如何穿越传播机制来捕捉个体，从而实现个体主体化的历程？（2）权力构筑了怎样的知识符号撒播系统，由此引导人们做出妥协式的解读？

五、权力运作：三种关系交织中的权力之网

知识如何穿越符号交往关系？这个问题也可以被置换为权力如何穿越符号交往关系？

前文谈到过，福柯并无兴趣发展一套权力的理论体系，对权力的讨论总是像流水一样贯穿于他的著作，分散却遍布他广袤无垠的思想平原的每个角落。仅在一篇发表于1982年的论文中，福柯以权

① ［英］阿兰·谢里登著：《求真意志：密歇尔·福柯的心路历程》，尚志英，许林译，上海：上海人民出版社，1997年，第171—172页，注释22。

力作为主题进行了集中式的阐述。因此，《主体与权力》一文自然成为研究福柯权力理论的重要参考资料。

福柯明确指出，权力是两个个体或群体间的关系，它把这种权力关系称作游戏关系或伙伴关系。这样的指称意在规避人们对权力的习惯性理解，即权力是一方对另一方的“施展”。“游戏”和“伙伴”强调了一个动态的、循环往复的场景：有一整套行为把双方联系起来，某种行为将引发另一种行为的回应，它又将得到新的回应……这是相互追随的、生机勃勃的权力场景。除却权力关系之外，福柯还谈到两种关系类型，即客观能力（目的性行为）和交往关系。客观能力强调的是主体对物的修正、使用、消费或损毁的能力，这与游戏关系中的权力相反，它是一种“施展”的方式。

交往关系，是个体间或群体间以符号传播为媒介的交往类型，它“通过语言、记号系统或者其他的符号媒介来传递信息”。[①] 这种意义的生产与传播机制往往与权力策略纠缠在一起，权力实施的过程总是穿越符号交往，在对符号传播的极度使用中施展其目的；同时，交往关系也总是意味着目的性行为，通过“对伙伴之间的信息域的修正来产生权力效应”。[②] 尽管交往关系与权力关系彼此交织，福柯却强调不能将它们混为一谈：“……意义要素的流通和生产，无论是作为目的和后效，可能会在权力领域中出现。后者不单是前者的一个方面。权力关系无论是否穿越交往关系，它们总是有其特殊性。”[③] 这两种关系各自强调的问题并不相同：交往关系强调的是符

① ［法］福柯著：《主体与权力》，转引自汪民安主编：《福柯读本》，北京，北京大学出版社，2010 年，第 289 页。

② 同上。

③ 同上。

号传播、相互性以及意义的生产；权力关系突出的是人作用于人的行为，以及双方之间存有的诸多差异在权力的运作下被维系、扩大或缩减。但福柯对它们做出区分，并不意味着它们就此分道扬镳或各司其职。反之，福柯是为了更明晰地描绘权力关系复杂的运作机制——权力关系对符号交往关系的借力、渗透和合作，“它们总是彼此重叠、互相支撑，为了让对方作为实现自己的目的而互相利用”。①

在这一点上，福柯与哈贝马斯意见不合（虽然他们之间的分歧出于哲学层面的根本性差异，但我们也可以仅从交往关系这一点出发来理解福柯与哈贝马斯之争）。福柯的权力观描绘了一幅由各种冲突、较量汇聚而成的图景，“法律规则”的合法性表象被还原至权力运作的动态情境，其中弥散着意义符号碰撞的硝烟。而哈贝马斯则认为合法的决定虽不代表所有人的意愿，却是“交往理性”的结果，也即意味着诉诸相互“理解”的自由的言说行为、真诚的言说主体，以及真实的言说内容的“交往行为”。② 福柯批评哈贝马斯对交往关系中权力运作的忽略，而哈贝马斯也根本无法接受福柯所描绘的这幅持续战斗（agonism）的图景，他坚持相信存在着一个由“交往理性”大行其道的、正义公平的社会终极形态。对此，福柯谈道：“尽管我想多一点地认同他，但当他赋予交往关系一个如此重要的地位，一个我称之为‘乌托邦’的功能时，我总是有一个疑问。认为存在着交往状态，其中真理游戏可以自由流通并且没有任何强制性的限制，这样的想法在我看来纯属乌托邦。”③

① ［法］福柯著：《主体与权力》，转引自汪民安主编：《福柯读本》，北京，北京大学出版社，2010 年，第 289 页。

② ［法］彼得 · 杜斯著：《福柯论权利与主体性》，转引自汪民安等编：《福柯的面孔》，北京，文化艺术出版社，2001 年，第 172—177 页。

③ Michel Foucault. *Ethics*：*Subjectivity and Truth*. New York，1977，p.298.

权力关系和交往关系与客观能力之间或不均衡地共存于一个体系、情境之中，或胶着在一起，构成福柯所说的“聚块（blocks）”，这些聚块的接合模式也各不相同，有的突出的是强调臣服的权力关系（诸如监狱，差异性的客观能力、管制性的符号交往与规训式的权力运作聚合于一个系统中，这种接合方式是为了凸显犯人的臣服）、有的突出的是强调生产性行为的客观能力（诸如工厂等生产性机构）、有的是突出人与人之间的符号交往关系（诸如学校），还有的是突出这三种关系相互融合、彼此渗透的状态。[①]总而言之，权力关系、交往关系和客观能力是三个相互区分的领域，但绝非三个超验物（而这恰好是哈贝马斯的观点），只有在权力关系“与后两者相关联的情况下，它才能得到恰当的理解”。[②]那么，权力关系以何种策略穿越符号交往关系？“知识”如何从中被抽离、构建、撒播？

从权力的运作形态来看，权力关系不只表现为对手间的激烈交锋，战争的模式毕竟只是一种隐喻。更准确地说，权力是通过对对方行为的“引导”来实施可能性的操纵。福柯使用“引导（conduct）”一词来概括权力运作模式：“引导”不同于通过高压机制对他人进行“领导（lead）”，而是在一种或多或少开放的行为领域中进行的活动。我们认为，它包含着几层意思：（1）现代社会权力运作的对象是自由的主体，暴力式的镇压、奴隶式的屈服并非现代权力运作的方式。（2）权力运作的策略在于算计、考量、刺激、引诱和煽动对象，“引导”其做出符合意愿的行为。（3）权

① 福柯举了军事的例子：“大量甚至是冗余的符号，既表示着，也牢牢地编织着权力关系，而这些权力关系又独具匠心地产生大量的技术效应。”转引自汪民安主编：《福柯读本》，北京：北京大学出版社，2010年，第290页。

② 汪民安主编：《福柯读本》，北京：北京大学出版社，2010年，第290页。

力的功能在于构建所需要的“主体”样态，从而实现社会的“凝聚形态”，维系权力较量的已有局面。“引导”的过程也是权力关系对交往关系渗透和利用的过程，或者说，交往关系支撑了权力之“引导”进程。最简单易见的是，交往双方在符号传播和意义生产中所处的先在的不对称地位为权力之“引导”提供了最便捷的条件，诸如在医生—患者、父母—子女、老师—学生、媒介—受众、主持人—受访者等关系类型中，双方的可能性行为域通常是不对称的，如受访者所拥有的（言语）行为空间是受到主持人限定的，换言之，主持人在更大程度上掌握着交谈的主题与深度，比受访者具有更多的（言语）行为之可能性。而权力关系是一种行为作用于行为的模式，当交往双方的可能性行为域不对称，这种针对可能性行为模式的“引导”自然更容易运行。我们可以说，这是权力的“显性”运作，但这样的分析显然是不够的，它只是逻辑层面的推演，而穿越符号交往关系（甚至是复杂的多层次交往关系）的“隐形”的权力实践策略是复杂、多变和机智的，我们必须在权力策略生产的层面进行提问——权力和知识之间的互动和合作是如何通过交往关系来完成的？权力如何隐藏在符号流的底层，利用精心编织的符号之网为对象穿上“主体”的外衣？

六、交往关系—权力关系：知识的构建与传播

前面谈到过权力运作的两大类型，被福柯比喻作鼠疫模式的“规训权力”与阻止流行病模式的“治理权力”。这两种模式都把“知识”的建构作为权力运作的后果和条件，而“知识”的获得与撤

播却必须穿越符号交往——通过容纳、观察，以及对组成成分的严密分析，知识得以积累、形成、投资于权力、增长、传播……交往关系，充当了权力运作与权力效能的重要中介。

权力的实施需要知识，但是知识如何获得？福柯一开始（考古学时期）就给科学与真理加上了巨大的括弧（在这一点上，福柯表现出他对胡塞尔悬置意义的体认），知识完整性的外衣被脱下，并显示出它在巨大历史空间中所留下的分裂的、不统一的轨迹。以考古学为方法论的系谱学则进一步追寻作为“真理”的知识话语所扮演的政治角色。知识话语的系谱学研究处于一条与科学史相反的轴线上，后者是认知—真理之轴，而系谱学则是话语—权力之轴。[①] 知识不是主观的认知，也不是客观的对象，它只是权力治理形式的内在成分。权力与知识不是外在相通，而是内在相融。我们不能把知识理解为权力的意识形态结果，或把权力理解为知识生产的强制性力量，倘若仅是如此，福柯所谈论的“规训”就绝无可能以遍布每个肉体的方式散布于整个社会，国家层面的“治理”也不可能表现为积极的“生命权力”。因此，福柯反对站在权力的外部分析权力运作，权力的内部空间也是与一切社会关系相互交错的地域，知识的生产与传播在这些关系中实现。而符号交往关系是所有社会关系的黏合剂，主体的客体化历程在符号关系所穿越的不同机构（社会关系）中完成。客体化的主体既是知识的主体，也是知识的对象，因此换个说法，我们要关注的正是知识如何行使对对象的干预？

知识堂而皇之地步入家庭、学校、教堂等由各种交往关系类型所确定的纪律领域中进行干预。人们看到是长着一副严谨而正义

① ［法］福柯著：《必须保卫社会》，钱翰译，上海：上海人民出版社，1999 年，第 169 页。

面孔的知识，却看不到、感受不到权力，而权力关系的运作已然开始。以精神病权力为例，这是福柯在 1973 年到 1975 年所研究的问题之一，它们被浓缩为法兰西学院的两本授课集，分别是《精神病学的权力》和《不正常的人》。福柯指出，自 19 世纪以来，精神病学一步步完成了与司法的联姻，由精神病学化的一群有罪的“反常的人”（反常：perversion）出现了。它意味着把“有罪—惩罚”和“有病—治疗”的两级混合为一个整体的制度体系，这个制度的对象既是罪犯，又是病人；同时，既不完全是罪犯，又不完全是病人，他是具有潜在危险的个人。正是“反常”与“危险”促成了这场联姻：由法医鉴定所描述的“反常”概念，把属于司法范畴的不端行为与或多或少可纳入精神病学、心理学和医学范畴的阐述接合起来；[①]“危险的个人”则在逻辑上整合了司法与医学的链条。精神病学与司法权力结合的结果是诞生了“外行的”司法鉴定，“医学鉴定从一开始就违背了法律；刑事精神病学鉴定从它的第一个字起就丑化了医学知识和精神病学知识。它无论与法律还是医学都不是同质的……它是从外面来的，带着不同的术语，不同的规范，不同的构型规则……法医鉴定针对的不是犯人或无辜者，也不是与非病人相

① 福柯举了好几个司法案例，司法鉴定所使用的阐述方式意味着惩罚的对象发生转移，从行为过渡到品行，最犯罪过渡到生活方式。犯罪从而被转移到个人的品行之中，品行所违反的自然不是法律，它违反的是道德和伦理的规则。因而，精神病学鉴定实现了从行为到规则的转换，权力借助精神病学的知识把规则之网撒向人群。然后，福柯指出，这种所谓的医学范畴的阐述是幼稚、粗糙和含糊不清的。诸如“性格不细腻”“心理不成熟”“优柔寡断”“情感的深度不平衡”这些描述主体缺陷的精神病学话语显然是幼稚可笑的。因此，福柯不无犀利地指出：“……一个精神病学鉴定人所说的，处于精神病学的认知论水准的一千倍一下。”转引自［法］福柯著：《不正常的人》，钱翰译，上海：上海人民出版社，第 28 页。

对的病人……它所针对的是‘不正常的人’这个范畴”。[1]因此，医学鉴定的专业与否，完全不重要，它只是权力达成其目标的手段的而已，权力与知识的结合是为了实现“规范化的权力运作（power of normalisation）”，即成为对“不正常”进行控制的机构，而不是针对犯罪行为和疾病的控制。于是，拥有知识面孔的权力轻而易举地穿越了各种交往机制，捕获了它所需要寻找的“不正常的”对象而又不受到人们的抵触，相反，是完美的合作。

在前文中，我们曾谈到过疯癫在古典时期的内部结构，即谵妄话语。而19世纪始，“疯癫不再是意识层面上无能的印记，而是行为层面上危险的策源地”。[2]疯癫是一种危险，它首先意味着对家庭的威胁。因此，权力顺理成章地介入了家庭，介入了父母—孩子，兄弟—姐妹，丈夫—妻子，甚至是亲属之间的所有的交往关系中。或者说，知识理所当然地对家庭行使了干预措施——精神病学专家不只是治疗者和研究者，他更为重要的身份是以专业知识来维系家庭安全的监督者。他有责任避免危害性的事件发生，同时，家庭更有义务和需要配合知识专家的工作。这是权力与家庭最完美的合作，在这样的进程中，没有任何怨言和强制。权力从家庭的交往关系中提取了他想要的信息，这些信息成为将权力对象医学化的依据：孩童暴力、凶狠的举止意味着疯癫的初期症状，从他成为犯罪的不正常的人之前，他就先已被医学化……

这种被知识干预的“不正常”还包括另一个很重要的层面，即性的不正常。权力对性的“规范”同样也穿越了符号交往关系，福柯以“坦白机制”概括了权力的策略。在西方基督教的牧领机制中，

① [法]福柯著：《不正常的人》，钱翰译，上海：上海人民出版社，第32页。
② 同上，第115页。

牧师对他的信徒有教育的义务，教育不仅是上课式的宣讲，更是树立榜样的言传身教。权力为了达到其目的不得不呼唤知识——有关言行举止的知识，它通过监视和观察人们的日常行为来实施连续性的调控。于是牧师与其对象的交往关系被权力关系强制性地介入，它要求人们必须向牧师开放自身的精神领域，在自白和精神检查中，“人们就形成了关于自我的某种真实。从自我出发，人们抽取和生产某种真理，通过这种真实”，①牧领权力发挥了其效能：在人们被迫接受真理的过程中，基督教的牧领机制建立了权力策略的技艺，“通过这种技艺，某种真理、隐秘的真理，内部的真理，隐藏的灵魂的真理，将成为一种要素，牧师的权利通过这种要素得以运转”。②知识通过权力关系影响下的符号交往被生产出来，在隐秘的和内心的真理中，个体成为知识的对象，它反过来又成为权力发挥作用、制造臣服主体的楔子。总而言之，符号的传播充当着权力—知识关系的中介，“不同的言说形式——自我反应、盘问、自白、诠释、交谈——在交流中充当着不停地传递不同的制约形式和知识模式的媒介”。③

即使对于有关性的医学知识而言，遗传学、病理学的严肃外衣让人们认为这是无功利、客观的知识，而福柯却提醒人们，它只是“权力根据自己的需要……将禁止的机制引入其中并使其发挥作用

① ［法］福柯著：《安全、领土与人口》，钱翰，陈晓径译，上海：上海人民出版社，2010年，第159页。

② 同上，第158页。

③ ［法］福柯著：《性经验史（第一卷）：认知的意志》，佘碧平译，上海：上海人民出版社，2005年，第64页。

的领域”。[1] 在18、19世纪，针对儿童性问题的运动中，医学狡黠地参与进来，历史病因学和遗传学围绕儿童的性被构建出来。对于这场运动，马尔库塞式的学者倾向于给出“压抑说”的解释，即资本主义对性的压抑。而福柯却以更深邃的目光洞察了权力运作的战术：手淫的儿童受到医学话语的威胁，他们将疾病缠身、在病榻上度过漫长的未来。医学知识与儿童的行为实践联系起来，福柯指出这“是一种体质化、病理化，而不是道德化”。[2] 于是医学话语理所当然地介入家庭交往关系之中，知识成为权力关系渗透交往关系的绝佳中介：医生把知识传播给父母，它自然产生了权力所希望的监视效果——对儿童无休止的监视；对周围环境（佣人、保姆、亲属等）中任何可能诱发儿童性意识的元素的苛刻监视，其后果是构建新的家庭模式，即“父母—孩子”的紧凑小家庭，这才是儿童性话语的真正目的。[3] 也就是说，权力关系堂而皇之地干涉父母—儿童的家庭交往关系，通过对医学知识的传播，父母不得不把孩子变成知识的对象，也把自己变成知识的主体，把监视中所获得的有关儿童的信息报告给医生和科学机构——家庭权力从而与医学权力胶着在一起，家庭把自己变成知识的传播者。

另外，交往体系不只是家庭、学校这样的结构性单位，我们不能忘记在现代社会的交往系统中发挥重要功能的大众媒介，“福柯指出，现代媒体与当代权力关系网络之间形成了一个全面的社会控制

---

① ［法］福柯著：《性经验史（第一卷）：认知的意志》，佘碧平译，上海：上海人民出版社，2005年，第64页。

② ［法］福柯著：《不正常的人》，钱翰译，上海：上海人民出版社，2010年，第198页。

③ 构建对儿童连续监视的新的家庭形式的目的在于保证儿童的规范性成长。这又是规范化的权力所干预的手段之一。

网”。[①]除却权力对媒介话语显而易见地干预之外（出版发行权限制、事前审查制度等），权力又是如何以不被察觉的方式穿越大众媒介所建立的交往关系呢？知识是权力向其对象实施运作的一把楔子，这是一把隐形的楔子，它几乎在权力对象不经意时实现其目的。大众媒介系统作为权力运作的重要中介，加快了知识扩散的进程。

福柯在《规训与惩罚》中颇有洞见地指出，现代监狱体制不只是惩罚司法判决的罪犯，而是建构成“过失犯（delinquency）”——由于生活经历及自身性格、本能和习性等内在特征而导致犯罪的罪犯，反过来又因为监狱的非社会化、危险的生活方式而导致释放后再次犯罪的累犯。“过失犯罪”成为一个潜在的知识领域覆盖了司法实践，它是能够分解非法活动、把过失犯罪分解出来、不旨在消灭违法行为，而意在区分和利用它们的政治运作行为。“过失犯”概念暗示着与底层社会间千丝万缕的联系，它既被用在以法律文本或刑法理论的形式压制贫民的非法活动，犯罪行为撇清了与利益或个人冲动的关联，转向特定的社会阶级，底层民众被称为“劣等人种”和“恶习难改的阶级”；[②]也被用于社会秩序控制中，即切断释放过失犯与下层居民的联系。大众媒介在其中扮演了很重要的角色，权力借助“社会新闻”的形式给过失犯的概念罩上极其精巧的栅网：犯罪新闻每天层出不穷，让人们觉得过失犯时刻危险地活动在身边，令人恐惧。“社会新闻侵入了一部分报刊，并开始拥有自己的报纸……日复一日地描述一种反对不露面的敌人的内战。在这场战争中，它成为

① 高宣扬著：《福柯的生存美学》，北京：中国人民大学出版社，2010年，第322页。

② ［法］福柯著：《规训与惩罚》，刘北成，杨远婴译，北京：生活·读书·新知三联书店，2007年，第311页。

报警或报捷的日常公告。”[①] 权力的策略产生了效果，它“反映在工人运动中对获释的一般犯人的普遍不信任中……由蔑视——这堵最高的墙——所包围的监狱，最终把一批不受欢迎的人关了起来”。[②]

在前文所提及的关于儿童的性的运动中，大众媒介也充当了传播知识的推进器，大量的书籍跨越医学领域，成为普通人的阅读文本。福柯认为，这种性话语形式已“不太像是一种科学分析，而更是一种真正的运动形式：这是告诫，这是建议，这是命题”。[③] 性的知识迅速地扩散开去，通过给父母的指南、针对儿童的文章、配有触目惊心的儿童照片插图的书籍、宣传单页，甚至还有栩栩如生的儿童蜡像展览馆……

权力如何利用大众媒介？通过知识的传播。知识如何被传播？媒介对知识的传播主要通过两种方式：其一，传播知识本身；其二，传播知识的对象。在儿童的性知识传播策略中，我们看到这两者的完美结合，关于手淫儿童的种种病因学、遗传学和精神分析学知识通过各类媒介传播给父母，同时，病态的儿童作为知识的对象也以各种方式呈现出来。在关于过失犯报道的社会新闻中，作为知识对象的过失犯忽然从原本模糊的远方出现在人们的身边……大众媒介对知识的传播方式体现出权力的战术：权力以各种策略来操控知识的传播密度和修辞手段，更常见的是对知识对象“呈现”方式的精心策划：通过变形、渲染、夸张，或重复等手段来实现对权力对象的煽动、挑拨和刺激。

---

① ［法］福柯著：《规训与惩罚》，刘北成，杨远婴译，北京：生活·读书·新知三联书店，2007 年，第 323 页。

② 同上，第 324 页。

③ ［法］福柯著：《不正常的人》，钱翰译，上海：上海人民出版社，第 196 页。

福柯对精神病学、基督教坦白机制、司法—知识话语以及性话语的权力运作分析，都是针对西方文化展开的，这些问题有着厚重的历史感。因此，对于今天的我们来说，它们看上去似乎遥远而模糊。但是，我们必须明白，尽管中西方的历史与文化在诸多方面存在差异（司法与精神病学的接合、坦白机制，以及性的控制，也许并不适用于中国历史与文化），但关键问题不在于如何确定具体的研究对象，而是福柯为我们提供了一个非常重要的视角——话语与权力的视角。它打破了根植于主体哲学之上的人类历史起源、意识形态论、压制模式等占据主流位置的理解范式，为我们展现出深刻的、全新的理论图景：人与话语不能同时出场，不同于言语的话语永远只能在实践中展开，知识话语的系谱学要追问的是权力对真理的生产，以及主体如何落入真理的游戏漩涡之中。福柯的视角对于传播学的价值是深厚的：我们已经习惯性地从总体化的意识形态角度向媒介符号发问，把阶级或阶层利益与信息符码直接挂钩。或者说，我们已经习惯于把符号视作某一群体利益的表征，尝试通过对符号的解构来还原隐藏于其中的意识形态。总而言之，符号学派把对符号的批判局限在一个有着明确边界的符号世界里，它始终在符号与意识形态斗争的问题上喋喋不休。这是“对意识形态所做的古典式批判，更像是辩证的批判，如我们所熟知的马克思、葛兰西、德国批判学派——阿多诺、马尔库塞和哈贝马斯”。[①] 而福柯则彻底毁掉了符号的边界，传播学的批判性反思应该发生在现实里。符号的生产、传播与转换注定是实践性的，那个总是对应于某种现实的符号域只是人们想象，或者说，人们在想象中把现实与符号画了

① ［英］斯各特·拉什著：《信息批判》，杨德睿译，北京：北京大学出版社，2009 年，第 179 页。

一条分界线。从福柯的角度看过去，受众对符码的抵抗性解读并不只是发生在文本中（或先发生于文本再推演到现实），任何治理（government）与反抗都发生在现实的实践之中，权力关系总是穿越、借助、依赖于符号交往关系而运作，权力没有什么固有的形态，它的形态就是它的运动方式。从福柯出发，传播学研究开启了新的疆域：我们将不再纠缠于符号与意识形态的关系之中，而将目光转向贯穿整个社会实践的符号生产与流通机制。对于福柯来说，他要弄清楚的是“在一个团体、阶级和社会中权力之网如何运作，每个人在权力之网中如何定位”[①]的问题，对于传播学来说，我们要关注的则是在怎样的机制下，交往关系与权力关系之间的合作达到最优化？它们之间的接合愈是显得合理，权力的效能就愈大，借助知识的权力关系正是在符号的扩散传播中对权力对象的可能的行为方式产生影响。也就是说，传统的批判学派总是不可避免地站在实践的外部进行符号批判，而福柯却把我们推向实践的内部空间，或者说，根本就没有外部了，符号的批判性反思无须再去寻找与它对称的现实位置，符号就是实践。知识的利刃隐藏在符号流中，它是权力关系发挥效能的绝佳中介，知识通过符号交往被精巧地提取、分析、构建，同时又通过符号交往被权力关系之对象无意识地、自愿地接受——知识的传播不会让人产生政治宣传时的反感情绪，反而主动地、自愿地将自己构建为知识的主体。同样，持有知识的传播者也“可能完全没有管理者的身份，对管理的艺术兴趣了然，但权力的运作却无法避开知识的结论和后果”。[②] 权力利用了知识，用知识之网

① 莫伟民等著：《二十世纪法国哲学》，北京：人民出版社，2008 年，第 513 页。

② ［法］福柯著：《安全、领土与人口》，钱翰，陈晓径译，上海：上海人民出版社，2010 年，第 314 页。

捕获了符号交往中的对象。

我们看到，身为哲学家、历史学家的福柯并未给予传播问题过多的关注，他的著作中也没有专门的章节来集中研究传播符号或大众媒介。然而，传播学领域对福柯思想的探索激情却从未因此而冷却，原因何在？

福柯毕生的研究始终聚焦于“主体”，他对权力和知识话语的研究都在于探究臣服的、依赖他人的主体被培育和塑就的秘密。福柯的考古学和系谱学研究把这样的场景推到我们眼前：知识话语在权力的支撑下像花岗岩一样层积而成，它光滑坚硬的外表下却充斥着无数的断层和罅隙，它们暴露了权力精巧运作的痕迹，正是从这些脆弱的断层处出发，福柯完成了他的“真理”解构之旅。在知识成为真理、在真理构建主体的过程中，对知识传播机制的研究必然具有非常重要的意义，也正是在这一点上，福柯理论与传播学研究勾连起来了。传播学研究什么？从美国行政学派之“符号传递”的视角来看，研究的是“如何传递更有效”的问题；从符号学派之“意义生产与交换”的角度来说，研究聚焦于“符号流的底层发生着什么”。从这一点来说，我们可以把福柯思想划入符号学派的范畴，他们在基本立场上是一致的，即使福柯拒绝马克思的经济—阶级论、葛兰西的“文化霸权”、哈贝马斯的交往理性和阿多诺的否定辩证法，但他们都对启蒙理性进行了质疑与批判，都致力于解救被异化、压抑与构建的主体。权力利用知识的实践策略穿越了符号交往，知识对主体的奴役通过符号的意义生产与扩散得以实现。我们看到，福柯的思想体系广泛地关涉传播学的诸多研究问题：在大众媒介的知识传播策略层面，福柯对整个话语社会实践的深邃的反思远远超越了经验研究的视野；在权力的规训机制层面，冗余信息与权力策略间的勾连显现出来；动态的、非实体的权力观描绘了一个遍布整个社会的、分散的、巨大的符号意义斗争的场域，每个分战场都有其具体的“压制—反抗”策略，对权力实践的分析关涉意义生产与社会身份、情境等各元素间的关系……福柯思想体系为传播学研究打开新的思路，我们可以尝试离开意识形态和文化霸权的模式，对意义生产与传播的分析可以结合宏观的知识话语与微观场域的权力斗争战术：前者涉及系统的知识话语形式，如精神病学、犯罪学、临床医学、人文科学等；后者指向文本层面的话语实践，如家庭话语、课堂话语，医患话语等。传播学的批判研究将可能做到既针砭时弊又不落入乌托邦的窠臼。

关于“权力”“交往”“知识”与“主体”之间的关系，我们可以用下图进行总体概括：权力关系与交往关系相互区别但并不彼此孤立，图中权力关系在交往关系之外，并不表示符号交往隶属于权力关系的范畴，只是为了强调权力关系对符号交往的支撑、利用与穿越。在权力关系与交往关系的相互作用中，知识话语被构建、生产出来，同时，权力又通过各种策略在符号交往的过程中传播知识，权力关系的现有状态在知识的传播实践中得以维系。权力的一切实践都在于构建、培养臣服的“主体”。整个权力实践体系为传播学研究带来了新的契机——传播学视域的知识话语实践分析开拓了批判研究的新视野。

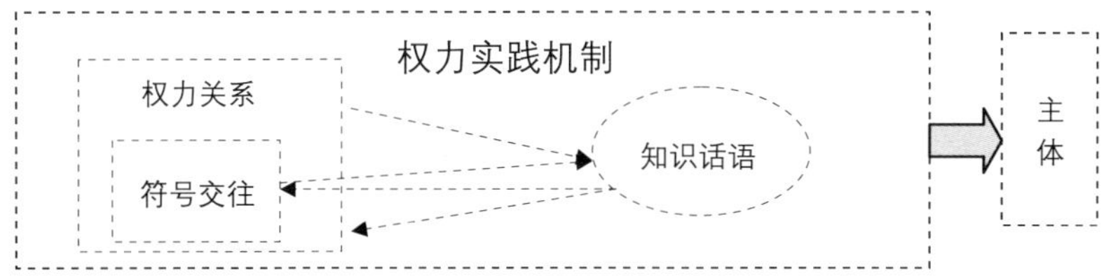

第五章

“现时代”中的传播学

“我的问题不是在演变中研究思想史，而是从思想的底下研究这样那样的物怎样成为认识之可能的对象。”

——福柯：《结构主义与后结构主义》

当“大众（mass）”的概念随着新媒介技术对现代人生活的强势介入，变得越来越模糊甚至“销声匿迹”时，作为传播学学科曾经核心支撑性研究的“大众传播学”似乎遭遇了“重创”：当“大众”被“用户（user）”的指称取代，“大众传播学”在“新媒体”研究的映照下显得“过气老套”。新技术打破、降低了传播的门槛，信息快速地流动，“受众”因为配备了“技术装备”而获得一定的信息传播能力就转身变成了“用户”，“用户”这个指称似乎标明了传统受众身份的某种反转和崛起，但却裹挟着难以被忽略的商业气息。新媒体研究，从谁的立场切入？代表谁的利益？大众传播学的重要性是否真的在技术的革新下就此被埋入历史？或者说，现时代的传播学研究是否已把大众传播学涂抹干净？再进一步“刨根问底”的是，我们如何理解“现时代”？是对它做一个描述性的历时截取，还是看作可以有某种内在特质/规定性的东西？学科所嵌入其中的时代性为学科自身提出了怎样的要求？传播学与福柯的相遇，应该被如何安放？

第一节 大众传播学经验研究的视野局限

我们姑且不从“大众（mass）”的内在规定性去看“大众”是否仍然存在的问题，仅从对“大众”形成推动力量的传播技术平台来看，新媒体技术的传播方式是对传统自上往下的传播技术的巨大颠覆。当技术改变，我们是否就可以认为，“大众”是否就随之消逝？对“大众传播学（mass communication）”的研究是否已失去意义？对这个问题的回答，我们需要厘清的是：首先，从大众传播学的历史生发来看大众传播学的内在构成、研究对象和研究问题是什么？其次，再去看这样的对象和问题在新的技术语境下是否依然成立？

从时间上看，19 世纪爆发的第一次世界大战让人们萌生了研究传播行为的兴趣，第二次世界大战更是促使思想界对人类文明的巨大危机进行深刻的反思，对推动这场沉重灾难背后的“盲目的大众之何以可能”的追问，促生了有关宣传效果和受众行为的研究。我们看到，不同专业的学者们从各自的兴趣出发，关注舆论与报纸、政治宣传、电影与儿童、商业广告的传播影响等不同主题，都指向大众传播效果和行为的研究，从而推动一门新的学科浮出水面。美国学者施拉姆于 1949 年出版的《大众传播学》成为传播学学科诞生的标志。我们看到，传播学是时代催生的产物，战争、科学技术和政治实践所带来了一系列紧迫问题直接催生了传播学。传播学自孕育之时就怀有强烈的实践倾向，美国传统学派对具体社会问题进行修补的努力，很清楚地说明了这一点。但这种“实践的维度”受到了越来越狭隘的限定，诞生于美国的传播学学科框架在施拉姆的引导下，有着浓厚的实用倾向：“以控制为核心内涵，以效果研究为主要领域，以实证研究为主要方法，以个体主义为主要框架，以微观的服务于主流利益团体为价值立场的传播研究范式。”[①] 当知识学术性的维度受到过多干预和挤压，就影响到传播学的学科发展。

二战的灾难，拉响了人类文明危机的警报，人类理性不得不痛苦地面对和承认自身的严重缺陷，“生活该怎样重建”遭遇了巨大的理论困境和实践挑战。在这样的情境下，关于“传播（communication）”问题的讨论，一定不只是对“即时的”、微观的、局部经验的传播行为和效果的讨论，还一定包括了使得社会之为社会、人之为人的那样的一种宏观的、结构性的传播。社会联结以怎样的方式在传播中得以实现？社会中的个体是怎样在传播实践中被构建成如此这般的模样？如果换成福柯式的问题就是，传播如何完成对真理的合理化？自我的边界怎样在传播中成为可能？……我们看到，不同的视角下提出了全然不同的关于“传播”的问题，传播批判学派对“传播”的理解和提问与美国传统学派有着根本的差异。两大学派之间经历了很多对话的尝试和努力，但遗憾的是，两者仅在方法论层面取得了有限的调和，理论和立场的鸿沟依然难以弥合。研究背后的框架和范式决定了理论的走向和结构性的限定。

我们所熟悉的是，美国传统学派受到实证主义、功能主义和日渐式微的行为主义的影响，社会学、政治学和心理学是传播学传统学派最直接的思想养料，后者在前者已有的视角和方法上，搭建起自己的理论系统。仅从这里看，传统学派与深受欧陆哲学影响的批

① 胡翼青著：《传播学科建制发展的两难境地》，载《当代传播》，2011 年第三期。

判学派之间确实有着巨大的理论鸿沟，而同样不能忽视的是，两大学派之间对话的努力，也并非一无所获。在批判学派强烈的批评下，传统学派从批判学派那里吸纳了新的研究视角，从关注个人行为的微观视角到“大众媒介—社会”的结构性研究，“议程设置论”“沉默的螺旋”“涵养理论”等经典理论都体现了这种变化。从时间上看，20世纪70年代，“社会现实建构论（TCSR–The Construction of Social Reality）”在当时有着重要的理论影响力，“在对新闻、科学、越轨行为和社会科学研究的多个领域中被大量采用”，[①]议程设置等理论都受到建构论的影响，并且这种影响力在理论的自身发展过程中愈见清晰。[②]

社会建构论本身经历了内部的理论发展与变迁，它可以分成不同的理论阶段或分支，彼此间有总体性框架的相似，但其内在差异也不能被忽略。那么我们在这里的问题是，对传播学理论产生重要影响的社会建构论，具体来说，是建构论内部的哪种理论范式对传播学的影响最大？这种范式的特点和内在有限性是什么？这样的有限性为传播学研究带来了怎样的问题？从这个角度来看，福柯理论又有怎样的理论价值？

从学术传统上说，社会建构论受到现象学的影响最大，20世纪60年代末出版的《现实的社会建构：知识社会学》[③]一书成为建

---

① Joel Best. Historical Development and Defining Issues of Constructionist Inquiry. In J. A. Holstein and J. F. Gubrium（eds.）. *Handbook of Constructionist Research*. New York：The Guilford Press，2008，p.43. 转引自林聚任著：《社会建构论的兴起与社会理论重建》，载《天津社会科学》，2015年第5期，第59页。

② 诸如政策议程设置是议程设置理论的进一步发展，理论对实证取向的克服、对意识形态的强调都愈来愈接近社会建构论的框架。

③ Peter L. Berger，Thomas Luckmann. *The Social Construction of Reality*：*A Treatise in the Sociology of Knowledge*. New York：Anchor，1966.

构论宣言式的著作，作者伯格（Peter L. Berger）和卢克曼（Thomas Luckmann）在社会学理论上受益于阿尔弗雷德·舒茨的现象学；之后的建构论获得迅速发展，社会建构的视角在诸多学科领域被广泛采纳，并在70年代得到更进一步的理论扩展，以库恩的科学知识社会学为重要代表，科学知识的“去意识形态”的“特殊性”被打掉，科学也从“建构”的视角被观照；建构论在80年代后期受到后现代思潮的推动，福柯成为社会建构论理论更新的重要思想资源。通过对建构论的理论发展进程做简单梳理，我们可以发现，建构论对传播学传统学派影响最大的阶段，还是在早期现象学的阶段。从现象学的理论框架到后现代思潮，建构论的理论内部虽有连续性，但也有突破和理论转折。

早期建构论源于舒茨社会现象学的理论给养，舒茨是胡塞尔的学生，我们不妨从理论源头处来看胡塞尔现象学所决定的理论的内在有限性。在胡塞尔那里，通过对自我意识的意向性考察，试图指向纯粹先验自我，先验主体结构成为真理获得的保障。在对先验自我的还原中，胡塞尔发展了主体间性（intersubjectivity）理论，单一的先验自我在此基础上与广阔的世界中与他者相遇，“先验的主体间性，是以各种不同的方式实现群体化的单子的大全”。[①] 但胡塞尔的目的并非描述经验现象，而是建议直观先验的本质，主体间性不关注个体间相互作用的主观理解，而是个体意识对他人的普遍有效性问题。在后期胡塞尔发现纯粹意识的先验主体之路是行不通的，现象学还原势必要退回到主体间性的经验领域，他提出了“生活世界（lebenswelt）”的概念，“生活世界”通过主体间性获得其内涵，主

① Edmund Husserl，Cartesian Meditations. *An Introduction to Phenomenology*. Trans. Dorion Cairns. The Hague：Martinus Nijhoff，1977，p.156.

体被理解为某种复杂的共同体或传统所建构起来的某种构成之物。但“在胡塞尔那里，与人有关的‘生活世界’只是作为先验分析的出发点才成为先验分析的出发点”，[①]“生活世界”只是通向超验还原的一个通道。舒茨批判性地把胡塞尔现象学引入社会学领域，他认为胡塞尔以自我主体为基础的意识哲学无法真正解决主体间性的问题，只有在日常生活的实践行为中，才能实现主体间的互动与共识。“我的日常生活……从一开始就是一个主体间性的世界，是我与我周围的人共有的、由他人经历和解释的这样一个世界……它是我们所有人共有的世界。”[②]人们对事件的理解被还原为个人的独特经验，个体是通过与他人的符号互动获得对社会现实的理解，因此并没有普遍的现实，在不同的文化群体中，人们对现实意义的认知是不同的。源于胡塞尔的现象社会学通过社会建构论的框架对传播学产生了重要影响：社会建构论认为在符号互动过程中的个体在传播意愿和传播行为上是有一定自由的，文化群体内的互动形成了个体对知识的理解，同时知识又构成有关他人行动的诠释系统。“知识”的获得由其文化经验结构所决定，因而知识也随着文化环境的改变而变化。尽管舒茨在很大程度上克服了胡塞尔现象学“生活世界”和“主体间性”理论浓厚的先验色彩，但胡塞尔现象学所采纳的主体哲学的基本框架则不可避免地在传播学研究中暴露其局限性：现象社会学把“理性的意识主体”作为逻辑前提，认为生活世界中的个体具有理性的、自由的选择能力，作为实体的社会现实可以被理性主体所

① 倪梁康著：《现象学及其效应》，北京：生活・读书・新知三联书店，1995年，第38页。

② Alfred Schutz. *On Phenomenology and Social Relations*. Chicago：University of Chicago Press，1970，p.163. 转引自［美］斯蒂文・小约翰著：《传播理论》，北京：中国社会科学出版社，1999年，第319页。

认知，“真理”并不是普遍的，因为“真理”的先验结构在于各文化群体间的符号互动，但“真理”存在于同一文化范畴内。意识主体范式决定了胡塞尔现象学必然只聚焦于符号互动的层次，而不会质疑能动主体行为背后的种种决定性力量，它忽视传播行为背后纵深的历史维度，相信在理性主体自愿互动中的生活世界必然显示其合理性，因此现象学不对合理化形式做任何程度的质疑。

当社会建构论的影响辐射到传播学，为传播学带来了新的提问，大众媒介如何参与个体对现实的认知？大众媒介如何对社会的“共识”形式发生影响？但胡塞尔现象学与日常解释学的理论框架决定了研究的内在有限性：主要诉诸对媒介文本的内容和形式进行语言学层面的分析来研究影响个体经验构成的意义规则，并不关注媒介文本与其他文本形式所构筑的宏大话语网络对不同领域的知识构建过程（学科知识以及日常知识），以及通过知识对人们的认知结构产生影响的目的所在。换言之，理论缺少研究媒介文本背后的意识形态斗争和权力争夺等问题的宏观视野，这也正是美国传统学派与批判学派的分水岭处，后者对认知合理化的质疑源于对理性意识主体的批判。

关于对传播学影响深刻的“日常解释学”，我们在前面章节谈到过海德格尔的解释学。海德格尔把自己的所使用的解释学区别于“日常解释学”，后者对社会学、政治学，以及传播学等学科产生直接影响，它所关注的是人们日常实践和话语中存在的、被实践者所忽视的“原始理解”，只要揭示了被掩藏的真相，社会实践者就会认识到它的存在从而消除误解。这种意义上的“解释学（hermeneutic）”一词出自希腊语词源（hermaneus）所涉的希腊神话中的向人们传播命运信息的“神使”赫尔墨斯（Hermos）。“解释学”

就是赫尔墨斯带来的解释的艺术，它试图发现句子下面的意义，这些句子即使不是上帝写的，也是过去写的。解释学忽略了对文本之间关系的质询，它从来不对对象发问：为什么出现的是这些文本，而不是别的文本？

解释学受到批判学者的批评，“传统理论的批评家们认为阐释理论忽视了影响人类行为的心理与社会结构。只注重意识中的经验，看不到外部因素影响人类生活的方式。解释性媒体研究就是这样一个例子……认知是一套复杂的过程，许多这样的过程，个人是看不见的……控制社会生活的许多重要结构是在意识之外的”。[①]“解释性学派没有能做到这一点仅仅是使压制性的权力结构合理化，并保持社会中的压制。从这一角度看，现象学最有意义的问题是它否认了日常体验的政治本质。”[②]解释学对大众传播的影响体现在对媒介文本的受众认知研究中。在研究方法层面，解释学通过以内容分析为主，并结合访谈法、问卷调查和田野调查等实证方法来探究受众的对媒介文本的意义认知；在研究内容层面，解释学辐射到“认知理论”（包括平衡论、对称论、认知不和谐论等微观理论）、“使用与满足理论”，以及传播效果等各研究领域。尽管解释学对大众传播研究的诸多理论产生影响，但相同的一点是，它始终不关注影响媒介文本结构背后的意识形态和其他因素，也正是对媒介编码的淡漠，使得媒介解释学研究始终外在于批判研究的视域。

可以说受到现象学框架的建构论影响的传播学传统学派，是“改良”之后的面貌，从总体的研究视角上说，建构论已然是对实证

① ［美］斯蒂文·小约翰著：《传播理论》，北京：中国社会科学出版社，1999 年，第 394 页。

② 同上，第 397 页。

主义的克服和挑战；而主流的传统理论仍然在很大程度上受到实证主义的影响。

伴随着现代世界而来的不只是科学、技术和现代国家，还有重要的思想上的变迁，即对形而上学的彻底抛弃。它意味着在康德那里被承认的“物自体（thing itself）”已经被宣布彻底无意义，“现象界”成为人类生活的全部的有意义的内容。巨大的“人”的影像牢牢支撑着实证主义的内核，理性主体被放置在世界的中央，成为赋予世界以意义的那个源头。上帝和形而上学被“骄傲自大的”现代人彻底抛弃。

对于实证主义所内置的意识主体的范式，福柯并不把笛卡尔作为起点，而认为它始于康德。笛卡尔以来，西方哲学把“人”推向世界的中心，世界沦为理性主体的表象，作为实体的“主体”成为一切哲学反思之原点；而自康德始，理性的澄明主体不再，“我思”暴露了认知的局限性，对认知的基础、认知的界限和真理的保障的疑问把“人”的问题置于哲学的中心，从各领域展开的对“先验—有限性”的思考促使理性以多种形式扩散开去，多元的合理化形式把理性主体推至极限。福柯认为，在康德之前，理性哲学对人的思考始终是第二位的，第一位是对无限的思考，即作为实体的真理如何才能无误地被获得？而康德实则带来的是无限有限性的让位。因此，福柯把康德哲学称作“人类学”的开端，福柯所谓的人类学“是指哲学特有的某种结构，它决定了目前哲学的所有问题都处于某一特定的范围内，即人类的局限性”，[①]对有限存在的人的反思促使现代“哲学成了一种文化形式，它可以包括所有关于普遍意义上的人

① 《哲学与心理学》，福柯于1965年2月27日在电视节目中接受采访的实录，转引自杜小真编选：《福柯集》，上海：上海远东出版社，1998年，第69页。

的科学”。[①] 实证主义的涌动正是对这种“人类学”的响应。在传播学传统学派那里，我们可以很清晰地看到实证主义的范式，对大众传播的社会功能及传播效果的研究，通过心理学和社会学的研究方法展开，即以心理控制实验、抽样调查、文献分析和实地研究四大实证研究方法为主。

实证主义和现象学的框架几乎支撑了传播学研究的“半壁江山”，大众传播学在二战的历史情境中诞生，传统学派要问的是，怎样的传播才能维系一个现代社会的“文明（civilization）”进程？批判学派要问的是，现代人怎样在传播中获得自我身份的界定？不被盲目的权力的力量所左右的自由的“个体”的实践如何展开？这是两个不同方向的提问，发问的立足点不同，在问题的具体展开路径上，彼此之间可以有对话和融合，但方向性的视角决定了两者的结构性差异。但这样的提问本身，对于“大众媒介”已然没落的新媒体时代来说，显然是依然有效的。面对新的媒介技术和新的传播方式，批判学派依然要问，它和权力之间是如何纠缠的？个体实践如何可能？传统学派也同样要问，全新的传播方式带来了与传统“受众”不同的、更为主动的、并具有一定信息传播手段和能力的“用户”，面对如此情境，国家立场的信息传播如何更有效地进行？社会的聚合和稳定如何维系？因此，我们可以回答在本章一开头提出的问题，大众传播研究并没有“过时”，它的问题与现实关怀在新的技术语境下同样适用。但同时，我们也看到，实证主义和现象学的框架本身决定了传播学主流研究中的意识主体范式，在这样的理论视角中，“媒介与人”和“媒介与社会结构”的问题无法得到根本性

① 《哲学与心理学》，福柯于 1965 年 2 月 27 日在电视节目中接受采访的实录，转引自杜小真编选：《福柯集》，上海：上海远东出版社，1998 年，第 69 页。

的反思，研究隐藏着与生俱来的有限性：权力总是隐形地站在理论之外，并伺机成为理论研究的受惠者。脱离权力的“纯粹”知识在这里难以生存，学者在不断细化和完善理论的同时也不自觉地促成了权力合理化形式的多元化，从而使得对“人”的进一步控制成为可能。

当我们“切开”传播学的内部，厘清它的来龙去脉，那么，我们自然会带出下一个问题：今天是怎样的时代？现时代对传播学学科提出怎样的要求？传播学与福柯理论的相遇意味着什么？

第二节
何谓“现时代”：一种“态度”

诞生于二战后的传播学，发端于对时代的反思和疑问，对现实的敏感、实践维度的关怀与责任，作为一种学科内在的特点，渗透于传播学研究中。无论批判学派与传统学派有多么大的理论结构上的差异，但它们都以自己的立场和方式去提出关乎这个时代的问题。那么，今天的传播学嵌于怎样的时代？虽然传播学的研究对象经历了从大众媒介到新媒介，从“受众”到“用户”的变迁，但通过前文的分析，我们看到，传播学提问的方式仍然有效；而我们依然要问的是，技术的革新是否带来时代的撕裂？从“过去”进入到“现在”，它是否有其内在连续性？这样的一个时代，内在规定性对深嵌于这个时代的传播学学科来说，又提出了怎样的要求？

一、启蒙与现代性

如果传播学刚诞生的时代是“过去”，进入新媒体的时代是“现在”，那么我们要问，“过去”是怎样的？进入“现在”又意味着什么？从时间上看，很清楚，诞生传播学的20世纪的所谓“过去”，固然已进入“现代”。问题是，“现代”究竟是什么？它是一个时间段的划分，还是具有某种内在的规定性？

何谓现代？现代性是什么？走出线性时间的切分方式，如果我们要去探问和求索一种内在的精神特质，那么，我们可以把这个问题转化为“何谓启蒙？”而对之回答。很多思想家从哲学、艺术、文学等不同角度尝试给出答案，其中最为经典的回答之一，是康德曾在1784年的《柏林月刊》发表的一篇文章，即《答复这个问题：何为启蒙（运动）？》。那时距离传播学诞生还有一个多世纪，但康德的回答之所以经典，就在于他的眼光超出了作为一个历史“事件”的“启蒙运动”，而是深入到启蒙的内部，看到代表着一种“精神”的“启蒙”打开了人类的全新的征途，这是把人类带向“现代性”的伟大历程。“伟大”不在于打破宗教禁锢后的、相对于某种“黑暗”的“光明”，而是意味着“一个出口”，通过这个“出口”，人类将“走向成年”。在康德那里，“现代”的所谓精神，是这样一种“成年”之后的人类的“成熟”，如此的“现代性”，自然是“伟大的”。而福柯在两个世纪后对康德此文的再度回应，既是对康德这种经典回答的赞同和延续，又是对康德的批判，并表现出了更为彻底的属于“现代”的某种独特的精神气质。福柯所属的时代也是传播学诞生的时代，何谓“现代”，福柯的回答有重要意义。

1784年的康德，面对的是启蒙运动带来的翻天覆地的变化，当中世纪的封建礼教和宗教道德被打破，当"人的理性"替代"上帝的权威"成为时代的主题，对"启蒙"意义的讨论成为最重要的话题。在康德的时代，普鲁士的启蒙促生了很多新的文化事件，诸如公众婚礼是否需要宗教涉足等一系列新的问题，思想家们对之充满强烈兴趣，对"什么是启蒙"的问题的讨论成为当时学术界的一场盛宴。约翰·弗雷德里希·策尔纳（Johann Friedrich Zöllner）、约翰·卡尔·威廉·默森（Johann Karl Wilhelm Möhsen）、摩西·门德尔松（Moses Mendelssohn）等著名学者作为启蒙学会的核心成员，都参与进关于启蒙的宗教、公民、政治和信仰等一系列具体问题的讨论中。但对于"什么是启蒙"的回答，始终不能达成共识，甚至意见相左。虽然在门德尔松那里，已经克服了大众启蒙的精英式的视角，提出了"人的启蒙"和"公民的启蒙"之间的矛盾的问题，从理性反思的角度去观照启蒙的普遍性，但在总体上说，启蒙仍是在"历史事件"的层面被反思，"所关心者总是事关一整个时代的全民的启蒙（Aufklärung des Volkes），是历史及社会的事，非仅'个别人之自我启蒙'（Selbstaufklärung des Einzelnen）"①。康德对这个问题的回答，正是面对思想界的这种含混和不确定，给出一个关于启蒙的明确界定。康德眼中的启蒙，不再只是一个事件，而是一个"出口"：人必须公开运用自己的理性，完成人对于其自身的启蒙，而这始终是一个过程。福柯正是在这一点上承接了康德，明确给出一种内在于"现代性"的独特气质。

康德对启蒙的界定可谓"一锤定音"，他明确地指认启蒙是"人类脱离自己所加之于自己的不成熟状态"。所谓"不成熟"，就

① 张鼎国著：《指南山麓论"指南"：康德哲学中"启蒙"与"思想中定向"问题的探讨》，《政治大学哲学学报》，2005 年第十三期（一月）。

是人类在“受人监护”的状态下的“未成年”，它是指意愿的某种状态，这种状态意味着人们必须在他人的权威和引导下，才能获得理性。康德由此把“启蒙”界定为让“人类脱离自我招致的监护的运动”。[①]福柯在这一点上充分认同康德，福柯认为康德提出启蒙问题的方式是全新的，它超越了之前对“在场（the present）”的三种理解：

1. 把“在场”视为人类历史中的某个特定时期，它出于某些特点而有别于其他历史时期；

2. 历史阐释学的方法，即通过“在场”的征候来识别将要到来的重大历史时刻；

3. 把“在场”理解为通向崭新未来的一个短暂节点、过渡环节。

康德的提问与上述三种方式全然不同，“既无人们所归属的世界时代，也无从中得到先兆的某种事件，也无大事告成的曙光”，[②]福柯看到康德对启蒙的提问蕴含了强烈的“现时性”意味，这是康德此文的最新颖之处。[③]“现时性”是一种否定的态度、一种“几乎完全消极的方式”，“消极”在这里是“批判”的同义词，对启蒙所持有的独特的批判性、否定性思考方式使得康德把“启蒙”从宏大的历史事件拉近到现时空间中存在的每一个人本身，“人”如何启蒙自身的？“人”如何给予自身新的界定？这是康德的哲学所强调的非抽象的、总是在具体文化中存在的“人”的形象。

---

① ［德］康德著：《答复这个问题：何为启蒙（运动）？》，转引自贝克编译：《实践理性批判和理性哲学的其他著述》，芝加哥：芝加哥大学出版社，1949 年，p.286；载莫伟民著：《福柯与理性批判哲学》，《中国社会科学》，1994 年第 4 期。

② ［法］福柯著：《何为启蒙》，转引自杜小真编选：《福柯集》，上海：上海远东出版社，1998 年，第 529 页。

③ 同上，第 533 页。

"现时性"是"我们"所置身其中的"当下","我们"在当下的存在方式成就了"我们之为我们"。康德要强调的是"我们"不是抽象的、大写的"人","我们"应该勇敢地拿出、公开使用自己的理性,走出依赖于他人的"托管",这样的"我们"才是启蒙了自身的、否定并与过去"断裂的"、在"当下"的存在形式中获得如此这般的"现时性";而福柯则要把这个问题往前更推进一步,他要问询的是,"我们之为我们",我们在实践上是什么?知识、制度、权力对"我们"做了什么?这是批判的态度,是哲学的质疑,它根植于启蒙之中,这样的质疑使得我们"同现时的关系、历史的存在方式成为问题,也使得自主的主体自身成为问题"。[①]我们看到,福柯在承接康德的基础上以更加激进的方式,把"人是什么"的哲学问题转化为"现时中的我们是什么",真理被剥离出形而上学温暖的巢穴,在社会实践的"我们"之为"我们"的自我边界中被拷问。在福柯看来,这是"现代人"探询自身的正确态度,"启蒙"在这种意义上总是、必须是关于"现时性"的问题,它的内在气质(ethos)就在于对我们的历史存在做"永久的批判"。[②]

福柯赞同康德把启蒙视作一个"出口"的提问方式,其中所蕴含的与过去"断裂"的"现时性"是福柯极为赞赏的;但福柯也以激进的姿态批判了康德的保守:在康德那里,启蒙之自我启蒙在于人们对理性的"公共使用"。当人作为社会机器的一分子承担特定社会功能时,如纳税人、士兵、牧师、政府公职人员等,人只是处于有着特殊目的的某个社会特殊环节的位置,因此,对理性的自由使

① [法]福柯著:《何为启蒙》,转引自杜小真编选:《福柯集》,上海:上海远东出版社,1998年,第536页。

② 同上。

用必须让位于对其社会责任的遵从，在这种情况下理性是“私人使用”的；反之，当人摆脱具体位置的特殊性，作为人类成员而使用自己的理性时，理性的使用才是普遍的、自由的和“公共的”，这样的重叠才能带来“启蒙”。但福柯指出，在康德那里，启蒙是应尽的个人义务，当康德大声说“要敢于认识”之时，腓特烈二世只是对此回应：“只要他们服从，随他们怎么辩论吧”。[①] 人类的“未成年”如果是“唯命是从、无须推理”的话，人类的“成年”却并非“拒绝服从、使用推理”，而是“唯命是从、尽情推理”。因此，福柯指出康德哲学把启蒙限定在知识的范畴，“在康德眼里，就与启蒙的关系而言，批判就是他打算对知识说的东西……启蒙提出了这种真正的认识的勇气，这种勇气必然要敢于承认认识的局限”，拿出自己理性的“勇敢”。在康德那里，并不与真实的历史实践发生关联，康德“所提出的批判的基本责任是对认识的认识，以此作为整个现代与未来之启蒙的序曲”，它不是一个政治问题，而只是在知识的内部做认识论意义上的自我反思。

康德对启蒙之问的回答是其对理性使用范畴的批判，宗教、立法等所有的权威知识都不能逃脱人类认知界限的检验，正是对理性的不正当使用，才产生他律和教条主义。“我们的时代是真正的批判时代，一切都必须受批判。通常，宗教凭借其神圣性，而立法凭借其权威性，想要逃脱批判。但这样一来，它们就激起了对自身的正当的怀疑，并无法要求别人不加伪饰的敬重，理性只会把这种敬重给予那经受得住它的自由而公开的检验的事物。”[②]启蒙在康德那里，

① ［法］福柯著：《什么是批判？》，转引自汪民安主编：《福柯读本》，北京：北京大学出版社，2010 年，第 139 页。

② ［德］康德著：《纯粹理性批判》，邓晓芒译，北京：人民出版社，2004 年，第 3 页。

是通过对人类认知范畴的反思而确定理性的界限，从而防止理性的僭越。福柯对康德的批评几乎是“刺耳”的，他指认康德并未真正剔除“服从”，而是带来了更可怕的、新的方式的“服从”：“它不是让他人说‘服从’，正是在这个意义上，一旦我们充分了解我们自己的认识极其局限，那么就可以发现自主原则。这样，我们无须再听从服从，更确切地说，服从将以自主本身为基础”。[①]这种新型的“服从”，在福柯那里被表述为权力的新的技艺的“治理术”，它带来的是主体自愿的臣服和被奴役的状态，福柯要做的，恰恰是对这种权力运作的拷问：“那些治理化的出现，不是应由理性本身负起历史责任吗？”如果说，康德强调的是理性的计谋，那么福柯则是举起理性自我批判的大旗。福柯的理性批判与韦伯对合理化的讨论，以及一代法兰克福学派对理性的质询内在相合。福柯直击要害，“治理化由于得到理性的论证，理性的责任更加不可推卸”，[②]他大声提醒人们所身处的“现时性”的境遇，内在于“现时性”的永恒的批判和质疑的气质，正是对这种“臣服的”主体的宣战和唤醒。

福柯承接了康德对启蒙的提问，又在对康德的批判中给出了对“现时性”更为激进的回答。启蒙的精神就是批判的精神，就是在与“过去”的“差异”中展开对“当下”之存在形式的永恒的质询。福柯从纯粹的“现时性”出发来阐述现代性，它是一种态度而不是某个历史时期，“现代性”是对“现时性”的一种独特的关系方式：它是一些人做出的自愿的选择；是一种独特的思考方式和行动方式。

---

① ［法］福柯著：《什么是批判？》，转引自汪民安主编：《福柯读本》，北京：北京大学出版社，2010年，第139页。

② 同上，第140页。

这种独特的态度和气质，是现代性内在的属性，也是使命。[1] 因此，福柯反对把现代性看作一个时代的总体性视角，他批评道，“人们把现代性置于这样的日程中：现代性之前有一个或多或少幼稚的或陈旧的前现代性，而其后是一个令人迷惑不解、令人不安的‘后现代性’”。[2] 这样的划分方式，很容易陷入“启蒙的敲诈”，接受启蒙，就留在理性主义的传统中；批评启蒙，就加入非理性的阵营。启蒙，被福柯定界为“我们”与自身的独特关系，即通过对自身进行分析来获得自我的界限、成就自主主体的构建。这是对康德所提出的问题更彻底的回答，启蒙是一个通往人类“成年”的“出口”，它意味展开全新的与自我的关系，这种新的关系形式开出了与“过去”相“差异”的“现时性”，这是“现代性”的精神，它是内在的、永恒的批判和质疑的“气质”。

“现代性”这样的气质，通过福柯对波德莱尔的讲述变得更加具体生动起来。波德莱尔用“过渡、瞬间即逝、偶然性”来解释现代性，它指涉某种自愿的、艰难的态度，其艰难在于对某种永恒性的把握：在“现时”之中，与对短暂易逝的敏感相对的、使得“现在”“英雄化”的态度。但这种“英雄化”，既不是对过去做神圣化处理，从而把“瞬间”变成某种“永恒”；也不是以旁观的、好奇的姿态把正在流逝的时光当作一段有趣的经历来轻松对待，这是与波德莱尔所颂扬的现代性态度相异的“闲逛者”，后者只是“游手好闲”的“猎奇”罢了。这种“英雄化”之所以是一种艰难的态度，在于它意味着与自我的某种关系：对现时的理解，不是对“现时之

① ［法］福柯著：《何为启蒙》，转引自杜小真编选：《福柯集》，上海：上海远东出版社，1998 年，第 534 页。

② 同上，第 533 页。

真”的白描，也不是全然自由的创作，而是介于两者之间的、对当下的一种“想象”，在这种“想象”中，尊重当下状态的同时，又积极地改变现时的样貌，这是一种对事物全新的把握方式，它既是对现实的尊重也是对它的冒犯[①]；更重要的是，在对实践的关系中也同自身建立起关系，成就了主体自身。与“游手好闲”的“闲逛者”不同的是“花花公子”，他在与现时发生关系的进程中也改变了自身，身躯、行为举止、激情，以及生存方式都变成了艺术品，这是波德莱尔所呼唤和推崇的现代人，现代人是“那种设法创造他自己的人”，现代性“强制人完成制作自身的任务”[②]。

透过波德莱尔，我们再一次看到不同于康德的福柯。康德对启蒙的批判是对理性认知范畴的先验结构的批判，“启蒙这个问题基本上是从知识的角度提出来的……是一种‘认知的历史模式之合法性研究’的分析程序”[③]。如果康德的问题是弄清认识应当避免超越何种界限，福柯的问题则更加积极，即在对于人们来说是普遍的、必然的、不可避免的东西中，有哪些是个体的、偶然的、专断强制的成分。福柯把在必然的限定形式中所做的批判转变为在可能的超越形式中的实践批判。[④]在福柯看来，启蒙的现时性不仅仅促使人们思考人与当下的关系、人的历史存在样态，更重要的是要探索人是如何构成自主主体的，即对自身的历史实践做检验。因此，福柯对现代

① ［法］福柯著：《何为启蒙》，转引自杜小真编选：《福柯集》，上海：上海远东出版社，1998 年，第 535 页。

② 同上，第 536 页。

③ ［法］福柯著：《什么是批判？》，转引自汪民安主编：《福柯读本》，北京：北京大学出版社，2010 年，第 143 页。

④ ［法］福柯著：《何为启蒙》，转引自杜小真编选：《福柯集》，上海：上海远东出版社，1998 年，第 539 页。

性的态度并不止于波德莱尔：对于后者，现代性态度意味着在历史中寻找诗意的瞬间，对当下现实的创造性重构和自我的苦行主义实践都只限于艺术的领域，波德莱尔并不想真正地“冒犯”现实；而福柯要做的恰恰是勇敢地在实践中寻求可能的新的行为方式，“启蒙”对人类的价值就在于它的批判精神。这是一种“哲学的质疑和气质”，它让现时“问题化”，即“使得同现时的关系、历史的存在方式成为问题，也使自主的主体自身成为问题”[①]。

正是这种“哲学的气质”将人类与启蒙联系在一起，现代性的态度就在于对历史存在做永久的批判，对我们的所思所为进行永久批判。“批判”，在福柯这里是由启蒙的哲学气质激发的对边界和极限的反思和超越，它的本质核心是对权力、真理和主体间关系的反思，因此它也是一场实践运动，主体对权力与真理之结盟真相的反思与抵抗，只有批判才有可能把屈从的主体解救出来。也就是说，批判不只是对我们历史存在状态之边界做历史性分析，也是对超越此边界的可能性做检验。

福柯批评康德对启蒙理解恰恰与“批判”保持了距离，当“批判”被限定在认识论的范畴，当“启蒙”被置换为“理性”，启蒙的问题就被转化为人类对真理认知途径的提问，“启蒙的敲诈”也由此开始。福柯严厉指责这样的“敲诈”，福柯把“合理性形式”与“理性”区分开来：“合理性形式”表现为知识与权力的合作方式，它使得权力对主体的强制性实践程序获得合理的、恰当的、技术上有效的理由与形态。“启蒙”得以行使其“敲诈”就在于理性主义把“合理性形式”混淆为理性，“是合理性的形式占据统治地位，而人们则

① ［法］福柯著：《何为启蒙》，转引自杜小真编选：《福柯集》，上海：上海远东出版社，1998 年，第 536 页。

给了它一个理性的身份，使它显现为合理性的工作可能采取的形式之一种”[①]。

启蒙意味着什么？“现代哲学历经了两个世纪，以不同的形式一直在重复这个问题。从黑格尔到霍克海默或哈贝马斯，中间经过尼采或者马克斯·韦伯，很少有哲学家不曾直接或间接地碰到这同一个问题：所谓‘启蒙’的事件究竟是什么？它至少在某个方面决定了我们是什么，我们想的是什么以及我们所做的是什么。”[②]理性哲学推动了启蒙运动，康德的反思把“无所不能”的理性限制在知性范畴内，对人类认知的自我批判标志着“现代性”的开始，“当限定性在一个无休止的自我指涉中被思考时，我们的文化就跨越了一个界限：从这个界限出发，我们辨认出我们的现代性”[③]。康德开出了“启蒙”的全新的“现时性”的内涵，福柯又以激进的姿态为我们讲述“现代性”的“真相”。如果说，福柯是在对康德的承接和批判的基础上去定界启蒙，那么福柯更是对这个时代的“我们”，该以怎样的方式去展开自我与当下之关系的定界。于福柯而言，启蒙最重要的意义便是去解释今天的我们是如何被我们自己的历史所捕获的，为此，我们不得不去追溯至更遥远的过程。[④]

回到本节开篇提出的问题：传播学诞生和当下的时代是怎样的？它们之间是延续的还是断裂的？我们当然可以从不同的角度给

① 《结构主义与后结构主义》，福柯与 G. 罗莱（G. Raulet）的谈话，于 1983 年发表，转引自杜小真编选：《福柯集》，上海：上海远东出版社，1998 年，第 494 页。

② ［法］福柯著：《何为启蒙》，转引自杜小真编选：《福柯集》，上海：上海远东出版社，1998 年，第 528 页。

③ ［法］福柯著：《词与物》，莫伟民译，上海：上海三联书店，2001 年，第 414 页。

④ ［法］福柯著：《全体与单一：论政治理性批判》，转引自汪民安主编：《福柯读本》，北京：北京大学出版社，2010 年，第 204 页。

出不同的回答，而福柯对“何谓启蒙”的回答显然是为我们提供了一个新鲜的视角。传播学的生成与发展，都身处“现代”，福柯带给我们“向内”的视角，指引我们看到支撑“现代”的某种内在的精神，从而可以把问题转换为，“现代性”的独特的精神气质对传播学学科提出了怎样的要求？这是后面需要讨论的。

韦伯和阿多诺、霍克海默，都很清楚地告诉我们，启蒙就是“去魅（disenchantment）”，“去魅”在培根那里，被明确界定为去除外在的强力，让自己成为生活的主人。但这样的“去魅”并未带来培根所期盼的人与自然、人与人的“美好相合（happy match）”，[①] 而是开出了与传统相“断裂”的现代，这样的“现代”有其光鲜亮丽的一面，但同时也蕴含着深重的危机。曾经的一战，以及对人类文明造成巨大创伤和痛楚的二战，都促使韦伯、卢卡奇、齐美尔、福柯、阿多诺，霍克海默、哈贝马斯等众多思想家们去做出种种理论和实践上的艰辛努力，对开出“现代”的背后的理性进行深刻的反思。

人类理性对各学科领域和政治实践的全面渗透开出了“现代”。作为一场运动的“启蒙”便滋生于理性哲学的土壤，“康德对认知的批判推动了19世纪实证科学的发展，实证科学从社会、经济等广泛领域展开证明其理性及深层历史合理性，同时实证主义与国家主义缝合，科学技术成为生产力发展中的决定性因素，国家也通过愈加完善的科学技术充分行使其权力”[②]。理性的分化在“现代”被推向极

---

① Max Horkheimer，Theodor W. Adorno. *Dialectic of Enlightenment*：*Philosophical Fragment*. Trans. Edmund Jephcott. Stanford：Stanford University Press，2002，p.2.

② ［法］福柯著：《什么是批判？》，转引自汪民安主编：《福柯读本》，北京：北京大学出版社，2010年，第140页。

致，以认知真理为目的的理性与作为工具治理他人的理性分离开来。

在福柯那里，现代性被明确界定为一种态度，它关涉对"我们"与"当下"之关系的探求。"当下"，我们生活的时代本身并非历史独一无二的、崭新的时代，但现代性态度的精髓在于对身处"当下"的"我们"的批判性反思，即提出"当下的我们是谁"这样的问题。而必须认识到的是，"我们"无法被某一个确定的先验结构所概括，呈现出一个道德的、确定的主体。在福柯那里，"冠之以'现代'，因为它符合一种现代情感，这种情感认为试图在一个优先的、特定的、道德的秩序内找到自我或用某种伟大的普遍和先验义务来'构建'自我已不再可信"[①]。"'我们'是哲学分析之后而非之前的东西……在我看来，'我们'决不能出现在疑问之前，它只能是用阐述问题的新方式提出的一个问题的结果——而且必定是暂时的结果。"[②]福柯所说的对"我们"的理解就是现代性的批判精神所在，现代性实践最重要的问题就是人们如何在其中被塑造成今天的样子；福柯对人之"是其所是"的问题并不关注，他感兴趣的是对人之"不是其所不是"的探问，以及对人之边界的每一处具体细节的僭越可能。福柯对"现代"的内在精神的追问，为传播学学科本身的反思带来了新的视角。

① ［法］福柯著：《福柯之后的伦理学》，转引自汪民安等编：《福柯的面孔》，北京：文化艺术出版社，2001 年，第 348 页。

② 同上，第 368 页。

二、传播学学科对“现代性”的回应

福柯在《何为启蒙》的开篇，就明确指出，启蒙的问题就是现代哲学的问题。换言之，谈论什么是启蒙，就是在谈论什么是现代哲学。因为“现代性”所内在的“批判”的气质正是现代哲学的精神，即“对我们之所说、所思、所做进行批判”。[①] 如果说，批判是现代哲学的应有之意，那么我们要问，现代社会科学的传播学有怎样的学科责任和使命?

在福柯这里，“现代性”不同于“传统”的某个时期，只在于它所具有的内在的气质，批判性的思考“我们”与时代之间的关系，目的在于去反思“我们”自身的界限。但重要的是，能够以此践行的，不只是波德莱尔、康斯坦丁·居依、毕加索、杜尚和梵高；不只是高更曾在太平洋上大声疾呼：“我们从哪里来？我们是谁？我们到哪里去？”；[②] 不只是诗人、画家和哲学家在思想和艺术领域的自我实践；不只是伟大的个体的自我拷问，更是现代人文社会科学的学科责任与使命，是对意识主体哲学框架下的实证主义的反击。而所谓实证主义，正是现代科学去除掉世界的“深度（depth）”之后的“去魅”的表征：当代实证主义知识所要求的立场，便是承认这个世界就是我们的知识所能够把握的样子。对对象本身的结构彻底不承认，背后的根据彻底无意义，我们的生活怎样展开与之毫无关系，都不在“启蒙”的考虑范围。如果说，实证主义是启蒙理性的“矫枉过正”，那么福柯所呼唤的现代性就是对之的批判与扭转。因

① ［法］福柯著：《何为启蒙》，转引自杜小真编选：《福柯集》，上海：上海远东出版社，1998 年，第 539 页。

② 高宣扬著：《什么是“当代”？从福柯回溯到波德莱尔》，载《美苑》，2010年第一期。

此，这种"批判"的使命当然不只是个体的，更是学科的担当，尤其是在实证主义大行其道的今天，现代人文社会科学所应有的与实证主义的一场角力。

对于传播学研究来说，"批判"的精神意味着对"传播中"的"人"的反思：人总是在社会传播中存在，无论是新技术的使用，还是信息传播方式的变迁，立足点都在于对"人"的讨论。即新媒介技术、信息传播方式、新技术与新的社会互动形式等，对所有这些具体问题的研究都为了去反思，它们带来了怎样的"人"的存在样态?

从传播学学科的发展脉络来看，传播学的问题域在不断扩展，启用新的视角，提出新的问题。从一战中对敌心理战所显示的"宣传"的巨大效力的研究，到作为"20世纪第一个主要大众媒介"的电影对美国人尤其是儿童的社会化影响，再到之后对广播、电视、报纸等大众媒介所进行的一系列的效果研究，而互联网新技术的飞速发展又在原有的提问方式上带出了诸多全新的问题；同时，也带来新的提问方式：新媒介技术下的信息传播与使用发生了重要变革，另外，互联网尤其是移动互联用户数量的急剧增长，以及新媒体融合在技术层面的不断推陈出新，全新的信息传播塑就了新的社会关系和交往形态，对媒介的社会功能的讨论成为传播学、社会学等学科的重要议题。传统的微观视角的研究已经很难支撑起新的传播结构，传播学必须以更宽广的视野去探问媒介信息、社会结构与人自身的发展之间的宏观的、复杂的联系。在这样的探问中，"人"不再只被看作特定媒介文本的使用者或传播者，"人"必须被置于广阔深远的社会历史中进行整体考量。20世纪末，媒介环境学会

（Media Ecology Association）在纽约成立，为媒介环境学[①]的发展提供了体系支持，从伊尼斯、麦克卢汉，到波兹曼和莱文森，理论的发展总是受到时代所提交的现实问题的推动。媒介技术与“认知”方式的关系、媒介形态与历史变迁、传播方式与人的构建，在时代呼唤下，生成诸多新的问题。传播学的研究议题随着视域的放宽而不断拓展。

我们在前文讨论过，“传播者—主体”的范式有着内在的缺陷，意识主体的框架本身限制了提问的方式。当卢卡奇、韦伯、阿

① 媒介环境学（Media Ecology）是20世纪30年代在北美萌芽，在70年代形成发展起来的一个传播学派。经过三代学者的努力，它已成为与经验学派和批判学派鼎力的第三学派。李明伟先生认为，传统学派一心于具体传播内容及其产生的影响，批判学派指向的是传播背后的政治经济利益和意识形态霸权，而媒介形态理论则关注媒介本身的深远社会影响。陈力丹先生使用“技术控制学派”的表述，认为该学派着眼于媒介机器与人的交流设计，关注不同媒介之间对社会影响的比较和新媒介对社会影响的前瞻性研究。笔者认为，尽管批判学派与媒介环境学的关注焦点和理论基础有所不同，但从研究方法、视角和立场来看，它们都采用思辨的方法、宏观的视域和激进的态度；更重要的是，媒介环境学重要的两大理论源头分别是“萨丕尔—沃尔夫假设（Sapir-Whorf Hypothesis）”，以及刘易斯·芒福德（Lewis Mumford）对技术与人类发展的批判性反思，这意味着媒介环境学研究之路必然与意识主体哲学大相径庭。鉴于本文对传播学的讨论主要从“意识主体哲学”与“对理性主体的反思”这两种不同的视角展开，故不对媒介环境学做单独讨论，以传统两大学派（“美国传统学派”与“批判学派”）的划分方法展开陈述。本注释相关资料参考“http://baike. baidu. com/view/2903727. htm”，以及陈力丹著：《试论传播学方法论的三个学派》，载《新闻与传播研究》，2005年第二期。

多诺和福柯[①]等西方马克思主义者在进一步发展马克思的“物化（objectification）”理论时，提出现代社会中的“主体客体化”的问题，使得“传播者—主体”的理论范式更明确地暴露出它的有限性。从阿多诺、霍克海默等对理性自身限度的拷问，韦伯、卢卡奇、福柯等对现代社会（modern society）系统中的个体（individual）的生存方式的批判中，我们看到，批判理论促使传播学去认真面对“现代人—媒介”的问题：新媒介技术下的现代人，是否能够“勇敢地”“公共使用”自己的理性？而西方马克思主义理论告诉我们的是，理性的分化不仅不能让现代人获得康德所谓的“自由”，反而抑制、操控或“引导（government）”人们对自身理性的使用。便捷的新媒介技术为“现代人”带来“愉悦享用”的光环背后，是怎样的图景？

“现代人”可以充分“享用”由发达的信息传播技术带来的大量信息，碎片的、娱乐的信息内容和新技术催生下的各种“新鲜的”“点击”方式，都在潜移默化中建构了人们浅层阅读的习惯；尤其当有了移动技术的“陪伴”，现代人更轻松地“打发”了无数的时

① 福柯反对被贴上任何标签，他也从不承认自己是马克思主义者。虽然福柯在著作中很少明确地提及或谈论马克思，他也在很多作品中清晰地宣布了他与马克思某种立场之间的距离，但福柯与马克思主义之间的关系非常复杂，他对马克思理论的重视仍是不容忽视的。可以说，他的思想中一直活跃着一种马克思主义，这是一种继承下来的隐形遗产，虽然不那么显而易见，但却至关重要。福柯与他的老师阿尔都塞之间的诸多共鸣就是最好的例证。另外，莱姆克（Thomas Lemke）、巴里巴尔（Etienne Balibar）、勒格朗（Stephane Legrand）等诸多学者在福柯的著作中发现了他与马克思的遥相呼应之处，巴里巴尔甚至指出福柯著作的特点就是他与马克思展开的一场“实战”，这种斗争似乎是他的生产力的主要源泉之一。总而言之，福柯与马克思之间的关系非常复杂，他与西方马克思主义者的联系则更为密切。以上部分资料转引自［英］莱姆克等著：《马克思与福柯》，刘森林主编，陈元等译，上海：华东师范大学出版社，2007，前言第 3 页—正文第 2 页。

光，而同时，生命的时光也必须以这种方式“被打发”，离开了信息技术，一切将显得空洞无聊。

“现代人”所希冀和认同的生活方式，常常来自媒介“诱人”的文字、画面和视频：“中产的”生活方式和品味、隐藏了阶级属性的关于“幸福”的普遍的诠释。

“现代人”被媒介培育的思考方式，是抽空了反思维度的诉诸“直接性”的体验，“现代人”几乎不再有真正留给自己的、和自己对话的内省时间，时间表被工作、信息消费和娱乐所“填满”，“匆忙的”现代人习惯并乐于“便捷地”取用媒介所提供的“剪辑”后的“拼图式”的价值观。

在康德那里，“启蒙”打开的是通往人类“成年”的“出口”；在福柯那里，“现代性”的真正内涵是批判精神带来的个体的“解放”。而福柯很清楚，对“现代性”之“批判”精神的担当实属艰难，他和韦伯等批判理论家们都应和着尼采大声的叱喝，清楚地看到了现代社会之抹杀了“个体”的那个灰色“铁笼（iron cage）”。而对于传播学研究来说，对“媒介—人”的批判性反思正是这一社会科学对现代之批判精神的呼应：人们依赖媒介为自己提供价值判断和认知的“标准”，人们自以为“主动地”使用媒介，“用户”与曾经的“受众”有根本的不同。但实际上，所谓的“主动”只是扮演了积极的信息消费者的角色，也正是在这样的“消费”中，“现代人”被媒介和其他的合理性形式“引导”着走向“臣服的主体”。①

① 福柯指出，“主体（subject）”一词本身就有“subject to”的意思，即“臣服”与“屈从”。福柯解释道：“主体这个词有两种意义：控制和依赖使之隶属于他人；良知或自我认知使之束缚于自身的个性。两种意义都表明了一种使之隶属、从属的权力形式。”转引自［美］H. 德莱弗斯，［美］P. 拉比诺著：《超越结构主义与解释学》，张建超，张静译，北京：光明日报出版社，1992 年，第 276 页。

第三节
批判学派交给传播学的答卷：从理性批判到自我超越

传播学批判研究始于20世纪60年代，其思想的深刻性毋庸置疑，但它受到主流经验研究的最大批评莫过于理论的否定性：批判研究的目的并非对现有社会结构进行改良，而是质疑现存价值体系。激进的批判无疑是深刻的，但理论并无建设性，并无意于社会改良。这样的批评是否中肯？我们要厘清的是，批判理论是如何对理性自身进行批判的？这样的批判是否意味着全面否定？福柯理论又处于怎样的位置？汉诺·哈特（Hanno Hardt）指出，“批判路径是在第二次世界大战后西欧的马克思主义批评经验中产生的”，[①]我们以对传播学影响至深的西方马克思主义的重阵法兰克福学派为代表，来看批判研究的内在逻辑。

一、法兰克福学派：理性的内在缺陷

福柯曾警醒人们，要拒绝“启蒙的敲诈！”福柯看到了启蒙运动把一切诉诸理性裁决的危险，反对理性主义，就被强制性划入非理性的阵营。在这一点上，福柯与法兰克福学派有着相同的见解，并不存在决定一切的唯一的理性，理性在某一特定时期可能自我分

① ［美］汉诺·哈特著：《传播学批判研究：美国的传播、历史和理论》，何道宽译，北京：北京大学出版社，2008年，第26页。

化。法兰克福学派用“理性的辩证法”表述了对理性分化的忧虑，理性因其自身的力量而堕落、蜕变、缩减为一种类型的知识，即技术的知识。尽管在分化的具体路径上，福柯与法兰克福学派发生了分歧，但福柯非常认同法兰克福学派超越了启蒙的敲诈，即“要么接受理性，要么堕入非理性。好像不可能对合理性进行理性的批判……我认为，从马克斯·韦伯开始，对于法兰克福学派和许多科学史学者来说，问题的关键在于明确合理性的形式，是合理性的形式占据统治地位，而人们则给了它一个理性的身份，使它显现为合理性的工作可能采取的形式之一种”。①

启蒙的敲诈，把理性和非理性截然分开，颂扬启蒙就是要全盘承认人类理性的伟大。而面对二战的巨大灾难，霍克海默和阿多诺看到，启蒙拉开了理性自我毁灭的序幕。法兰克福学派的经典之作《启蒙辩证法》，为我们描绘了理性的运动轨迹：从前史诗的古老神话时代，到蕴含了启蒙精神的史诗时期，再到由培根和康德所开启的现代启蒙，直至现代资本主义社会，理性一方面与权力内在关联，另一方面又促成了人与自然、人与人之间关系的变迁。工具理性是理性的内容之一，但工具理性吞噬掉理性的内在反思性，从而使理性走向自我异化。霍克海默和阿多诺对理性的批判，为传播学的媒介批判提供了重要视角：

1. 媒介技术与理性批判维度一：数学化的世界、大数据中的文化产品

工具理性的第一个维度，是思想的数学化对世界的切割和占用。

① 《结构主义与后结构主义》，福柯与 G. 罗莱（G. Raulet）的谈话，于 1983 年发表，转引自杜小真编选：《福柯集》，上海：上海远东出版社，1998 年，第 494 页。

霍克海默和阿多诺看到，数学的步骤成了思维的仪式。启蒙理性在今天不再向真理持续敞开，而是相反，事先就宣布了最后的真理，即对世界的真理给出事先的判定。[①] 我们知道，从康德强调知性理性从而给出“人为自身立法”的论断，到费希特的“对思想的思想（think thinking）”的箴言，都点明了思想的价值在于为自身的实践提供方向，因而有着对既有规范进行反思和批判的能力，这是不能被思想本身的先定程序所替代的。我们看到，理性内在的反思维度在古典社会中曾灵光闪现；然而，现代数学化的实证主义逻辑对对象世界进行切割整理，思想的自我反思性遭遇毁灭，思想由此下降为纯粹的工具，理性沦为工具理性。

数学化的世界意味着什么？思想不再是对既有规范的反思，它的“将要展开”变成“预先设定”，理性遂成为工具般的机器。“数学”意味着所蕴含的规则是“已经在那里的”；而“数学化的思维”则意味着是把“已经在那里”的规则变成为人们所能理解的。重要的是，这种理解本身就是为了把世界进一步数学化：不是人模仿自然，而是生活模仿人对数学的理解。生活本来具有的永恒超越性和不可穷尽性由此消失殆尽。[②] 换句话说，生活中活生生的、具体的对象已不再直接与理性发生关联，而必须经由数学的方法整理加工，现实的事物才变成特有的事物，以数学为根本的人的知识遂通达了关于生活的全部道路；人从达到生活的全部真理的理性出发，再反推导出整个生活，理性与生活之间呈现“完美同一性”。

---

① Max Horkheimer，Theodor W. Adorno. *Dialectic of Enlightenment*：*Philosophical Fragment*. Trans. Edmund Jephcott. Stanford：Stanford University Press，2002，p.18.

② Max Horkheimer，Theodor W. Adorno. *Dialectic of Enlightenment*：*Philosophical Fragment*. Trans. Edmund Jephcott. Stanford：Stanford University Press，2002，p.19.

我们知道，社会批判理论之所以是“社会批判”，在于研究者们不满足于在形而上学的维度进行纯思辨的推论，而是要对社会实践中的具体问题做批判性的反思：技术所依托的工具合理性，总是在具体的社会结构中运作的，因而技术合理性的背后必然是对支配合理性的拷问。这也是西马之社会批判理论的基石所在，即马克思主义对资本主义社会的深刻批判。在如此“社会批判”的视域中，与思想的数学化捆绑在一起的媒介技术理性，在文化工业产品那里表现为“图式化（schematism）”，揭示理性与生活之间的“虚假同一性”逻辑：在康德那里，人通过知性的先天范畴，以想象力之图式为中介，来把握感性的杂多表象，从而可以对感性直观进行先行处理。[①] 这种由“普遍”到“感性杂多（complex）”的处理机制，同样出现在文化工业产品的生产过程中，这就是文化工业的“图式化”机制。如此这般的“图式化”意味着，那个对丰富的感性杂多进行整理和消化，并赋予其意义的主体化（subjectivity）过程已然不在；取而代之的是被事先计划好的、整齐划一的文化生产。它可谓完成了德国古典哲学从未企及的梦想：凭靠知性理性来创造经验内容的梦想在文化工业中得以彻底实现。具体来说，从理性到内容、从知性到杂多的过程，在文化生产中被直接打通，两者之间的进程已不再需要由主体来完成，文化工业的受众不再与丰富生动的感性杂多发生关联；这个主体的处理过程被生产阶段所涵盖了，受众所接受的只能是已被事先齐一化了的感性杂多。我们看到，一旦主体化的过程缺席，受众的行为自然只能在“被迫”的层面得以完成。在这里，“被迫”不能狭隘地理解为一种意愿上的强迫，而是“主体的抽

① Max Horkheimer，Theodor W. Adorno. *Dialectic of Enlightenment*：*Philosophical Fragment*. Trans. Edmund Jephcott. Stanford：Stanford University Press，2002，p.98。

离”内嵌于“理性/知性（understanding）—内容/杂多”的结构性之中的必然结果。由此我们看到，媒介文化批判理论的深刻性在于，它一针见血地揭示出由媒介技术所支撑的理性，与生活之间的关联实质是抽象和虚假的，而这正是实证主义逻辑对思想侵蚀的必然结果，当然也是社会权力的秘密运作机制。因此，传播学研究中对媒介文化产品之欺骗性和虚假性的讨论，绝不能仅停留在文本层面，而必须触及媒介技术所滋生和依赖的社会环境。新技术造就了个体与外部世界之间怎样的关系？这个问题也可以被表述为新媒介技术与工具理性之间有怎样的关系。

如果人们因欢呼新媒介技术带出了全新的文化产品，并从而推断这样的“形式之新”就意味着与传统媒体时代的“大众文化产品”相“断裂”的某种“新文化”生成了，这样的论证显然是不充分的。“新文化”要求新技术必须有消解文化产品生产过程中的“图式”机制的可能，即可以还原出真正的、作为“作品（work）”的“内容”。当文化产品的“内容”与其“形式”之间发生真正的冲撞，这意味着作为主体的“人”对“内容”的不断参透和理解；具体表现为，受众所接触到的媒介技术所呈现的生活表象是对生活的真实复制，没有经由“图式”“过滤（filter）”[①]的；面对这样的文化产品，受众的想象力和思考能力才没有被阻碍，他们面对的是未被“整理”的生活，而非被动接受的结果。只有在这样的“受众—媒介文化”的关系里，才有真正的“主体”：受众与自己的生活发生真实关联，而不再经由内置了“规定性图式”的文化产品的中介。只有这样的媒介文化，才可能被称作“新媒介文化”，但与之同时，这样的文化

---

① Max Horkheimer，Theodor W. Adorno. *Dialectic of Enlightenment*：*Philosophical Fragment*. Trans. Edmund Jephcott. Stanford：Stanford University Press，2002，p.99.

所呈现的生活，必定会带给受众不适感。轻松的“阅读”只属于被加工整理后的文化产品。诸如不追求收视率的某些艺术电影：当贾樟柯的《小武》把未曾咀嚼过的、细碎平淡、冗长并充满矛盾的生活真诚地放置在观众眼前，能够接受、体会、理解它的永远只会是小众，它给观众造成的“不适感”注定要放下对票房的追求；而这样的媒介文化，是有“人”的文化，那个“思想着”的“主体”真实存在。这也是本雅明对电影情有独钟的原因，他的赞赏源于他对于电影技术可能激发受众之革命与批判能力的评价。因此，他与阿多诺等人的争论其实并无根本矛盾：他们所批判与赞同的，本身就是对立的两面。

问题是，这样的“新文化”出现了吗？新媒介技术改变了受众与文化产品之间的关系吗？电脑技术与电影电视的结合，带来了全新的视觉变革，3D 技术使得画面变得从未有过的逼真，受众很容易就卷入甚至陷入场景与情节中；但这样的新技术却进一步加强了“图式化”效果，让受众“更自觉”地接受了预先处理的结果。而这种“温顺的”接受却常常被蒙上“主体性”的面纱：受众总是认为是由自己在给出见解，却不知所谓“开放性”的文本总是有其必然的底线，所有的抗争都被有效收编在安全的范围之内。再者，今天耳熟能详的大数据应用更是技术与工具理性内在勾连的最佳表现方式。我们知道，大数据技术的关键，不仅在于掌控庞大的数据信息，更在于对这些数据的“加工能力”；通过这样的“加工”所实现的数据的“增值”，才是大数据产业化的根据（root）所在。大数据所加工整理后的数据信息，已不再是生活本身，而是一种经由既定的数学逻辑对符号体系化了的生活的“翻译整理”。这种被翻译整理后的生活，受到社会和商业多领域的重视，因为它是被数学化的逻辑所拣选的、有价值的对象，最终再反过来被当作根据来给出“真实的”生活；由此，生活遂成为人们数学化理解和模仿的结果而被再次呈现。技术的媒介化，或者说技术应用对媒介产品产生了重要影响，我们看到大数据技术对包括社会化媒体在内的现代传媒业的推动：运用大数据对人们交往过程中所产生的信息进行深度挖掘和加工整理，进而有效地预测受众对媒介内容和产品功能的相关偏好，从而生产出符合“需要”的文化产品；大数据技术为媒介文本和传播方式提供了重要的“生产依据”，工具理性又反推出整个真实的生活，行动的根据便坐落在对象世界的“规律”之中了。因此，这样的媒介文化自然是对现行资本主义社会结构的维系和推动。

2. 媒介技术与理性批判维度二：自我保存理性、类人化（generalization）的文化

理性的自我对象化（self-objectification）是另一个重要维度，霍氏等人承接了卢卡奇的“物化”概念，“人自己的行动、自己的劳动，作为某种客观的、不依赖于人的东西，某种通过异于人的自律性来控制人的东西，同人相对立”。① 我们知道，人之自我保存（self-preservation）的能力，原本对每一个小写的个体（self）而言，理性是个体行动的依据，是联结个体与对象世界的中介，决定自己的生活是如此重要，以至于“任何人若不以自我持存的合理方式来安排自己的生活，就会倒退到史前时期……在资产阶级经济中，每个个体的社会劳动都是以自我原则为中介的”。②生活在这个层面上，是属于

① ［匈］卢卡奇：《历史与阶级意识》，杜章智等译，北京：商务印书馆，2004 年，第 150 页。

② Max Horkheimer，Theodor W. Adorno. *Dialectic of Enlightenment*：*Philosophical Fragment*. Trans. Edmund Jephcott. Stanford：Stanford University Press，2002，pp.22–23.

每个个体的；个体相对于自己的生命，具有主体性。

但问题恰恰在于，现代社会中，行动失去了行动的性质：其根据不再在于个体对对象世界的理性使用，即理性不再是康德意义上的“我能认识什么”“我可以确定什么”，而成为“我要看清楚对象世界是怎样的。”认识理性跌落为工具理性，只为了把握对象世界本身的“规则”，它被当作外部世界的“理性”并由此成为人之行动的根据。也即是说，理性不只是思想或概念，还是社会现实。自我保存理性意味着，理性在资本主义社会中被落实为每一经验个体谋求自我保存的手段，康德意义上认识的先验主体，作为主体性的最后依据，也被其自身毁灭了，理性沦为对机械化的规则起反应的工具理性，[①]它最终带来的是对现行社会统治秩序的维护和人的普遍的自我异化。[②]因此，自我保存理性仅成为对既定世界运转的理解和维系，主体性在这样的进程中丢失了。当每一个“小写”个体独立于无法掌控的社会系统的“规律”，就只能把“规律”认作理性。这种对“规律”承认的过程，也是把自我塞入社会系统的过程。失去了主体性的小写个体，成为与社会进化规律和自我原则相对立的单纯的类存在，他们在强行统一的社会关系中彼此孤立。[③]

理解了自我保存意义上的工具理性，媒介技术与之的关联便清晰起来。媒介技术使得生活不再是转瞬即逝的，它可以被保存并将其间的“规律”向人们完美地呈现。媒介文化产品提供了另一种生

① Max Horkheimer，Theodor W. Adorno. *Dialectic of Enlightenment*：*Philosophical Fragment*. Trans. Edmund Jephcott. Stanford：Stanford University Press，2002，p.23.

② 张双利著：《理性何以沦为权力的纯粹工具？——论〈启蒙辩证法〉对自我保存理性的批判》，《学术月刊》，2014 年第三期，第 68 页。

③ Max Horkheimer，Theodor W. Adorno. *Dialectic of Enlightenment*：*Philosophical Fragment*. Trans. Edmund Jephcott. Stanford：Stanford University Press，2002，p.32.

活，它彻底不需要承担对加诸身上的生活之反思的责任，[①]反过来可以推开个体所无力应对的真实生活，这意味着与真实生活发生断裂。“对于经常看电影的那些人来说，生活变得很简单，电影告诉他们，就照原样生活就对了，不需要再多尝试什么他们觉得自己可以做到的事。”[②]由理性主体自身所给出的那个“行动（action）”，已伴随着主体的消逝而丧失了行动之为行动的根据，剩下的只是对系统的遵从。我们看到，媒介技术推动、加速、顺畅了自我保存理性对系统的承认进程，并反过来让个体“心甘情愿”“愉悦”地把自身搓揉成系统“真理”所需要的样子，再填塞进去。媒介文化产品于是把自己造就成蛊惑权威的化身，造就成不容辩驳的既存秩序的先知；面对工具理性之“自我对象化”的后果，卢卡奇看到，要么承认接受，要么被抛出系统；文化领域也完全一样，要么就顺从妥协，要么被边缘冷落。[③]文化工业产品“抛开了人们对它，以及对它所客观复制出来的生活世界的所有责难”。[④]媒介技术所复制出的对象世界似乎是无立场的、客观中立的，它显得无比真实和可信，“系统复制了人们用自己的生活所亲手造就的生活的样子，而不是抹去人们的生活，这使得系统本身被赋予了意义和价值。只要人们不断投入到系统中去，就会为系统的盲目性而辩护，甚至为它的固定不变的属性

① 卢卡奇在《历史与阶级意识》之《物化与无产阶级意识》中指出，当工人变成劳动的环节来成就资本之时，就必须反思加诸自己身上的生活，必须明白是自己塑就了现有的生活状态。

② Max Horkheimer，Theodor W. Adorno. *Dialectic of Enlightenment*：*Philosophical Fragment*. Trans. Edmund Jephcott. Stanford：Stanford University Press，2002，p.117.

③ 同上，pp.118–119。

④ 同上，p.118。

而辩护”。[①]

自我保存理性中对自我“主体性”的让渡，换来的是与他人无差异的、同样被嵌入这个系统中的个体，工具理性从而被落实为“自我对象化 / 异化”。个体只是一个复制品，媒介技术推进了这个“把人作为类成员”的进程：作为一个人，他是完全无价值和无意义的。[②]人之“类化”，丢失其个体性的前提是，接受并承认系统的规则，这在媒介文化中被表现为“娱乐（entertainment）”。我们很熟悉对文化产品“娱乐至死”的批判：通常的做法是把“娱乐”与精神麻痹联系起来，它使得受众顺从地交出自己的空闲时间，丧失思考的能力。但我们必须知道的是，以放松（amusement）为目的的文化形式早已有之，在媒介技术尚未发达的前现代社会，它就与代表严肃文化的高雅艺术（serious art）相伴相生。换句话说，追求自由与真理的高雅艺术从来不可能在社会中独自存在，轻松文化（light art）成为甩不开的影子，永远跟随。但是，即使它是自由与真理的“恶知（bad conscience）”，却并非一种颓废的形式，[③]也正是在这一点上，轻松文化与“娱乐”的媒介文化产品之间才拉开根本性的距离。

那么，它们的差异在哪里？何为“娱乐”？这是必须厘清的理论要点。

传统社会中区分严肃文化与轻松文化背后的机制，在于“劳动承担者”与“从劳动中得以解脱者”之间的根本社会对立，也是劳动与权力、劳动与思想、劳动与财产的根本对立。因此，以自由为

① Max Horkheimer，Theodor W. Adorno. *Dialectic of Enlightenment*：*Philosophical Fragment*. Trans. Edmund Jephcott. Stanford：Stanford University Press，2002，p.119.

② 同上，p.118。

③ 同上，pp.95–96。

先决条件的高雅艺术绝不可能独立存在，它与轻松文化如影相随，因为艺术绝无可能带来对社会前提的改变，两者在艺术作品中的和解也不可能完成。然而在文化产品中，“娱乐”的效果意味着之前在原则上无法解决的问题得以解决，艺术与庸俗以彼此都面目全非的方式达成了和解：媒介文化产品，已经是被“理智化了的娱乐（intellectualization of amusement）”。在文化产品中，轻松与艺术的要素被一并吸收；而同时，轻松艺术的“无意义（meaninglessness）”与高雅艺术的“有意义”也一起消逝了[①]：艺术不再是艺术，因为真正的艺术必然是以对“美”的追求为至高原则的；但在文化产品中，只有对同一模式的不断复制，即使“无内容的内容”[②]之细节设计精致至极，可它只是同一性图式规定下的永恒复制。“图式化”是唯一的原则，古典艺术所追求的“和解”意义上的“美”之内在的否定性价值已彻底背离。[③]在媒介文化产品牺牲艺术的同时，以“放松”为目的的娱乐也同样被牺牲：它不再能够满足劳动者暂时逃离劳动的需求，而是反过来发挥着“警醒机制（fully alert）”，用“图式化”调动起受众的“积极反应”。图式化，根本上是对社会所给出的要求的遵从和反应，它“无真实的内容”，通过事先植入的、精细计算过的工作模式，从预先信号的发出到自动反应的结果，一切都成为对社会系统的顺应与再次投身于其中的训练，这当然与以轻松为目

① Max Horkheimer，Theodor W. Adorno. *Dialectic of Enlightenment*：*Philosophical Fragment*. Trans. Edmund Jephcott. Stanford：Stanford University Press，2002，p.114.

② 详见上文对“图式化（schematism）”的阐述。

③ Max Horkheimer，Theodor W. Adorno. *Dialectic of Enlightenment*：*Philosophical Fragment*. Trans. Edmund Jephcott. Stanford：Stanford University Press，2002，p.112.

的的“逃离（escape）”大相径庭。[①] 更重要的是，这种“警醒机制”宣告了人与外在之间的最内在的张力已被彻底清除：当属“人”的最自然、最内在的“反应”，恐惧、紧张、满足……都被预先规定，当自然性沦为社会性，原有的内在张力自然也消失殆尽。自我保存理性吞噬了理性的全部，而媒介文化又促成了它的扩张。

文化产品里总是有很多倒霉蛋，他们不断遭遇打击，而这正是让人们接受生活“惩罚”的训练。当受众以“被娱乐”[②] 的方式心满意足地、笑着去观看角色的遭遇时，如此笑声中的“快乐（laughter）”便与真正的“幸福（happiness）”截然不同了：“幸福”总是作为“一个结果”的“幸福”，[③] 人们要不断去面对和理解生活中的不合理与苦难，并只有在化解了痛苦之后才能拥有。它是充满斗争的一个过程；而发出笑声的“快乐”的人们，似乎代表了强大和优势的一方，但实际上只有生活系统才是最强大的暴力。这根本上是角色偷换与颠倒的娱乐，它造就了人们对强力的承认和屈从。我们看到，社会批判理论对技术的分析的深刻性，就在于它道出了“娱乐”机制背后的秘密：媒介技术推进了“自我对象化”的完成。

“新文化”的概念愈来愈明朗了：对如此这般“娱乐”机制的剔除成为应有之意。那么，新媒介技术提供并实践了这样的可能吗？新技术造就了媒介文化产品的新形式，姑且不说“创作”层面的电影

① Max Horkheimer，Theodor W. Adorno. *Dialectic of Enlightenment*：*Philosophical Fragment*. Trans. Edmund Jephcott. Stanford：Stanford University Press，2002，pp.106–109.

② “被娱乐”，此处使用的是“娱乐（entertainment）”的英文意义，entertain 是及物动词，“娱乐”是作为“被他人所娱乐（be entertained）”的结果而发生的。而与之对应的“轻松（amusement）”，则有着自我娱乐、自己感到放松的意思。

③ Max Horkheimer，Theodor W. Adorno. *Dialectic of Enlightenment*：*Philosophical Fragment*. Trans. Edmund Jephcott. Stanford：Stanford University Press，2002，p.49.

电视文化产品，即便是最为“真实”的新闻和纪实类节目，也可以在技术的影响下让人耳目一新：诸如用3D动画方式来进行事件陈述的“动新闻”，以及加入了动画叙述的纪实类节目，它们都因更生动、丰富的情节表现而变得更像是“讲故事”。新技术丰富了表现手段，新闻的外延得以扩展；但其内涵也被悄悄改写：“趣味性”变得越来重要。“娱乐化的”书写造就了对外部生活进一步的理解、接受和妥协，社会系统自身的合理性愈加坚固。

3. 媒介技术与理性批判维度三：理性、权力与“自由”表征

在社会批判理论的视野中，理性与权力的盘根错节充斥了整个人类文明的历史。理性自发端之初具有除“工具理性”之外的“反思性”：理性总是为既定的权力提供普遍性和正当性的合理支撑；但它又反过来对权力进行约束。因为理性必须是普遍性的，而权力注定是排它的，权力寻求理性作为支撑的同时，也必须承认普遍性权力对它的限定。权力由此就不能只是简单的强权，它必须被赋予有意义的、具有普遍形式的社会和生活秩序。霍克海默等指出：“理性化的要素在统治过程中有着与之相反的一面，它本身内置了对统治的批判……思想是作为批判的工具而出现的。”[①]这是可贵的、内在于理性的自我反思的维度，但在逻辑实证主义的大道上，这种理性的自我反思性被彻底丢掉了：理性下降为守护权力的单一的“工具理性”。现代社会中的“自我保存理性”完成了对权力的守护：工具理性让渡掉个体的主体性，感性从而失去了对象世界的内容，只能接受“被提供”的齐一性，其结果是人与人之间关系的普遍对象性形

① Max Horkheimer，Theodor W. Adorno. *Dialectic of Enlightenment*：*Philosophical Fragment*. Trans. Edmund Jephcott. Stanford：Stanford University Press，2002，p.30.

式，这是“物化”的社会关系，它与个体之间有着无法弥合的距离，表现为生活领域尤其是文化领域的合理化。

媒介技术以“狡诈却强大的”方式推进了合理化进程：不再是简单的、权力关系一目了然的意识形态灌输；相反，文化产品的大观园中充斥着对权力的“抗争”、对机械化生活的“自主的抽离”的积极图景，以及“悲剧”[①]所裹挟的“力量和勇气”，作为社会系统支撑的权力关系被有效遮蔽。这是社会批判理论与庸俗还原论的区别：它拒绝把文化现象还原为阶级利益的意识形态反映。如阿多诺所言：“批评的任务并非去寻找承受文化现象的利益集团，而是去辨认总体的社会趋向，这一趋向乃是表现在这些现象中并通过它来实现自己的最大利益，文化批评应成为社会的观相术。”[②]这意味着，媒介文化批判并非要去寻找、揭示主体性的阶级意识形态，因为“自我保存理性”所认同的系统，已超出了阶级的范畴，它是一种盲目的自然力量在现代社会的体现。在现代资本主义社会中，人看似对自然有着强大的掌控力，但它并未真正支撑起人的自由，而是反过来强加

① 卢卡奇在《小说理论》中指出，所谓古典“悲剧”，根本上是关于“英雄”与“命运”两方的叙事。在否定性的“命运”面前，最终显示的是作为“人”的一方的“英雄”对“命运”的抗争与永不妥协；而在现代媒介文化产品中，“悲剧”的形式可以重现，但“英雄”与“命运”双方的结构性关系已发生根本改变：生活本身就是绝对不容超越的命运，命运即是生活本身。媒介文化产品忠诚地复制着生活的各种苦难和不堪，越精细越真实，而生活被“精细”地提升到绝对的高度，在生活的神圣化和神秘化之中，悲剧之内在张力的根本性原则已彻底消解，英雄叙事变得抽象空洞。通过对古典悲剧之复制的现代悲剧，我们在叹息“英雄”的命运之后的悲伤的力量，已然失去了它原本的意义，内在的否定性已被抽离。

② ［美］马丁·杰伊著：《辩证的想象：法兰克福学派和社会研究所的历史 1923—1950》，单世联译，广州：广东人民出版社，1996 年，第 205 页。

于人群内部的成员身上，这是“荒谬”（absurdity）的逻辑。[①] 因此，重要的是，从媒介文化中辨认总体性的、作为系统规则的社会趋向，以之去揭示所谓抵抗、抽离和勇敢的“幻象”背后的逻辑，这是对系统必然性的认同和妥协。

媒介文化产品中有各式各样的“反抗”：雇员对老板的反抗、个人对强权的反抗、学生对体制的反抗以及充满愤怒或厌倦的音乐……“反抗”似乎总是充满自由的力量，而批判理论却指出，媒介文化中的“反抗”是对“需要”的满足。人们需要释放在系统中生活的不适感，这样的需要本身，正是系统制造出来的“今天起决定作用的是系统最为核心的、最根本的东西，即永远不对文化工业的受众们松懈，一刻不停地让人们相信他们拥有反抗的可能”，[②] “反抗”带来的效果，是让人们更深刻地理解和承认系统的“真理”。屏幕上呈现的那些“现实中不幸的家伙们总是忍受着生活的一记记重拳，受众在观看他们的同时，自己便也学会了去接受生活的惩罚”。[③] 所有的反抗都必须回归到系统之中，要不就是被系统排挤出去。“不服从系统，意味着经济上的无能，并扩展至精神上的软弱”，[④] 被排除出系统的人，很轻易地被认定为一个失败者。因此，“对自由的幻想”安抚了屈从带来的不适感，反抗只是作为一种被预先设计好的情节以满足人们的需要。系统的程序和规则，通过文化符号被给出，文化批判理论为我们揭示了媒介技术如何切断理性自我反思的通道：“抓取社会支配权的基础是建立在技术之上，而技术本身又为社会中

① Max Horkheimer，Theodor W. Adorno. *Dialectic of Enlightenment*：*Philosophical Fragment*. Trans. Edmund Jephcott. Stanford：Stanford University Press，2002，p.31.

② 同上，p.113。

③ 同上，p.110。

④ 同上，p.106。

占据经济绝对优势地位的那群人带来权力。今天的技术理性已然沦为支配理性，它造就的是社会的自我异化。”[①] 这与“娱乐机制”和“图式化”所揭示的理性之自我保存理论的演变是一体两面的。同样，新媒介技术若有可能带来“新”媒介文化，就要求对合理性的“反抗”能够经由技术被真正坐实。

霍克海默和阿多诺对理性的批判，是对人类理性自身缺陷的批判。面对人类文明的危机，他们不仅要问这场危机何以可能，同时，还试图去回答出路在哪里。霍克海默和阿多诺的背后站着马克思和韦伯，在对现代资本主义社会的基本判定（judgement）上可谓一脉相承。启蒙辩证法告诉我们，现代人为人的所有行动给出根据的、有着具体规定性的理性，就其内容而言，实际上只是彻底“无内容的”，也即说是，它只是单一的形式逻辑必然性的这样的理性思维和理性理解能力（human capacity）。这种形式理性，只强调逻辑融贯，但不能给出内容，也不直接接纳和消化内容。这种形式理性与人们曾经期许的、能够为人的行动确立根据的先验理性之间，差距在哪里？阿多诺看到，德国古典哲学传统中所坚守的那种理性，必须具备“对思想的反思（to think thinking）”的能力，即对思想本身进行思考的批判理性，这是让人能够反过头来、凭靠理性，为自己的行动确立根据的重要的前提条件；而缺少了重要反思维度的形式理性实际上并不能对人的行为进行思考。

“对思想的反思”，这是阿多诺强调的非常重要的理性的维度，它不同于知性理性的思维能力，那是源于自然的、一成不变的理性能力；而反思理性的重要性在于，只有在它的支撑下，人类文明才

---

① Max Horkheimer，Theodor W. Adorno. *Dialectic of Enlightenment*：*Philosophical Fragment*. Trans. Edmund Jephcott. Stanford：Stanford University Press，2002，p.95.

是真正“有根据的”的文明。同时，它又是属人的（human），并没有什么绝对的根据。这样的批判性反思，意味着它要守住对于自己所给出的根据的反思性，从而使得这种根据具有被进一步完善提升的开放性：可以对既定的规范性进行反思，让生活中的野蛮和错误可以凭借人类的理性被改变。经由自我反思的理性的能力要不断跟随社会实践的进展，对既定的生活秩序进行根据性的追问。阿多诺很清楚地看到，这样的批判理性在实际的资本主义市场机制下被逐渐淡忘和否定，在现实中不允许这样的理性被释放。当批判理性的维度被事先阻断，理性就只剩下单一的形式理性，从而沦为纯粹的工具，它可以为任何一个既定的社会统治秩序服务，而不可能支撑起现代社会的自由的个体。我们看到，福柯与法兰克福学派在这里相遇了。福柯为我们展现了一幅幅权力与合理性话语纠缠、勾连的画面，理性丢失了它原本的丰富性，成为单一向度的工具理性。面对这样的理性的内在缺陷，最终带来的是个体被做成“齐一化”的材料，很多思想家认为霍克海默和阿多诺站在彻底悲观的立场上，两人只给出了一条所谓艺术救赎的道路，而这是反现代的浪漫主义的态度，从而判定他们的理论具有彻底的否定性色彩。

但霍克海默和阿多诺做了清楚的提示：面对理性的如此困境，现代人该怎样走下去？阿多诺等指出，当人们在和外部世界发生理性交换关系的过程中，被迫否定掉、丢掉自己的独特性，自我被做成无特殊内容的空洞的自我，这是现代人的“自我献祭（self-scarified）”式的“自我保存（self-preserved）”的道路，它实质上是“自我否定 / 自我牺牲（self-renunciation）”，但这条道路是唯一的道路，它不可能被绕过或被浪漫主义道路取而代之。我们知道，韦伯面对现代性的困境，反对浪漫主义的保守主义所宣扬的道路，他强调现代人不能放弃理性而诉诸回归传统和宗教；韦伯也坚持批判精英知识分子的道路，他认为，浪漫主义的精英知识分子根本无力承受现代人在某种程度上一定被抽空和打碎的生活，只能给出彻底远离现代生活的、他者性的方案，这样的方案只能是逃离，绝不是对眼前问题的真诚面对和真实解决。因此，浪漫主义道路只会彻底败坏这个启蒙的事业，他们所给出的虚假的解决方案使得这条道路被彻底阻断。韦伯强调，现代人最重要的品格是要有“清明的”头脑，要知道自己行走在哪条道路上、在“信奉”什么“神”，这是现代人对自身命运的自觉，通过这样的自觉就依然可以活出早期清教徒般的生命的意义；霍克海默、阿多诺和韦伯一样，对浪漫主义持坚决批判的立场：浪漫主义从来不是启蒙的道路，它使得我们拥有清醒的自知和坚韧的承受能力，成为不可能。阿多诺指出，我们能够做的是，就像英雄的奥德修斯那样，“他的自我牺牲，代表着一个不再需要牺牲和支配的社会，人们的自我牺牲不是为了抑制自己和战胜他人，而是为了与自我和他人达成和解”，[①]在走这条无法逃避的道路之时，人们要对它所蕴含的致命的缺陷有清楚的自知，使得它带来的不是最终的、理性毁灭的结局。

对问题的真诚面对和真实解决，在哈贝马斯那里往前更迈进了一大步。面对二战的巨大灾难，哈贝马斯的老师们必须对此做严肃的反思，从巨大的痛苦到“重建”，需要一个史诗式的静默的“停顿”；[②]而哈贝马斯则不得不面对现代文明国家重建之艰难：现代国家如何在市民社会中获得理性支撑的正当性？哈贝马斯毕生致力于

---

① Max Horkheimer，Theodor W. Adorno. *Dialectic of Enlightenment*：*Philosophical Fragment*. Trans. Edmund Jephcott. Stanford：Stanford University Press，2002，p.43.

② 同上，p.62。

此。我们看到，对于法兰克福学派的批评有失公允：在理性批判的同时，也有着对蕴含解决问题道路的提示，它不只是纯粹否定的批判，在哈贝马斯为代表的理论环节，重建成为更清晰的主题；因此，在这一点上，它与马克思主义理论并非背离，因为它是改变世界的一个环节而不是和现实生活相分离的纯粹的理论。

二、福柯：局部的抗争与解放

对于法兰克福学派，福柯在访谈中说：“假如我能早一点了解法兰克福学派，或者能够及时了解的话，我就能省却很多工作，不说许多傻话，在我稳步前进时会少走许多弯路，因为道路已被法兰克福学派打开了。”[①]从韦伯，到阿多诺、霍克海默，再到哈贝马斯，在福柯看来，他们所关注的问题是一样的：理性的历史是什么？理性的统治是什么？理性的统治通过哪些不同的形式起作用？[②]通过对新教伦理与资本主义精神之间做理想型方法的考察，顺着韦伯的指引，我们看到尼采的铁笼，新教伦理衰落后的资本主义社会带来的是彻底的理性化的体系（system），理性化并非理性本身的运作过程，而是现代社会中的资本主义组织生产方式带来的理性分化的结果。这样的合理化体系，看似有自己的规则和形式，成为现代人栖身于其中的、替代了“上帝”的新的“秩序”，但对于生活于其中的人而言，则变成了难以突破的牢笼；更重要的是，它不仅仅指人们

① 《结构主义与后结构主义》，福柯与 G. 罗莱（G. Raulet）的谈话，于 1983 年发表，转引自杜小真编选：《福柯集》，上海：上海远东出版社，1998 年，第 494 页。

② 同上，第 492 页。

困于其中的“铁笼”，而且人们身在其中还必须继续去行理性化的生活方式。因此，“铁笼”在现代资本主义社会中是不断被“再生产”的；尽管韦伯在《学术为业》的讲座中也指出，合理化的社会系统并非“铁板一块”，仍然有着不同领域的划分，于是韦伯给出了“诸神之争（war of gods）”的道路，现代人要做的就是守住有着不同原则的不同的领域，生活才可能留有空间，不被“系统”“坐实”；但对合理化过程的总体性视角，现代资本主义社会的合理性是不可逆的理性分化的结果，使得韦伯的观点难免被打上“悲观的”烙印。

霍克海默和阿多诺在《启蒙辩证法》中对理性的批判，在很大程度上是接着韦伯来继续讲述的。启蒙辩证法与韦伯讲述的是同一个历史过程，即通过“去魅”完成的启蒙的过程。启蒙辩证法在韦伯的几大环节的基础上，在古希腊哲学前，加上了奥林匹斯神话环节；在文艺复兴前，加上中世纪的宗教环节；在现代技术的环节，又特别强调实证主义立场所主导带来的计算理性对人的高度宰制。启蒙辩证法的主题是“神话已经是启蒙，启蒙再度跌落为神话”，早期社会批判理论家告诉我们，神话的核心原则已然是权力，启蒙归根结蒂还是受制于盲目的必然力量的掌控；堕落之后的启蒙使人再一次被齐一的逻辑所强制，所有的人都被一个普遍的命运所掌管。渗透于现代人生活的工具理性，其实是人类文明一路走来早已蕴含于其中的理性缺陷的结果，人与人的社会关系、人和自然之间的关系，都被由理性所支撑的权力关系所中介。虽然霍克海默和阿多诺认同韦伯把理性视作一个总体的历史社会进程，但他们并不认为资本主义社会形式下的合理性体系是理性化的唯一实践方式。在《最低限度的道德》（1944）中，阿多诺清楚地看到了生活的反抗性，人们在经验生活中对于这种合理化体系带来的荒谬性的意识尚未彻底抹去，生活由此不仅仅是被物化的、被生产的逻辑规定的，还会同时出现对于这种颠倒的、外在的强制性趋势（生产吞噬一切）的直接的抵抗性的回应。我们看到，尽管这只是否定版本的、最低限度的道德，但早期社会批判理论还是走出了彻底“悲观”情绪的笼罩，寻求非浪漫主义的实践的道路，这与福柯产生重要的共鸣。霍耐特（Axel Honneth）在《福柯与阿多诺：现代性批判的两种形式》（1986）中强调福柯与阿多诺理论的亲和性，“福柯与其说解决了不如说以系统理论化的简化方式重复了《启蒙辩证法》的逻辑”，同时，“福柯的权力批判理论和阿多诺的历史哲学都与黑格尔的辩证法保持一种潜在的对话关系”。[①] 如果说阿多诺等克服了总体化视角带来的必然的悲观的立场，那么福柯则是以更积极的，甚至激进的姿态去面对理性的一次次分化。

如果理性的辩证法是对理性因自身有限性而堕落为工具的知识的批判，理性的分化在现代资本主义社会带来的是合理性占据统治地位，而人们却给它一个理性的身份，那么福柯一方面对这种“走出了启蒙的敲诈”的理性批判表示赞赏，另一方面，又对理性的分化进行“去总体化”的分析。也即是说，在福柯这里，理性不止是一次分化，而是一种复杂的、从未中断过的、丰富的分化。合理性的形式在福柯看来，是各种各样的建立、各种各样的创造、各种各样的变革，正是通过它们才产生了不同的合理性形式，而且它们之间彼此对立、相互追逐。[②] 不对社会或文化的理性做整体性描述，而

① 张亮著：《福柯、阿多诺和跨文化研究观念——纪念阿多诺诞辰 110 周年》[J]，《学术研究》，2013 年第 10 期，第 21 页。

② 《结构主义与后结构主义》，福柯与 G. 罗莱（G. Raulet）的谈话，于 1983 年发表，转引自杜小真编选：《福柯集》，上海：上海远东出版社，1998 年，第 494—495 页。

是分析在不同领域内的进展，这些进展每一个都基于一种基本经验：疯癫、疾病、死亡、犯罪、性等。“理性化”在福柯看来容易让人们走入误区：当试图将某些事物理性化时，并不是要去探究它们是否符合合理性的标准，而是去发掘他们正在运用哪种理性。[①]福柯对理性的分析，是分析具体的理性，而不是总是引出一般的合理化过程，[②]是对具体经验（比如疯狂、疾病、法律的僭越、性、自我认同）、知识（比如精神病学、医学、犯罪学、性学、心理学）和权力（比如在精神病、刑法以及所有涉及个体控制的机构中运作的权力）之间的关系的考察，[③]理性总是在不同的知识领域展开有策略的、具体的运作，那么对理性化策略的把握，也就为突破和自由争取了可能。

启蒙辩证法对理性的批判是通过理性和权力的相互中介的关系展开的，从“神话（myth）”的环节一路走到现代启蒙，理性如何为权力背书，当现代启蒙中的理性本身所保留的对权力的限定也被丢失，理性就走向了独断的理性主义，彻底沦为权力的工具。福柯对权力运作的考察也是在其与合理性形式的纠缠中进行的，但福柯强调的是权力在具体经验中的运作策略，权力总是一方与另一方的角力，是关系中的权力。福柯对具体理性形式的分析意味着抛开实体的和形而上的权力观，不从权力的内在理性来分析权力，而把注

① ［法］福柯著：《全体与单一：论政治理性批判》，转引自汪民安主编：《福柯读本》，北京：北京大学出版社，2010 年，第 204 页。

② 《福柯的附语：主体与权力》，转引自［美］H. 德莱弗斯，［美］P. 拉比诺著：《超越结构主义与解释学》，张建超，张静译，北京：光明日报出版社，1992 年，第 274 页。

③ ［法］福柯著：《全体与单一：论政治理性批判》，转引自汪民安主编：《福柯读本》，北京：北京大学出版社，2010 年，第 213 页。

意力转向或多或少与工具/技术使用之有效性相关的、更为经验性的、与对抗实践相关的、遍布可能性领域的、作用于行为的方式，即“权力关系”。揭示各种合理性的真相就必须对具体的权力关系的合法化过程进行分析，也就是权力得以发生效力的范围内的战术合理性；在这个过程中，一个强制性程序获得了一个合理的、适当的、技术上有效的要素的形式与正当理由。因此在福柯的研究体系中，对权力关系的分析替代了对抽象理性或总体化合理性形式的批判，“权力关系扎根于社会网体系之中，然而并不是说存在着一个支配社会直至极其微小的细节的权力的首要的和根本的原则……在特定社会中人与人相互管理的形式和具体情况是多种多样的……权力关系越来越多地受到国家的控制……权力关系越来越政府化了，这就是说在国际机构的形式下，或在国家机构的保护下，权力关系变得越来越复杂、理性化和集中化了”。[①] 盘根错节的、遍布于不同知识领域的权力关系分别有着各自不同的运作策略，“抵抗”意味着对权力关系中被捕捉和规训的主体的“解放”，它不只是阿多诺那里“最低限度的道德”，而是潜伏、散布、活动在整个社会网络中的新鲜生动的力量。

福柯的理论是对社会批判理论的强有力的推动，同时又是对早期批判理论的超越，他摆脱了理性批判的总体化视角，并在具体经验的层面考察权力与理性的相互中介。当传播学遇见福柯，福柯推动了传播学批判研究从抽象走向具体、从理论推至实践维度。福柯的理性批判，让我们看到，对新媒介技术的使用所持有的批判性视角，不只停留在对“异化（alienation）”做纯思辨的理论处理；福柯

① 《福柯的附语：主体与权力》，转引自［美］H. 德莱弗斯，［美］P. 拉比诺著：《超越结构主义与解释学》，张建超，张静译，北京：光明日报出版社，第290—291页。

把这样的知识分子称作“普遍的”知识分子，他认为现代性所呼唤的是“特殊的”知识分子，他们不只道出沉默的真理，而且在各自的实践场所中切实地参与进权力运作的斗争中，向合理化的具体形式提出质疑，以不断超越自我的边界。福柯的合理性理论把批判反思置入了现代性的广泛实践中，权力的具体运作成为一个聚焦点。福柯强调“知识”与权力运作的紧密关联，“知识”在福柯这里完全超出了认识论层面的意义，与其说它是名词不如说是动词：福柯对于“知识”展开的历史性的、实证性的研究，关注的是获得科学地位的人文学科背后的斗争过程，是所谓的“真理”与非真理的博弈历史，前者通过对后者的镇压，以及在社会实践中的策略性的自我变形和复杂转化获得了统治性的地位。“知识”总与权力运作糅合在一起，知识作为权力策略的工具，帮助权力实现其合理化形式，从而实现其最终目的，即完成对主体的构建。尽管福柯所研究的知识是人文学科的科学话语形式，诸如精神病学、心理学、临床医学、犯罪学等学科，但是福柯也指出除科学话语之外，“知识”还以各种形式广泛存在，在任何一种社会中，各种知识，各种哲学观念，各种日常生活的意见，以及各种制度，商业的和警察的实际活动，各种社会习俗和道德意识，都被归化到属于这个社会的那种内涵的知识。

“这样一种知识，从根本上就不同于人们在各种科学书籍中、在各种哲学理论中和在宗教的形成过程中所看到的科学知识，但是，这种知识却在某一特定时刻里，使得某种理论、某种观点和某种实际活动有可能出现。”① 这为传播学研究开拓了新的思路：对媒介之

① ［法］福柯著：《言与文（Ⅰ）》，转引自冯俊等著：《后现代主义哲学演讲录》，北京：商务印书馆，2003 年，第 427 页。

社会功能的研究可以突破“内容—用户/受众”的框架，把目光转向媒介话语的复杂构成与运作机制。从知识话语的角度来研究媒介不失为一个很好的切入点，它融合了三个层面的研究：其一，哪些日常生活观念、政治体制宣传、道德规范，以及人文学科的相关信息通过媒介被或明或暗地呈现出来；其二，它们是怎么呈现给用户/信息接收者的；其三，这些媒介话语实践分别与哪些非话语实践（社会实践）结合在一起。我们看到，这三个层面分别聚焦于文本的符号学研究，以及社会政治、经济实践的宏观视野，在方法论上实现了微观与宏观、实证与思辨的融合。福柯并无兴趣从“已说出”的文字背后再挖掘出什么深层的、隐藏的、沉默的言语，从而把文本追溯到、还原到一个关涉阶级斗争或意识形态压制的最本质的原点。在福柯的目光中，这样的原点根本是不存在的，话语就是说出的全部，“对陈述的分析仅能针对……它们的存在……它是一个历史性的分析……无需任何的解释……不寻求它们隐藏着什么，不寻求它们之中什么东西早已被说出和它们的不觉中所包含着没说出的东西……我们不承认有潜在陈述，因为我们所涉及的是实际语言的明显性”[①]。话语不只是静态的文本符号形式，话语本身就是作为事件的行为实践，“必须把话语看作一系列的事件”[②]，永远不要试图在底层寻找所谓的本真意义和目的，就是在动态的、作为事件的话语网络中，对话的对象形成了，权力从而完成了对现代人之边界和内涵的构建。

我们可以从三个方面来看待福柯话语研究给传播学的启示：首

① ［法］福柯著：《知识考古学》，谢强，马月译，北京：生活·读书·新知三联书店，2007年，第120页。

② ［法］福柯著：《言与文（Ⅱ）》，转引自冯俊等著：《后现代主义哲学演讲录》，北京：商务印书馆，2003年，第417页。

先，话语突破了文本的言语表述层面，它总是和复杂的社会实践交织在一起。其次，作为“知识”的对象从来不是先于话语而存在，“在出现、界限和规格审定之间建立起来的关系整体使这个形成得到保证”，[①]没有话语间的相互交织与自我调整，对象是不存在的。第三，话语研究的最终目的是为了揭示“人”被限定的边界范畴，从而为人们不断挑战界限的自我超越提供可能。因此对媒介文本的分析不能从社会实践的宏观框架中抽离出来，我们必须探究催生媒介知识话语的社会历史情境，媒介传播“知识”，但这并不意味“知识”必定是在被媒介“说”出之前就已然存在的东西：“知识”一旦脱下了真理和道德伦理的外衣，它就和其他有着清晰可见的人工痕迹的事物一样，是被权力构建出来的。媒介作为现代社会权力运作之必不可少的工具，理所当然地承担了与其他话语类型一起构建“知识”的功能。因此，话语研究在研究目的上区别于文化研究或修辞学研究，前者对媒介文本所采取的语言学或符号学的研究不是为了揭示背后隐藏的神秘的“说话者”，而是进行权力运作策略层面的分析，即媒介在传播“知识”的具体进程中所采用的传播策略。另外，媒介话语研究必须与非话语实践相结合，因为媒介知识话语传播策略始终是与权力在政治社会实践维度运作纠缠在一起的，非话语实践可以表现为媒介话语，媒介话语又支撑、维系着社会实践形态，福柯指出：“我们并不试图去发现什么是真的或假的、已建立的或未建立的、真实的或虚幻的、科学的或意识形态的、合法的或非法的。我们想要弄清楚的是，在强制机制与知识要素之间可识别的是什么样的关系、关联，它们之间发展出什么样的相互接替和支持

① ［法］福柯著：《知识考古学》，谢强，马月译，北京：生活·读书·新知三联书店，2007年，第48页。

的游戏，以至一个特定的知识要素在一个特定的系统中具有权力的效应，以至一个强制的程序获得了一个合理的、适当的、技术上有效的要素的形式和正当理由。”[①]“知识”话语是福柯为传播学研究带来的重要切入点，从“知识”出发，我们发现了自己“是其所是”的秘密。福柯对“知识”的质询不是要得出某个普遍化的结论，而是从具体的不同领域展开实证的、经验的考察，同样，在对媒介的“知识”话语研究中，我们同样应该细分不同领域的知识类型，从政治、日常生活知识、道德和价值选择等不同层次出发，分析媒介知识话语的具体构建策略；福柯是激进的，他放弃了建立一种整体性的“知识—权力”理论，因为在福柯看来，权力并非单一之物，权力抵制理论必然是没有实践价值的。权力总是具体的，与每一种认识模式相关。[②]因此，对权力抵制总是切实地发生在权力运作的战场上，即权力利用知识的散播来实现其效能，也不断遭遇抵抗的每一个分战场。由此福柯认为批判研究最根本的目的在于，为人们提供实现散布于具体领域的不断“解放”和“超越”的可能。福柯把人们从面对整体意识形态全面压制时的悲观和无助中解救出来，他大声地向“现代人”宣告“启蒙”的真正意义在于它批判的哲学气质：自我“解放”始终孕育在局部的、具体的、枝节的、不断进行的权力关系的战斗之中，人类的“成熟”就在于勇敢地使用自己的理性，并不断地质疑自身现有的边界。“乐观”是内在于福柯理论体系的必然逻辑结果。

---

① ［法］福柯著：《什么是批判？》，转引自汪民安主编：《福柯读本》，北京：北京大学出版社，2010 年，第 144 页。

② ［德］戴维·柯真斯·霍伊著：《福柯：现代还是后现代》，转引自汪民安主编：《福柯的面孔》，北京：文化艺术出版社，2001 年，第 302—303 页。

参考文献

阿兰·布罗萨著. 福柯. 危险哲学家［M］. 罗惠珍译. 桂林：漓江出版社，2014.

阿兰·谢里登著. 求真意志［M］. 尚志英，许林译. 上海：上海人民出版社，1997.

白轻编. 文字即垃圾：危机之后的文学［M］. 重庆：重庆大学出版社，2015.

包亚明选编. 后现代性与地理学的政治［M］. 上海：上海教育出版社，2001.

德莱弗斯，拉比诺著. 超越结构主义与解释学［M］. 张建超，张静译. 北京：光明日报出版社，1992.

迪迪埃·埃里蓬著. 权力与反抗［M］. 谢强等译. 北京：北京大学出版社，1997.

冯俊等著. 后现代主义哲学演讲录［M］. 北京：商务印书馆，2003.

高宣扬著. 福柯的生存美学［M］. 北京: 中国人民大学出版社，2005.

格奥尔格·卢卡奇著. 历史与阶级意识［M］. 杜章智等译. 北京：商务印书馆，1992.

格奥尔格·卢卡奇著. 历史与阶级意识［M］. 杜章智，任立，燕宏远译. 北京：商务印书馆，2009年.

格奥尔格·卢卡奇著. 小说理论［M］. 燕宏远，李怀涛译. 北京：商务印书馆，2012.

汉诺·哈特著. 传播学批判研究：美国的传播、历史和理论［M］. 何道宽译. 北京: 北京大学出版社，2008.

黑格尔著. 精神现象学［M］. 贺麟译. 北京：商务印书馆，1979.

吉尔·德勒兹著. 福柯·褶子［M］. 于志奇，杨洁译. 长沙: 湖南文艺出版社，2001.

吉尔·德勒兹著. 德勒兹论福柯［M］. 杨凯麟译. 南京：江苏教育出版社，2006.

康德著. 纯粹理性批判［M］. 邓晓芒译. 北京：商务印书馆，2004.

克拉达著. 福柯的迷宫［M］. 朱毅译. 北京：商务印书馆，2005

来姆克等著. 福柯与马克思［M］. 陈元等译. 上海：华东师范大学，2001.

李洋选编. 宽忍的灰色黎明［M］. 开封：河南大学出版社，2014.

刘北城著. 福柯思想肖像［M］. 北京: 北京师范大学出版社，1995.

刘永谋著. 福柯的主体结构之旅［M］. 南京：江苏人民出版社，2009.

刘玉红译. 乔姆斯基、福柯论辩录［M］. 桂林：漓江出版社，2012.

露易丝·麦克尼著. 福柯［M］. 贾湜译. 哈尔滨：黑龙江人民出版社，1999.

罗伊·博伊恩著. 福柯与德里达：理性的另一面［M］. 贾晨译. 北京：北京大学出版社，2010.

马丁·杰伊著. 辩证的想象：法兰克福学派和社会研究所的历史 1923—1950［M］. 单世联译. 广州：广东人民出版社，1996.

马克·波斯特著. 第二媒介时代［M］. 范静哗译. 南京：南京大学出版社，2000.

马克·波斯特著. 信息方式［M］. 范静哗译. 北京: 商务印书馆，2000.

马克斯·韦伯著. 学术与政治［M］. 冯克利译. 北京：生活·读书·新知三联书店，2013.

马克斯·韦伯著. 新教伦理与资本主义精神［M］. 于晓，陈维纲译. 北京：生活·读书·新知三联书店，1987.

马克斯·霍克海默，西奥多·阿道尔诺著. 启蒙辩证法［M］. 渠敬东，曹卫东译. 上海：上海人民出版社，2006.

米歇尔·福柯著. 性史（一、二卷）［M］. 张廷琛等译. 上海：上海科学技术文献出版社，1989.

米歇尔·福柯著. 权力的眼睛——福柯访谈录［M］. 严锋译. 上海：上海人民出版社，

1997.

米歇尔·福柯著. 福柯集［M］. 杜小真编选. 上海：上海远东出版社，1998.

米歇尔·福柯著. 知识考古学［M］. 谢强，马月译. 北京：生活·读书·新知三联书店，1998.

米歇尔·福柯著. 必须保卫社会［M］. 钱翰译. 上海：上海人民出版社，1999.

米歇尔·福柯著. 疯癫与文明［M］. 刘北成，杨远婴译. 北京：生活·读书·新知三联书店，1999.

米歇尔·福柯著. 规训与惩罚［M］. 刘北成，杨远婴译. 北京：生活·读书·新知三联书店，1999.

米歇尔·福柯著. 性经验史［M］. 佘碧平译. 上海：上海人民出版社，2000.

米歇尔·福柯著. 词与物［M］. 莫伟民译. 上海：上海三联书店，2001.

米歇尔·福柯著. 临床医学的诞生［M］. 刘北成译. 南京：译林出版社，2001.

米歇尔·福柯著. 安全、领土与人口［M］. 钱翰，陈晓径译. 上海：上海人民出版社，2010.

米歇尔·福柯著. 不正常的人［M］. 钱翰译. 上海：上海人民出版社，2010.

米歇尔·福柯著. 福柯读本［M］. 汪民安主编. 北京：北京大学出版社，2010.

米歇尔·福柯著. 主体阐释学［M］. 佘碧平译. 上海：上海人民出版社，2010.

米歇尔·福柯著. 生命政治的诞生［M］. 莫伟民，赵伟译. 上海：上海人民出版社，2011.

米歇尔·福柯著. 这不是一只烟斗［M］. 邢克超译. 桂林：漓江出版社，2012.

米歇尔·福柯，莫里斯·布朗肖著. 福柯/布朗肖［M］. 肖莎等译. 开封：河南大学出版社，2014.

米歇尔·福柯著. 什么是批判［M］. 汪民安编. 北京: 北京大学出版社，2016.

米歇尔·福柯著. 声名狼藉者的生活［M］. 唐薇译. 北京：北京大学出版社，2016.

米歇尔·福柯著. 自我技术［M］. 汪民安编. 北京: 北京大学出版社，2016.

米歇尔・福柯著. 马奈的绘画［M］. 谢强，马月译. 南京：河海大学出版社，2017.

莫伟民著. 主体的命运［M］. 上海：上海三联书店，1996.

莫伟民著. 莫伟民讲福柯［M］. 北京：北京大学出版社，2005.

尼采著. 悲剧的诞生［M］. 周国平译. 桂林：广西师范大学出版社，2002.

乔纳森・波特，玛格丽特・维斯雷尔著. 话语和社会心理学：超越态度与行为［M］. 肖文明译. 北京：中国人民大学出版社，2006.

瓦尔特・本雅明著. 发达资本主义时代的抒情诗人［M］. 张旭东，魏文生译. 北京：生活・读书・新知三联书店，1992.

汪民安等编. 福柯的面孔［M］. 北京：文化艺术出版社，2001.

汪民安著. 福柯的界限［M］. 南京：南京大学出版社，2008.

吴猛，和新风著. 文化权力的终结［M］. 成都：四川人民出版社，2003.

雅克・德里达著. 论文字学［M］. 汪堂家译. 上海：上海译文出版社，1999.

伊夫・夏尔・扎尔卡著. 权力的形式［M］. 赵靓，杨嘉彦等译. 福州：福建教育出版社，2014.

尤尔根・哈贝马斯著. 公共领域的结构转型［M］. 曹卫东译. 上海：学林出版社，1999.

于奇智著. 凝视之爱［M］. 北京：中央编译出版社，2002.

余虹著. 艺术与归家——尼采・海德格尔・福柯［M］. 北京: 中国人民大学出版社，2005.

詹姆斯・米勒著. 福柯的生死爱欲［M］. 高毅译. 上海：上海人民出版社，2005.

ADORNO T. and HORKHEIMER M. *Dialectic of Enlightenment*［M］. London: New Left Books, 1979.

BALL J. *Foucault and Education: Discipline and Knowledge*［M］. New York: Routledge, 1990.

BARTHE R. *Critical Essays*［M］. Evanston: Northwestern University Press, 1972.

BEST S. and KELLNER D. *Postmodern Theory: Critical Interrogation*［M］. New York: The Guilford, 1991.

DERRIDA J. *Writing and Difference* [M]. London: Routledge, 1981.

FOUCAULT M. *The Order of Things: An Archaeology of the Human Sciences* [M]. New York: Pantheon Books, 1970.

FOUCAULT M. *The Archaeology of Knowledge and the Discourse on Language* [M]. New York: Pantheon Books, 1972.

FOUCAULT M. *The Birth of the Clinic* [M]. New York: Pantheon Books,1973.

FOUCAULT M. *Discipline and Punish: the Birth of the Prison* [M]. New York: Pantheon Books, 1977.

FOUCAULT M. *The Foucault Reader* [M]. Paul Rabinow(ed.). New York: PantheonBooks, 1984.

FOUCAULT M. *Madness and Civilization: A History of Insanity in the Age of Reason* [M]. London: Vintage, 1988.

FOUCAULT M. *Technologies of the Self. Technologies of the Self* [M]. L. Martin (ed.). London: Tavis tock , 1988.

FOUCAULT M. *Politics, Philosophy, Culture: Interviews and Other Writings of Michel Foucault. 1977–1984* [M]. New York: Vintage, 1990.

FOUCAULT M. *The Use of Pleasure* [M]. New York: Vintage, 1990.

HABERMAS J. *The Philosophical Discourse of Modernity* [M]. Cambridge: Polity Press, 1987.

RORTY R. *Philosophy and the Mirror of Nature* [M]. Princeton: Princeton University Press, 1979.

后记

到了写后记的时候，我颇有些忐忑不安，因为后记在某种意义或功能上相当于一个休止符，而我又是多么深切地知道，这本书远无法承担一个“休止符”的分量。传播学与福柯思想的碰撞可能激发出的巨大能量，超出了我现有能力捕捉的范围，我只能在不断的探寻中尝试走得更远。

这本书由我的博士论文修改而来，内容上有三万余字的删减和近六万字的增幅。博士毕业的这些年来，我尝试与福柯阔别。在大量的阅读和写作中，我明白，思想的硕果总是生长于深远的系谱之中，我必须沉入艰深的水底，才可能真正理解福柯的质询在哲学思想史上所激荡起的回响。探索的时间显然远远不够，但生命还有不少的年头，我还可以继续走下去。

阅读的过程艰难，但愉悦。因为它总是激情涌动，像一束永恒的光照在晦暗模糊的现实生活之上，它是如此真诚地、勇敢地去面对“这样的存在”，并以绝不妥协的方式大声提问：“我们为什么是这样存在呢？”“我们为什么不可以那样存在呢？”总是处于实践中的我们以这般或那般的方式在现实生活中所发生着潜在的关联，这既是人与人之间的关联，也是人与其自身的关联，而这样的“关联”，却常常是“潜伏”在那里的，你以为它未曾发生，实际它已经促生了你之为你、社会之为社会的那个样态。当福柯在问，我们为什么是这样（糟糕）的时候，他也向我们提示了看起来更好的那条路。传播学的研究，当与福柯相遇，学科内置的“人文”的精神会得到激发（在通常的意义上，传播学更偏向于社会科学而非人文科学），这样的研究是我所喜爱的，它让我真切地感知到“活着”是一个动词，是一个不断探问、改变、突破的历程，而我们的社会，它也是“活着”的。

我的阅读兴趣和选题在很大程度上受益于我的导师戴元光教授。刚读博时，戴老师就提醒我，不能用社会科学的思路去完全覆盖传播学的研究，“传播”更是一个问题域，不同的学科视角会为研究带来不同的提问方式。戴老师多次地告诉我，做研究要耐得住寂寞，要能够去坐学术的冷板凳。而且，这样的教导总是落到实处：对学生而言，购买英文原版著作是一笔不小的开支，但戴老师非常支持我研读原典，他的慷慨解囊之举烙在我记忆的深处，也许老师自己都已经忘了，但它一直温暖并激励着我。我也要感谢我的硕士导师同济大学的王健教授，他是我的老师，更是我的挚友，我成长进步的点点滴滴，他都发自内心地为我高兴。

在学术的路上，我很庆幸遇到那么多的良师益友。我至今还记得论文开题的前夕，和郑涵教授讨论选题，不知不觉过去了一整个中午，郑老师没顾得上吃午饭就匆忙赶去上下午的课了……还有毕业论文的外审专家复旦大学的黄旦教授，当我看到他手写的满满几页纸的意见书的时候，满是感动。黄老师和我面谈，提出了一个问题：“你要想，如果是福柯，他会怎么来理解传播呢？”这个问题在我的脑海中盘踞了好几年，修改书稿时，我一直在试图去厘清、回答这个问题，这也是这本书书名的重要缘起。

对待学术的态度，除去个人的原因，也是耳濡目染的结果。我要感谢我的硕士老师同济大学的柳珊教授，在开学的第一节专业课上，她的话对我后来的学术之路影响至深："要守得住青菜做学术。"于我看来，这是一个要去坚守的"原则"，而柳老师自己正是身体力行的。

感谢我的老师、领导和朋友们，以不同的方式给予了我太多的帮助，每一次小小的迈进，都是在你们的帮助下完成的，我记下一切的善意，虽然无法在这里一一表达。还要感谢中国大百科全书出版社给予的支持，尤其是这本书的责任编辑张岚老师，她严谨的工作态度令人动容，我觉得自己很幸运，可以与这么多优秀的人同行、共事。

最后致谢我的家人。谢谢你们的守护，让我能够不忘学术初心。谢谢。

李敬
2020 年夏，上海浦江